JN308924

フランス料理 軽さのテクニック

La Cuisine Française — Expressions de Légèreté

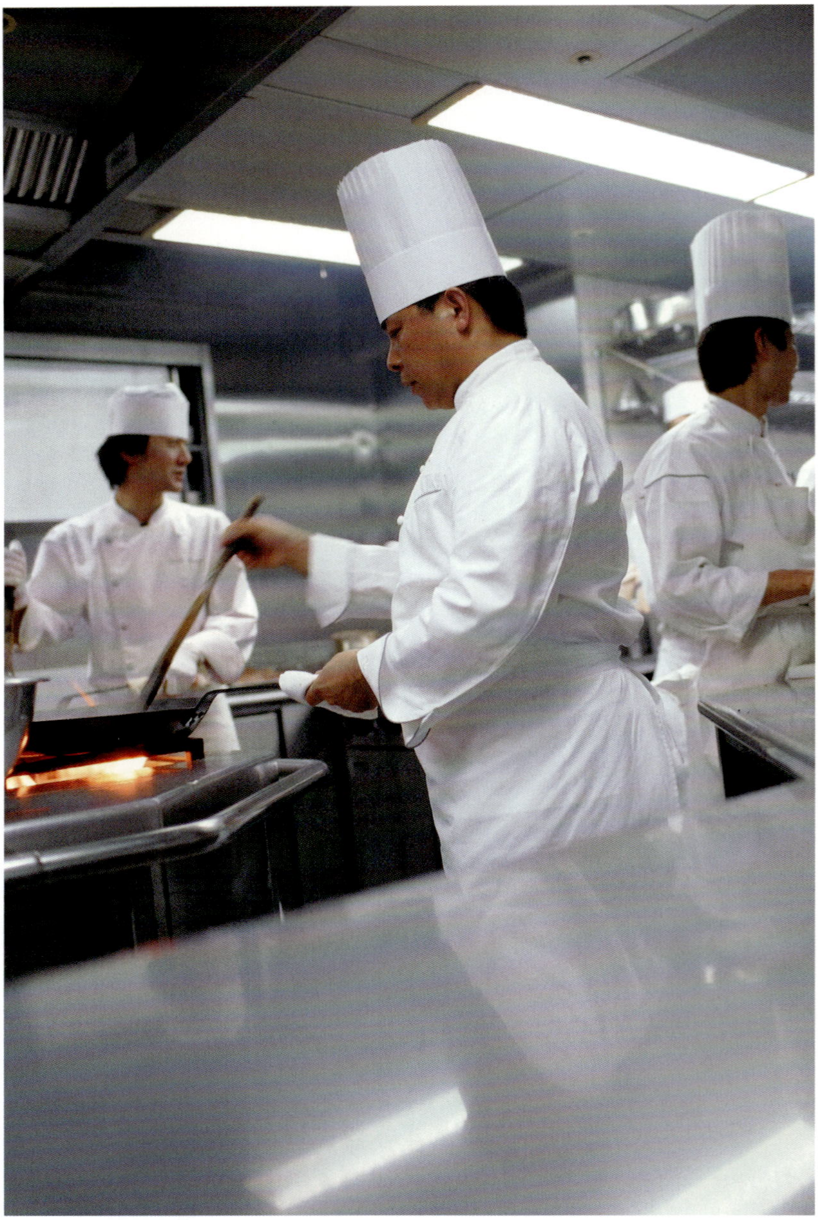

はじめに

　私がベルナール・ロワゾー氏に初めて会ったのは20年近く前のこと。ブルゴーニュ地方ソーリューの「ラ・コート・ドール」の門を私が叩いたのです。すでに「水の料理」で名をとどろかせていたその料理は、当時の私には驚くほど斬新！　と同時に、「この料理は日本でも通用する。この考え方を受け継ぎ、次世代に引き継がなくては」と直感的に思ったのです。素材をひたすら尊重し、風味を損なわないよう余分な要素を排除するというその哲学は、私の中にすっと入ってきました。そして、その直感は間違いではなかったと実感しています。

　ロワゾーさんは当時の私には破天荒に見えたものですが、型にはめてものを考えがちだった私に、「個性や感性を磨くことで、同じ料理人でも将来違ってくる」と語りかけ、その後も会うたびに「料理とは何か」「何が本当なのか」「自分たちのしていることは支持されるか？」と問いかけてくれました。

　料理人とは評価が流動的な仕事で、時には、自分のしていることが正しいのか見失うこともあります。時代も食べ手の好みも変わっていく中で、それに対応していくには、自分なりの"ものさし"を持つことが大事。それがあればさまざまな変化も、自分以外の料理も理解できます。そして、私のものさしとなっているものこそロワゾー哲学であり、この本のテーマでもある「軽さ」です。ここでいう軽さとは、摂取カロリーを減らすことではありません。もはや時代の要請ともいえる「軽さ」への要求を満足させる、時代に見合った表現法を追求すること。本書で紹介した中には、ロワゾーさんから学んだものも自分なりに生み出したものもありますが、いずれも根底には「フランス料理のベーシックを重視し、それを現代的に解釈しなおす」という考え方があります。

　この本では、具体的なテクニックだけでなく、「なぜこうするのか」というロジックも込めるようにしました。料理は背景を理解したうえで行なうことが重要で、それによって料理の幅は際限なく広がります。この本を読む人が、ひとつでもおもしろいと感じ、料理に新しい表現を見つけてもらえたら幸いです。

神戸北野ホテル　総支配人・総料理長
山口　浩

À la publication de ce livre
～ 発刊にあたって ～

この本の出版にあたり、前書きを記す栄誉をいただき、とても嬉しく思います。これは、ヤマグチヒロシに全幅の信頼をおいていた、夫ベルナール・ロワゾーに捧げるオマージュです。

ヤマグチは1991年、私たちの料理を学ぶためにブルゴーニュへやってきました。そして、「ラ・コート・ドール（現ルレ・ベルナール・ロワゾー）」に延べ2年間滞在したのです。彼のモチベーションは強大でした。そして、その完璧な忠誠心といったら！　数ヵ月後には、彼はベルナールの「純化」した味わい深い料理哲学を完全に体得していました。彼は私たちの独自のテクニックをすべて自分に同化させ、あらゆる緻密さ・鋭敏さを知覚することができたのです。
そして彼は、そのすべてをありのまま、神戸に開いた「ラ・コート・ドール」で再現し、伝えていました。私たちが訪れた時、ベルナールはその完成度の高さに感動したものです。
以来、ヤマグチはシェフとして、すばらしい成功を収めてきました。私はいつも彼のすばらしい試みに驚嘆し、心を奪われています。そして、それは必ず成功すると信じています。
ベルナールから学んだ基本理念に対して常に忠誠を誓うことで、彼は「ロワゾーさん」の日本大使になったのです。

ありがとう、ヤマ！

ベルナール・ロワゾー・グループ代表取締役　ドミニク・ロワゾー

ムッシュ・ロワゾーは親しみを込めて彼を「ヤマ」と呼んでいました。そんな彼と私、また同僚だったマイケル、ダヴィド、オリビエとの交流は今も続いています。この長い友情も、ヤマの愛情とホスピタリティ溢れる人柄ゆえ。その性格こそが、ホテル・レストラン業での成功を引き出しているのでしょう。

　ヤマは日本におけるロワゾーの代弁者です。彼はロワゾー氏から学んだ料理やホスピタリティのセンス、お客を幸せにする術に対して、尊敬と忠誠を捧げています。ロワゾー氏の哲学とは、最良の生産者と食材に敬意を払うこと。すばらしい食材を、技巧を凝らさずに料理すること。そして、『まず味わい、そしてさらに味わい』とよく言っていたように、完璧な火入れとジャストの味つけで風味を存分に引き出すこと。食材を尊重することに関してロワゾー氏は偉大な先駆者で、先人たちのレシピを「純化」し、改善しつつ、食べ手が満足する味を追求しました。華美なテクニックより、お客が味覚の喜びを見出すことに価値を置くこの哲学は、今も多くの料理人に影響を与えています。

　ヤマと私は親友であると同時に、常に知識を分け合い、技法について伝え合う関係です。今も定期的に情報交換をしており、ロワゾー氏の料理を発展させていく私の仕事に、ヤマはいつも興味を持ってくれています。ヤマから刺激を受けることも多く、たとえば「クロッカン」は、そんな交流の中で得たもの。それまで食感のアクセントにパート・フィロを使っていましたが、ある時、ヤマが「オリジナルの味を出せるから」とグラス状に煮詰めたジュを使って作る方法を教えてくれたのです。なるほど洗練されていて、心地よいリズムを与えてくれる。このクロッカンは私のレパートリーにもなっています。

　本書のテーマでもある「軽さ」を人々が求めていることにいち早く気づき、取り入れたのもロワゾー氏でした。そして、その氏のもとで学んだ「軽さのテクニック」を、ヤマは今も日本で実践し続けています。軽さは現代のフランス料理にとって非常に大切なこと。本書を通じて、ロワゾー氏の哲学が多くの料理人の礎となり、ひらめきを与える源となることを信じています。

　　　　　　　　　「ルレ・ベルナール・ロワゾー」シェフ　パトリック・ベルトロン

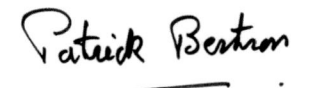

目次 sommaire

数字が2つあるものは、左が料理写真のページ、右がその解説ページを表します。

はじめに 003

プロローグ——「軽さ」とは 012

1 章　野菜のテクニック

野菜の調理法
- 1　オーブンで乾燥させる　018
- 2　塩にのせて焼く　019
- 3　水分をとばすように炒める　020
- 4　真空包装を利用する　022
- 5　煮溶かすように炒める　023
- 6　野菜のピュレを炒める　024
- 7　カラメリゼで甘みを引き出す　026

野菜のピュレを使う
ピュレを作る　028
- 1　ソースをモンテする　030
- 2　ピュレをソースに　032
- 3　その他の活用法　034

2 章　油のテクニック

加熱油のテクニック
油の種類　036
- 1　グレスドワで魚をポワレする　037
- 2　グレスドワで肉をリソレする　039
- 3　ブール・クラリフィエで繊細な素材をポワレする　040
- 4　オリーブ油で甲殻類をポワレする　041
- 5　ブール・クラリフィエで香りを移す　042
- 6　生のバターで加熱する　043
- 7　素材自身の脂で加熱する　044
- 8　余分な油脂を排除する　045

ソース・ヴィネグレット
- 1　酸味＋油　基本のヴィネグレット　046
- 2　オイルをヴィネグレットの主役に　048
- 3　野菜のピュレで油を減らす　049

3 章　「軽さ」を表現するテクニック

食感で演出する「軽さ」
- 1　野菜のクロッカン　052
- 2　穀物のクロッカン　054

皿の構成法——対比と相乗
- 1　相性のいいものを組み合わせる（相乗）　056
- 2　対照的な味を組み合わせる（対比）　057
- 3　ひとつの素材をさまざまな味で提供（対比）　058
- 4　ひとつの素材を異なる食感に仕立てる（対比）　059
- 5　同じ状態に調理した素材を一皿に（対比）　060
- 6　異なる温度を一皿に盛り込む（対比）　061

効果的な盛りつけ
- 1　盛りつけで作り手の意図を伝える　062
- 2　内容がわかるポイントを設ける　064
- 3　ソースを下に敷き、その上に料理を盛る　066
- 4　要素を個別に盛る　068
- 5　盛りつけでボリューム感を出す　068

4 章　その他のテクニック

機器で作り出す「軽さ」
「軽さ」を生み出す調理器具　070
- 1　フードプロセッサーを使う　071
- 2　パコジェットを使う　073
- 3　サイフォンを使う　075

砂糖を控えたデザート
1　香ばしさと食感で「軽さ」を演出　076
2　香りのインパクトで甘さを控える　078
3　クリームの甘さの抑え方　080
4　機器を利用する　082

5章　「軽さ」を支える基本アイテム

塩　086
ジュ　087
トリュフ　092
キャヴィア　093
鳥類の調理法　094

6章　軽さの料理

アミューズ

アミューズ・バール
　平目のマリネのスプーン盛り　099／104
　鮑と2種類のアスパラガスのスプーン盛り　099／104
　ウズラの卵とおかひじきのクリーム和え、
　ニンニク風味　099／104
　ラパンのレバーのタルトレット　099／104
　雲丹とトリュフ風味のかき卵の
　小さいブーシェ　099／105
　生ハム巻き自家製パテ、木の実添え　100／105
　牛肉のたたき仕立て、クリームチーズ和え、
　黒胡椒の効いたパルメザンのアリュメット　100／105
　"クルブ"──パンデピス、フォワグラ、トリュフ、
　サヤインゲン、リンゴのコンポートの
　キャラメリゼ　100／105
アミューズ・ブーシュ
　ブルターニュ産オマールのミ・キュイと
　バジル風味のリコッタチーズ　100／106

蟹と赤座海老のデュオ、
オゼイユとニンジンのソース　101／106
アボカドで巻いた赤座海老とカレー風味のタマネギ、
赤ピーマンのプルプ　101／106
蟹とエンドウ豆の香草オイルと乾燥トマト和え、
香草サラダとトリュフ　101／107
蟹のほぐし身を包んだ復元トマト　101／107
真鯛とカブラの甘酢漬け、鮑とキュウリの手毬仕立て、
カブラのソース　102／107
帆立貝柱のポンポネット、カリフラワーのマリネ詰め、
カリフラワーと雲丹のソース　102／108
ポテトとセロリラヴを詰めたソーモン・フュメのピラミッド、
エストラゴンソースと野菜のテュイル　102／108
ウズラの卵のポシェ、ホロホロ鳥のほぐし身とそのソース、
パリパリポテト添え　102／108
びっくりトリュフ、トリュフのジュレ　103／109
メロンのスープとグラス、
エストラゴン風味　103／109
的矢牡蠣のポシェ、レモンのジュレとジュンサイ、
シソ、パセリ　103／109
軽い野菜のジュレとニンジンのギモーヴ仕立て、
甲殻類のフイユテ添え　103／109

冷前菜

野菜のコンポジション、テリーヌ仕立て　111／112
自家製キャヴィアのパレット　114／116
モザイク仕立てのポワローとキャヴィアとソーモン・フュメ、
西洋ワサビ風味のソース　115／117
トリュフと帆立貝柱のダミエ　115／117
桃のヴィシソワーズ、ヴェルション2006　118／120
エンドウ豆のミント風味スープ、
トマトが効いたフレッシュチーズと
パリパリ生ハム添え　119／121
小粒のムール貝、
2種類のショーフロワ風　119／121
トマトの帽子をかぶった貝類と小野菜のガトー仕立て、
キャロットソース　122／124

目次 sommaire

キャヴィアとソーモン・フュメのタルタル、
ポワローのフォンデュのガトー仕立て、
パルルド・ソース　123／125
泉のサーモンのグージョネットとタルタル、
オゼイユのドレッシングソース　123／125
鮑の蒸し煮とアーティチョーク・ポワヴラード、
菊芋のサラダ、鮑の肝ソースと酸味ソース　126／128
サザエとソラマメのフランス風、
ミント風味のソラマメのクーリ　126／128
ブルターニュ産オマールのサラダ仕立て、
粒々キュウリと自家製キャヴィア添え、
海老味噌のドレッシングソース　127／129
蟹とアーティチョークのバヴァロワ、
蟹味噌ソース　130／132
蟹のミルフイユ仕立て、蟹味噌ソース　131／133
マグロのミ・キュイ、ポテトと小野菜のミルフイユ、
黒オリーブとトマトのコンフィ添え　134／136
鴨のフォワグラと仔鳩とホロホロ鳥の胸肉のテリーヌ、
トリュフとパンデピス風味のホウレン草詰め、
家禽のジュレ　135／137

温前菜

小さな詰めもの――ラタトゥイユを詰めた野菜の花、
貝類を詰めた赤ピーマン、
リゾットを詰めたトマト　139／140
ジロール茸、トランペット茸、
セープ茸の盛合せ　139／141
野菜のピュレのヴァリエーション、
トリュフ風味のジュ・ド・プーレ　142／144
ポワローのクリームとブレゼ、
コロレした真鯛の白子とトリュフ風味の
ジュ・ド・プーレ　142／144
ポワローとポテト、トリュフのスープ　143／145
フランス産栗のヴルーテ、
黒トリュフのラヴィオリと白トリュフ添え　143／145
モリーユ茸と半熟卵　146／148

アスパラガスとトリュフ、
トリュフのヴィネグレットソース　146／148
トリュフのブランマンジェ　147／149
テーマ「牡蠣」　150／152
帆立貝柱のオーブン焼き、
小野菜と酸味の効いた白ワインソース　151／153
タイラギ貝とムール貝の取合せ、
貝風味のレンズ豆のピュレ　151／153
川津海老のラヴィオリ、色よく焼いたクールジェットと
そのスパゲッティ　154／156
渡り蟹のヴルーテ、蟹身添え、
ふんわりユリ根のピュレ　155／157
車海老とアスペルジュ・ソヴァージュ、
雲丹のサラダ　158／160
赤爪エクルヴィスのジュレ仕立て、
ギリシャ風野菜添え　159／161
赤爪エクルヴィスのソテー、
エストラゴン風味　159／161
グルヌイユのパン粉付け焼き、
セロリラヴのピュレとパセリのジュース　162／164
ムースロン茸のラグー、
グルヌイユのモモ肉添え　162／164
ラパンのスープ仕立て、ローズマリー風味、
ニンジンのコンフィと背肉のレバー詰め
メダイヨン添え　163／165

魚料理

帆立貝柱のポワレ、赤ポルト酒ソース、
雲丹と貝類をのせたアンディーヴのキャラメリゼ、
青リンゴソース添え　167／168
赤座海老のポワレ、
ギリシャ風野菜とソース　167／169
ほんのり温めた牡蠣、
バルサミコのドレッシングソースと
オリーブ油を加えた海のジュース、
ポテトのエカゼとキャヴィア添え　170／172

ブルターニュ産オマールのロティ、
西洋ゴボウとセロリラヴの
バルサミコ風味のキャラメリゼ　170／172
コチとカサゴの霜降り焼き、
ニース風リゾットとブイヤベースのジュ　171／173
いろいろ近海魚のロティ、高菜ソース　174／176
皮をパリパリに焼いた真鯛と
バジルの乳化ソース　175／177
平目の香味コンフィ、アスパラガスのロティ添え、
卵黄ソース　175／177
平目の香草オイルポシェ、フヌイユのスービーズソースと
ペルノー酒風味の乳化ソース　178／180
ドーバー産舌平目のムニエル、
ポテトのドレッシングソース　178／180
ヒメジのポワレ、野菜のクネル、肝のソース　179／181
スズキのロティと煮溶けたエシャロット、
赤ワインソース　179／181
フグの白子包みポテト巻き、
ゴボウのキャラメリゼと野菜のジュース美味　182／184
アンコウのローストと緑レンズ豆の取合せ、
肝のソース　183／185

肉料理

キジ胸肉のソテーとモモ肉のコンフィとフォワグラ、
トリュフ入りミルフイユと豚足入りファルス添え　187／188
丹波地鶏のパナシェ　187／189
ブレス産肥育鶏の壺蒸し焼き "ベルナール・ロワゾー風"、
トリュフ風味ライス添え　190／192
ホロホロ鳥の胸肉とフォワグラの取合せ、
トリュフ風味のポテトと若ポワロー　191／193
仔鳩のローストのサラダ仕立て、
モモ肉のクルスティヤン添え、
ノワゼット風味のソース・オ・ソン　191／193
ウズラのスープ仕立て、モモ肉の
ファルスを詰めたチリメンキャベツ添え　194／196
ウズラ胸肉のキャラメリゼ、
ポワローとフォワグラのキャラメリゼ添え　194／196

ラパンの取合せ
──ゴボウとニンジンのキャラメリゼの付合せ、
マスタードの効いたソース　195／197
脂をじっくり焼いたイベリコ豚のコートとバラ肉のブレゼ、
香辛料風味のソース　198／200
ポテトでシュミゼした豚足の煮込み、フォワグラ添え、
トリュフのドレッシングソース　199／201
海老芋、トリュフと豚バラ肉の壺蒸し焼き　202／204
乳飲み仔羊のパナシェ
──ロース肉のロティ・モモ肉の煮込み・鞍下肉の
低温調理　203／205
乳飲み仔牛のコート、
田舎風野菜のポワレとジュ・ド・ヴォー　206／208
牛フィレ肉のポワレ、フォワグラ添え、
ニンジンのコロレ　206／208
真鴨胸肉のロースト、キャベツ、エシャロット、
ファルスのガトー仕立てとカリン添え　207／209
ペルドロー・グリの雛、イチジクのマルムラードとクラピオ、
フォワグラのコロッケ添え　210／212
ベカスのロティ、内臓のカナッペ添え　211／213
仔猪ロース肉のローストとバラ肉の煮込み、
芽キャベツとリンゴの付合せと
クレーム・ド・マロン　214／216
鹿ロース肉、洋梨の赤ワイン煮とセロリラヴ添え、
クルミ入りファルスの取合せ　215／217

デザート

フルーツのパフェ、3種類の香り　219／220
白と黒、二つのオレンジの塔　222／224
レモンのタルト　223／225
イチゴとピスタチオのミルフイユ　226／228
イチゴのスープ、
ボーム・ド・ヴェニーズのグラニテ添え　227／229
サクランボのスープ　230／232
桃のロティとソルベの取合せ、
アーモンドソース　231／233

目次 sommaire

洋梨のポシェ、シトロネル風味、
サクサクアーモンドのレグリース風味、
柑橘類の香りのリ・オ・レ　234／236
パイナップルのサブレ、
キャラメルとクルミのソース　235／237
パイナップルのミルフイユ　235／237
マンゴーのシブースト、
コリアンダーのグラス　238／240
極薄焼きリンゴのタルト　238／240
赤ワイン風味のイチジクとドライフルーツのキャラメリゼ、
青リンゴのシャーベット添え　239／241
パリ・ブレスト　242／244
パンデピスのミルフイユ　242／244
砂漠に咲いたバラの花、
チョコレートのグラスとオレンジのコンフィ　243／245
小菓子達　246／247

野菜料理

野菜のコース　251
エピキュリアン・ド・レギューム　252／254
菜園のハーモニー　253／255
キュウリのスープ、ミントのシズレ添え、
ミントオイルで和えたキュウリのタルタル　256／258
トマトのファルシ、
セロリの葉の軽やかソース　256／258
アーティチョーク、新タマネギ、シャンピニョンなどの
サラダ仕立て、シェリー酢風味の
トマトのクーリ　257／259
夏野菜のヴルーテ、
トマトのソルベとジュレ添え　260／262
若ビーツのヴルーテ、グルロ種タマネギのキャラメリゼと
ラルドン添え　261／263
ブルターニュ地方の花のヴルーテ
──カリフラワーのヴルーテ　261／263
王冠とスパゲッティに仕上げたクールジェット、
シェリー酢風味の赤ピーマンのクーリ　264／266

ポテトのロザスとポワローのフォンデュ、
ジュ・ド・ヴォーとトリュフの乳化ソース　264／266
ジュ・ド・プーレでブレゼした
サラダ・ロメーヌ　265／267
カリカリポテトのガレット、シェリー酢風味のタマネギの
フォンダンとパセリのジュース　265／267
野菜のポトフ　268／270
タマネギのフォンデュにのせたポーチ・ド・エッグ、
細切りトリュフとトリュフ風味の
ジュ・ド・プーレ　268／270
いろいろポテトの取合せ　269／271

プロフィール　272

索引
　テクニック篇　274
　素材篇　275

用語解説　283

凡例 note préliminaire

●本書は、前半（17〜95頁）で「軽さ」を実現するための考え方や具体的な手法を取り上げ、後半（97〜271頁）はそれを踏まえて作った料理を紹介する、という二部構成になっています。

●大さじは15cc、小さじは5ccです。
●バターはとくに明記しない限り、無塩バターを使用します。
●ピュアタイプのオリーブ油は「オリーブ油」、エクストラ・ヴァージン・オリーブ油は「E.V.オリーブ油」と表記しています。
●塩やコショウ、油脂類に関しては、とくに分量を定めずに「適量」「少量」と表記している場合があります。仕込む量や使う素材、好みによって適正な量は変わります。各自調整してください。なお、もともと塩分を含む魚や甲殻類は、調理中に風味が凝縮することで塩気も強くなります。とくに魚介類のソースの塩加減には注意してください。
●料理のベースとなる塩とだし（ジュ）に関しては、86〜91頁を参照ください。
●神戸北野ホテルでは、スチームコンベクションオーブンを使用しています。料理解説中でオーブンを使っている場合は、お手持ちのオーブンを同じ温度に設定して調理してください。また、スチーム（蒸す）の作業は、スチーム機能のないオーブンではできません。その場合は蒸し器などを使用していただくか、真空包装したものに関しては湯煎にかけて加熱すると効果的です。
●素材を攪拌する際に「ミキサー」と「スムージー用ミキサー」が登場します。神戸北野ホテルでは、できるだけ目の細かいピュレにしたい場合はスムージー用（→28頁・70頁）、それ以外は一般的なミキサー、と使い分けています。スムージー用ミキサーがなくても、いったんミキサーにかけたものを目の細かいシノワで漉すことで、かなりなめらかにすることができます。
●251頁の野菜のコースは、宿泊向けの食事プランや事前にオーダーがあった場合に対応しているものです。
●本書では調理用語の一部にフランス語を使っています。フランス語については283頁の用語解説を参照ください。

撮影／日置武晴
アートディレクション／成澤 豪（なかよし図工室）
デザイン／成澤 豪・成澤宏美（なかよし図工室）
フランス語校正／福永淑子
編集／鍋倉由記子

制作協力／
伊井野昌洋（神戸北野ホテル）
宮﨑協子（神戸北野ホテル）
他、神戸北野ホテルスタッフ一同

Prologue
～プロローグ～

「軽さ」とは

　この本のテーマである「軽さ」とは何を指すのか。本題に入る前に、まずそのことを説明しておく必要があるでしょう。本書で取り上げる軽さとは、「摂取カロリーを減らす」「調理に油を使わず、薄味に仕立てる」など、いわゆる健康やダイエットを目的とするものではありません。私が作るのは、あくまでもレストランの料理。当然、油脂も使えば、肉もフォワグラも使います。つまり、レストランとしてふさわしいおいしさを追求する中で、たとえば胃の負担にならない、野菜を多く食べたい……といったお客さまの要求を実現すること。そのためにはどうするのか——そこに本書の「軽さ」があります。

「軽さ」は時代の要請である

　料理は人々の生活や社会環境に応じて変化するものです。かつて「フランス料理は重い」といわれたのも、人々の生活と無縁ではありません。というのも、多くの人が肉体労働に従事していた時代は、体力を蓄えるために身体が炭水化物やタンパク質、油脂を必要としていたのです。人間、身体が欲するものをおいしいと感じるもの。当時の人にとって、肉やジャガイモ、バター、クリームはご馳走であると同時に、身体に必要なものだったのです。

　ところが、この数十年で社会は大きく変化しました。身体を動かす機会が減ったぶん、人々は昔ほど肉などのタンパク質や油脂を必要としなくなりました。身体が欲するものが変われば、おいしいと思うものも変わります。以前はおいしかったはずのものがそれほどではなくなり、いつの間にか「重い」とすら感じるように。また、流通事情が飛躍的に進歩したことで、良質な素材がいつでも入手可能になったことは、料理に大きな変化を与えました。新鮮な素材が手に入らなかった時代は、その質をカバーする必要もあり、その一端を濃厚なソースが担っていた点は否めません。ソースが濃厚であれば、必然的に料理は重くなります。逆に、新鮮な素材を使えば、その風味を生かすために余分な要素を排除しようとするため、料理は自然と軽くなる。つまり、今の時代、人々が軽さを求めるのは必然ともいえます。軽さは一時の流行や限られた人の志向ではなく、「時代の要請」なのです。それに応えるべく、常に軽さを意識することは、現代の料理人の必修課題ともいえます。

クラシックを現代の味に再構築する

　私がこうした「軽さ」を意識するようになったのには、師である故ベルナール・ロワゾー氏との出会いが大きく影響しています。私がフランスに渡った1980年代は、ヌーヴェル・キュイジーヌの全盛期。それまでのバターやク

プロローグ 「軽さ」とは

リームを使った料理が「重い」と否定され、シンプルで軽やかな料理が料理界を席巻した時代です。なかでもロワゾー氏は、フォン（だし）を使わず、水で旨みをデグラッセする「水の料理」でその名をとどろかせていたヌーヴェル・キュイジーヌの第一人者。彼のもとで働き始めた当初は、その斬新さにそれは驚いたものです。なにしろ、すべての調理はオーダーが入ってから。厨房にはフォンすら用意していないのですから。

その一方で、すぐに「彼の考え方は日本でも通用するのでは」とも感じました。ロワゾー氏は常に、素材に敬意を表し、その持ち味を尊重することを説いていました。氏が油脂を極力減らし、水を多用したのは、素材の個性をピュアに生かすため。これは日本人の私にとってスムーズに受け入れられる考え方でした。また、ロワゾー氏の料理は、それまでの伝統やテクニックを否定するのではなく、継承しつつ、現代の味に再構築するというものでした。たとえば、氏のスペシャリテであるグルヌイユの料理は、もともとグルヌイユをバターでソテーし、ニンニクとパセリで風味をつけるクラシックな料理がベース。グルヌイユが浮くほどバターをたっぷり使うこの料理は、それはそれでおいしいのですが、現代人が求めるものではありません。そこで、バター、ニンニク、パセリという要素を取り出して分解し、組み立てなおしたのが、パセリのピュレを水でのばしてソースにした、かの有名な一品です。一見、斬新なスタイルに映る料理も、実際はクラシックなレシピを時代に沿う表現に解釈し直したものであり、だからこそ多くの人に支持されたのです。この考え方は私の基盤になっています。

「軽さ」はテクニックになりうる

　本書では、軽さを実現するためのプロセスを「テクニック」としてとらえています。テクニックとは、そこに「なぜこうするのか」という理由があり、しかもそれが一個人のセンスにとどまらず、次の世代へ伝承できるもの。私自身、ロワゾー氏から継承したものは多く、そのまま、または自分なりにアレンジして今も取り入れています。繰り返しになりますが、私が考える軽さとは、野菜を使えばいいとか、一皿の量を減らせばいい、というものではありません。肉料理でも満足できるボリュームがあり、それを軽く感じさせること。そこにはもちろん、ジュのとり方やソースの仕立て方を工夫することで、重さの原因となるゼラチンや油脂を減らす、という具体的なテクニックも介在します。その一方で、コクのある卵黄のソースは、トマトの酸味やハーブの爽やかさをプラスすることで軽やかな印象に仕立てる、など味の組合せや構成の工夫で軽く感じさせることも多いのです。こうしたロジック的な部分も、本書ではテクニックとして取り上げています。

ロジックとは？　たとえば、私が常に意識しているのが、「軽くても、何を食べたのか印象に残る料理」。そのため、一皿にのせる素材の数を基本的に3、多くても4つ程度に絞っています。ところが、素材を生かそうとすると調理法はシンプルになりがちなため、そのぶん「もの足りない」と思われる可能性もあります。こうした中でも満足できる内容に仕立てること——それも料理人のテクニック。その場合に大切になるのが、個々の素材の持ち味をぐっと凝縮させることで味わいにボリューム感やインパクトを持たせたり、食感にメリハリやリズムを与えることで単調さを防ぐことなどです。たとえば、まろやかな味わいの中に酸味を加えたり、なめらかな食感のものにパリパリのチップを添えたり……。こうしたことが、食べ終えた後の軽やかさにつながったり、逆にもともと軽い料理にメリハリを与え、一皿としてのインパクトや完成度を高めたりするのです。これらはけっして新しい手法ではありませんが、積み重ねていくと食べた時の差は歴然。こうした普段から軽さを意識して行なっていることを、テクニックとして明確にしようというのが、本書の狙いです。

　具体的には、1章では軽さに不可欠な野菜を取り上げました。「野菜の調理法」では、主に野菜が持つ水分を排除することで味を凝縮し、存在感を持たせる方法を紹介しています。今は"野菜の時代"といえるほど、野菜を使った料理が求められています。本書で取り上げたバラエティ豊かな調理法は、野菜料理にメリハリを与えてくれるでしょう。また、野菜を微細に粉砕したピュレにも注目。ロワゾー氏の代名詞でもある「バターの代わりに、野菜のピュレでソースをモンテする手法」も取り上げています。2章のテーマは油脂。軽い料理にも適切な量の油脂は不可欠、というのが私の考えです。「加熱油のテクニック」ではグレスドワ、ブール・クラリフィエ、オリーブ油などの使い分けを中心に、素材や目指す仕上がりに応じた適切な加熱のポイントを。また、今やサラダ以外にも用途が広がっている「ソース・ヴィネグレット」では、基本のヴィネグレット以外にオイルで風味を出す例や、野菜のピュレを使うことで油を減らす方法を紹介しています。3章では、カリカリの食感が皿にリズムを生むクロッカンの作り方をはじめ、皿の構成法や効果的な盛りつけの方法など、「軽さ」を表現するさまざまなテクニックをピックアップ。4章ではフードプロセッサーをはじめ、パコジェットやサイフォン（エスプーマ）など、軽さの表現を飛躍的に進化させてくれた機器類と、食事を締めくくるデザートにおける軽さについて取り上げています。さらに、素材の持ち味を引き出そうとするほど重要になる塩や、ソースのキレを左右するジュなどは、まとめて5章の「『軽さ』を支える基本アイテム」で解説。そして本の後半では、こうしたテクニックを踏まえたうえでどう料理に反映させるか、具体例を紹介。実際に私たちが提供している料理を125品ほど掲載しています。

1章

野菜のテクニック
Emploi de Légumes

■野菜の調理法
■野菜のピュレを使う

今は野菜の時代。
野菜は多ければ多いほど喜ばれ、その使い方も
付合せやサラダなどの「添えもの」にとどまらない。
1種類の野菜をメインに仕立てるにせよ、
数十種類の野菜で一皿を構成するにせよ、
大切なのは個々の味を凝縮させ、おいしさを引き出すこと。
持ち味がぐっと際立った野菜は、
食べ手に「野菜を摂取した」という満足感を抱かせる。
ここでは蒸す、炒める、乾燥させるなど、
味の凝縮につながるさまざまなアプローチを紹介する。
もうひとつ、私の料理に不可欠なものが野菜のピュレ。
ソースやそのつなぎにするなど、クリームやバターの代わり
に使用する、私の「軽さ」を支える大切なアイテムだ。

1 野菜の調理法
オーブンで乾燥させる

野菜に含まれる水分を何らかの形で排除し、味を凝縮させる——これは、野菜調理の基本的な考え方。その方法として最もシンプルな例が「乾燥させる」ことだ。ドライフルーツに代表されるように、水分が抜けると素材の持ち味はぐっと立ってくる。ここで取り上げたのは、おなじみのトマトの例。皮を湯むきしたトマトに塩をふり、タイム、ニンニク、オリーブ油をまぶしてオーブンに入れる。ポイントは温度。高温で「焼く」のではなく、低温で「乾かす」感覚で加熱することで、じっくり野菜の水分を蒸発させ、味と旨みを凝縮させる。ここでは素材に水分が多いうちは130℃にしたが、途中で100℃に下げることで、トマトに必要以上に火が入るのを避け、ナチュラルな風味を保つ。塩には味つけ以外に素材の水分を引き出す役割がある。

軽さのポイント
低温で時間をかけて水分を抜くことで、トマトの旨みを凝縮させる。高温だとトマトが「焼けた」状態になり、果肉が崩れたり、トマトらしい酸味が失われるので注意。トマトのみずみずしさや味の凝縮具合は、加熱時間で調整可能。なお、オリーブ油やニンニク、タイムは風味づけのためのもので、使わなくてもよい。

テクニックの応用
ここではジューシーさを少し残すため、プティトマトを丸ごと使ったが、用途に応じてトマトの切り方や乾燥具合を調整する。調味料にもなる濃厚なドライトマトにする時は、トマトをくし型に切って充分に水分をとばし、逆にフレッシュ感を残したい時は、大きめに切って乾燥させる……という具合に。また、半分に切ったナスを天板に敷き詰め、塩、コショウ、タマネギとトマト、オリーブ油をふって160℃のオーブンで30分間加熱すれば、ナスの味が凝縮。刃叩きすればキャヴィア・ドーベルジーヌに。

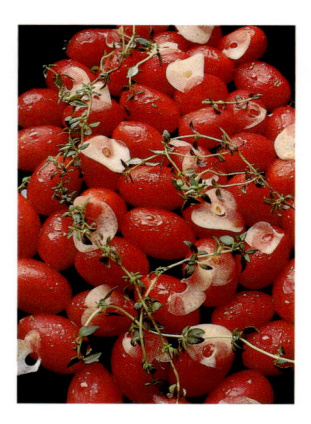

1. プティトマトを湯むきし、塩をふる。この塩はトマトに味をつけるとともに、トマトの水分を引き出す呼び水の役目をする。ニンニクのスライス、タイム、E.V.オリーブ油をふって130℃のオーブンに入れる。

2. 1時間ほどしてトマトの皮にシワがよってきたら、温度を100℃に下げて1時間半加熱する。写真は完成したもの。どの程度トマトの水分を抜くかは料理や好みに応じて調整する。

テクニックを使って
野菜のコンポジション、テリーヌ仕立て

約20種の季節の野菜を使った色鮮やかなテリーヌ。オーブンで乾燥させたトマトをはじめ、それぞれの持ち味を引き出すように野菜は個別に調理し、彩りよく型に詰めた。ゼラチンなど余分な要素を排除するため、テリーヌ型ごと真空にかけて冷やし、形を安定させている。コクのあるソースを合わせて野菜の味を引き立てる。(→解説112頁)

2 野菜の調理法
塩にのせて焼く

フランス料理に欠かせない野菜のひとつがジャガイモ。そのままで、またはピュレにして多用するが、国産のジャガイモはフランス産のような濃厚さがなく、ゆでると水っぽくなりやすい。イモ類は長時間熱にさらすことで特有の甘みやホクホク感が出てくるため、私は丸ごとオーブンで焼き、時間をかけて水分をとばしつつ味を凝縮させるのを基本としている。ポイントは、岩塩にのせて焼くこと。これは「塩包み焼き」の感覚で、塩がクッションになるためイモにやさしく火が入る。ただし、塩で全体を覆うと塩気がきつく、料理に使いづらいので、底面だけ塩にあたるように。まろやかな塩気によってイモの甘みはさらに増し、このイモでピュレを作ると、まるでフランスのラット種のイモで作ったようにホクホクで、味も濃厚になる。

軽さのポイント
ジャガイモは一定の時間高温にさらすことで、素材の味が凝縮し、イモ特有の甘みとホクホクとした食感が出てくる。この手法だと、ゆでたり蒸した時のように水っぽくなることがない。また、穏やかな塩気がつくことで、イモの甘みが引き立つ。

テクニックの応用
ジャガイモ以外に、エビイモやサトイモなど他のイモ類の調理にも用いる。また、ビーツなどの根菜や、ナスやタマネギのように水分が多い素材にも向く。これらは基本的に皮付きのまま加熱。穏やかに塩が入るよう、塩は粒の大きな粗塩タイプを使用する。

1. 塩に皮付きのジャガイモをのせる。塩はシャープな塩気を持つ岩塩の粗塩タイプを使用する。

2. 160℃のオーブンで20分間ほど焼き、イモを裏返してさらに20分間焼く。

3. 水分が蒸発することで、ゆでたり蒸した時とは異なるホクホク感が出てくる。そのうえ味も濃厚になる。

4. エビイモなど他のイモ類も同様に焼いて加熱する。写真のエビイモの場合は、特有のねっとり感が増す。

テクニックを使って

いろいろポテトの取合せ

塩にのせて焼いたジャガイモとエビイモで作るピュレ、ジャガイモのコンフィなど、異なる仕立てにしたイモ類を一皿に盛り合わせた。主役はジャガイモだが、ピュレには香草を混ぜたり、コクのあるエシャロットやタマネギのフォンデュを組み合わせるなど、味わいや食感に変化を持たせてバラエティ豊かな印象に仕上げている。野菜のコースでメイン料理として提供する一品。（→解説271頁）

3 野菜の調理法
水分をとばすように炒める

根菜のように水分が少ない素材は、調理の際にまずブランシール（下ゆで）するのが一般的。しかし、ゆでると水っぽくなりやすいため、私は直接ソテーして野菜に火を入れていく。ポイントは油脂。精製油ではなくバターを使うことで、バターに含まれるタンパク質などがクッションとなり、温度が上がりすぎるのを抑え、野菜の味をゆっくり凝縮させることができる。鍋の中で泡立っているのが野菜の水分。泡が少なくなったら冷蔵庫から出したてのバターを加えて泡を保ち、野菜から水分を引き出す。ただし、油が増えてきたら上澄みを随時捨てること。この油はあくまでも加熱媒体なので、加熱し終えたら素材についた油もていねいに拭き取り、徹底して排除することが大切だ。

軽さのポイント
野菜をゆでないため、素材の旨みや風味の流出が防げるのが最大のメリット。そのぶん個々の味が凝縮し、野菜の存在感が増す。加熱に使うバターはあくまでも野菜に火を入れるための媒体であり、これで野菜が油っぽくなることはない。ただし、加熱を終えた後の油はペーパータオルでていねいに拭き取ること。

テクニックの応用
ニンジン、セロリラヴ、カブ、ダイコンなど、加熱するのに少し時間がかかる素材に向く。野菜に火が入った後にジュなどを加えて煮ると、水分が抜けたところにジュが浸透し、野菜の味をしっかり保ちながらも、ジュを含ませることができる。

[根菜を炒める]

1. 鍋に野菜とブール・クラリフィエ、少量のバターを入れて火にかける。鍋は熱伝導にすぐれ、素材に柔らかく火が入る銅鍋がベスト。野菜の大きさに合うサイズを選ぶ。

2. 野菜の脱水を促すために、塩を加える。

3. ダイコン（写真は姫ダイコン）のように水分を多く含むものは、火にかけてまもなく水分が出始め、それによってバターが泡立つ。均一に火が入るよう、鍋は常に動かす。

4. 野菜から出た水分が蒸発すると、泡は細かく、ムース状になる。この時点でまだ野菜に火が入っていなければ、随時バターを足して小さな泡を保つ。

5. フツフツと立つ泡は、バターが持つ水分と野菜から出た水分によるもの。この状態を保つように途中で足すバターの量や火加減を調整し、野菜を加熱しつつ水分を抜いていく。

6. 野菜の水分が充分に外に出て、味が凝縮してくると、鍋から野菜の香りがぐっと立ってくる。写真はどちらも仕上がり間近の状態。野菜と鍋にはスュック（旨み）がついてくる。

7. 野菜を取り出して鍋の油をきる。底についたスュックは野菜の味が凝縮した証し。

8. ポトフのような料理では、写真7の鍋にジュ・ド・プーレなどの液体を加えてスュックを煮溶かし、そこへ野菜を戻して旨みを戻しつつ、ジュの味を含ませていく。

［チリメンキャベツを炒める］

1. チリメンキャベツも、根菜と同様に水分が出にくい素材。オリーブ油ではキャベツから水分が出る前に焼けてカリカリになってしまうため、グレスドワ（写真）やバターなど、融点の高い油脂を使う。

2. 鍋にグレスドワとチリメンキャベツを入れ、塩をふって炒めていく。味を凝縮させるのが目的の調理では、油と素材を入れてから鍋を火にかける。

3. 炒めるうちにチリメンキャベツから水分が出て、しんなりしてくる。外に出た水分を蒸発させつつ、味を凝縮していく。写真はコクづけにフォワグラを加えている様子。

テクニックを使って

野菜のポトフ

ポトフはもともと、塊の肉や野菜をゆっくり煮てスープと一緒に味わう料理。「日本の繊細な野菜で、フランスで作るような力強いポトフができないか」と考えたのが、それぞれの野菜を水分をとばすようにソテーした後、ジュ・ド・プーレを含ませる方法。いったん水分を出しきることで野菜の味が凝縮し、ジュを含ませてもその力強さは損なわれない。野菜主体だが存在感のある一皿。（→解説270頁）

4 野菜の調理法
真空包装を利用する

葉野菜の加熱はブランシールし、冷水にとって色を止めるのが一般的だが、野菜が直接水に触れるため、水っぽくなりがち。そこで私が利用するのが真空包装機。専用袋に葉野菜と少量の水（と必要ならば調味料）を入れて機械にかけて脱気すれば、強制的な圧力によって少ない水分で素材の加熱が可能。水の量は野菜がようやく湿る程度で足りるため、水っぽくなることもない。また、真空パックのまま氷水に落とすかショックフリーザーにかければ、急激な温度変化により、野菜の色が鮮やかに保たれる。なお、真空包装はセロリラヴや紅芯ダイコンなどの、水分が少ない素材から水気を排除したい場合にも有効。細かくきざんだ野菜を塩とともに真空にかければ、加熱しなくてもほんの数分で絞れるほどの水分が出て、作業時間の短縮にもなる。

軽さのポイント
真空にすることで、ごく少ない水分で野菜の加熱調理ができる。水っぽくならず、旨みの流出も最小限にとどめられる。また、マリネしたり、味を含ませたい時も真空包装を利用すると、調味料やオイルの量が少なくて済むため、軽さに一役買う。

テクニックの応用
加熱に関しては、葉野菜をはじめ、アーティチョークなど色が変わりやすい素材全般に応用できる。また、加熱せず、野菜の水分だけを除きたい場合（下のセロリラヴの例）は、根菜のような水分が少なく、塩が浸透しづらい素材に有効。また、フルーツと砂糖を真空にかければ、すみやかにマリネができ、砂糖の量も最小限で済む。フルーツのスープなどデザートでも重宝する（→84頁）。

［ポワローの場合］

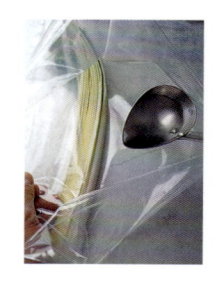

1. 真空包装用の袋にポワローを入れ、水を注ぐ。水の量は野菜全体に水気が行き渡る程度でよく、写真の場合は30ccほど。

2. 真空包装機にかけて脱気する。写真は脱気したところ。95℃のスチームコンベクションオーブンで15分間ほど加熱する。

3. 加熱によってポワローからも水分が出てくる。このままパックごと冷水に落として急速冷却すると、色が損なわれにくい。

［セロリラヴの場合］

1. セロリラヴや紅芯ダイコンのように水分が少ない素材を生で使いたい場合、塩とともに真空にかけると、塩もみをするより短時間で塩が浸透する。

2. 真空パックから野菜を取り出し、絞ってみると写真のように水分が出てくる。

5 野菜の調理法
煮溶かすように炒める

タマネギやエシャロットなどのネギ類は、加熱によって独特の甘みや複雑な味わいが出てくる。これを料理に使いやすい形にしたのがフォンデュ（fondu）。これは「溶けた」という意味で、タマネギやエシャロットをひたすら炒めて、まるで煮溶けたようにとろりと柔らかな状態にしたもの。シンプルな調理法だが、タマネギなら甘み、エシャロットなら独特の複雑さを持った凝縮した味になり、料理に少量を使うだけで味や食感のアクセントになる。ポイントはゆっくり火を入れ、味をしっかり凝縮させること。そのため、タマネギに比べて水分が出にくいエシャロットには、火の入り方が柔らかいグレスドワを使用。また、タマネギにはヴィネガーを加えてキレをプラスするなど単調さを避ける。

軽さのポイント
ひたすら加熱していくことで味が凝縮し、野菜ながら動物性の素材に負けないコクが出る。ポイントは油の使い分け。水分が出やすく柔かくなりやすいものにはブール・クラリフィエを、水分が出にくいものには火のあたりが柔かい、つまりじっくりと加熱できるグレスドワを使ってとろりと煮溶けたような状態に仕上げる。調理後は、ザルなどにあけて加熱に使った油をしっかりきること。

テクニックの応用
フォンデュは、さまざまな料理に味や食感のアクセントとして使用できる。269頁の「いろいろポテトの取合せ」のような野菜主体の料理に使うと、動物性の素材を使わなくてもコクや味わいのメリハリがつけられるためとくに重宝する。

［タマネギの場合］

1. タマネギをスライスし、塩をふって炒める。水分が出やすいタマネギには、ブール・クラリフィエを使用。水分が出たらそれを蒸発させるように炒める。

2. タマネギの甘みが充分に出てきたら、味にキレを出すためにバルサミコ酢とシェリーヴィネガーを加え、デグラッセする。

3. デグラッセは、タマネギから出た甘みをもう一度素材に戻すような感覚で行なう。ヴィネガーの酸味が加わることで、複雑な風味になる。

［エシャロットの場合］

1. エシャロットは加熱しても水分が出にくい。素材に優しく火が入るグレスドワを使い、エシャロットには塩をふって水分を出やすくする。

2. 弱火でひたすら炒めるうちに、エシャロットからは水分が出て、とろりと煮溶けたような「フォンデュ」の状態になる。

3. でき上がったフォンデュはザルにあけ、余分な油脂をきちんときる。凝縮した味は、少量でも味や食感のアクセントに。

6 野菜の調理法
野菜のピュレを炒める

素材を色づけるように炒める「カラメリゼ」を応用したテクニック。ゆでてピュレにした野菜を、水分をとばすようにひたすら炒め、これをスープのベースとする。水気がとび、パラパラとしてくる頃にはピュレにカラメル色がつき、香ばしさが出てくる。これをミキサーにかけて粉末状に。これは、いわば野菜の個性と香ばしさが凝縮したルゥのようなもので、液体でのばしてスープにする。この時にジュなどのだしではなく、ピュレを作る際の野菜のゆで汁を使用すると、よりストレートに素材の風味を表現することができる。野菜を炒める時以外には動物性素材を使わないため、コクはありながら軽い仕上がりになるのが特徴だ。なお、この粉末は真空にかけて冷凍すると2ヵ月間保存可能。

軽さのポイント

ピュレの水分をとばし、粉末になるまで炒めることで、野菜の風味が凝縮する。これはルゥのようなもの。粉を使わないので当然重さはなく、動物性のだしなどを使わずに、水や野菜のゆで汁でのばすだけで想像以上にコクのあるスープになる。また、意外性のある味わいは、食べ手にインパクトを与える。

テクニックの応用

カリフラワー以外に、ブロッコリーやカブ、ダイコンなどで作ることも可能。もともと水分が多いカブやダイコンはすぐに柔らかくなるため、ピュレにする工程は不要。適宜にスライスし、そのまま炒めて水分をとばしていけばよい。

1. カリフラワーの花蕾を適宜にほぐし、少量の塩を入れた湯で充分に柔らかくなるまでゆでる。水気をきり(このゆで汁はとりおく)、熱いうちにミキサーにかけてピュレにする。

2. テフロンのフライパンにバターとカリフラワーのピュレを入れ、ごく弱火にかける。このバターはカラメリゼのための加熱媒体であると同時に、ピュレにコクを与える役目もある。

3. バターが全体に行き渡るように混ぜたら、フライパンをあおりながらピュレの水分をひたすらとばしていく。

4. 水分が蒸発するにつれて、ピュレにうっすらと色がついてくる。まんべんなくカラメリゼされるよう、絶えず混ぜる。

5. ひたすら炒めていくと、ピュレには香ばしい色がつき、パラパラとした状態になる。カリフラワーの香りも凝縮してくる。

6. 完全にピュレの水分がとび、パラパラになったら火からおろし、フードプロセッサーにかけて粉末にする。ここではより細かくするため、サーモミックス（→70頁）を使用。目の細かいザルで漉し、ダマになるのを防ぐ。

7. この粉末を使ってスープを作る。写真1でとりおいたカリフラワーのゆで汁を温め、粉末を加えて溶かす。分量は粉末1に対してゆで汁4が目安。

8. ハンドミキサーにかけてなめらかにし、シノワで漉す。塩、コショウで味をととのえてスープの完成。

テクニックを使って

ブルターニュ地方の花のヴルーテ

カリフラワーのピュレをカラメリゼして粉末状にしたものを、ゆで汁でのばしただけのシンプルなスープ。カラメリゼすることで生まれる独特の凝縮した風味と香ばしい色が特徴で、一見何のスープかわからないぶん、食べ手に強烈なインパクトを与える。ヒントとしてカリフラワーの素揚げと生のスライスを添え、口にした瞬間に「なるほど」と納得してもらえるようにした。（→解説263頁）

7 野菜の調理法
カラメリゼで甘みを引き出す

「カラメリゼ caraméliser」は素材を炒めるなどして色づけること。砂糖をふってバターで炒める「グラッセ」もカラメリゼの一種だが、ここでは素材自身の糖分を加熱によって引き出し、そこに焼き色をつけていくことで、自然な甘みを強調することを指す。20頁の「水分をとばすように炒める」より、凝縮感のある力強い味が特徴だ。甘さを備えた素材に向く調理法だが、とくにタマネギなどネギ類は独特のコクと甘さが出るのでおすすめ。甘いだけでは単調なので、バルサミコ酢を少しだけ加えて、甘みを引き立てつつ複雑さを持たせるのがポイント。焼き色にもつやが出る。インパクトがある味なので、皿のアクセントとして付合せに使うほか、野菜主体の料理に添えれば、動物性の素材を使わなくても味に奥行きを与えることができる。

軽さのポイント

素材自身の糖分をカラメリゼするため、ナチュラルな甘みが特徴。この糖分を引き出すには、ある程度加熱に時間がかかるため、焦げにくいテフロン加工のフライパンを使用する。なお、油が必要なのは野菜に焼き色がつくまで。香ばしく色づいたら鍋や野菜についた油をしっかり拭き取り、バルサミコ酢と水を加える。

テクニックの応用

タマネギ、オニオンヌーヴォー（葉タマネギ）など、甘みのある素材向けの調理法。全体をカラメリゼすると味が単調になるため、カラメリゼを素材の一部に絞るとメリハリが出る。

1. テフロンのフライパンにバターを引く。柔らかくなるまで下ゆでし、縦に2等分したオニオンヌーヴォーを、切り口を下にして入れる。

2. 断面に焼き色がつき、ネギ類の甘い香りが出てきたら、加熱媒体としての油は不要になるのでペーパータオルでフライパンを拭き取る。バルサミコ酢と水をたらし、デグラッセする。

3. フライパンについた旨みをすべて溶かし込むようにデグラッセし、液体をオニオンヌーヴォーに含ませるように加熱する。

4. カラメリゼの完成。オニオンヌーヴォーの持つ甘みとカラメリゼの香ばしさ、バルサミコ酢による酸味が合わさった複雑な味は、料理に添えると味わいのアクセントに。表面のカリカリは食感のアクセントにもなる。

水っぽさは野菜の大敵

野菜調理の一貫したテーマは「水っぽくさせない」ということ。野菜の風味は水に溶けやすいため、加熱する際はなるべくゆでずに、蒸すか20頁のようにじっくりソテーして味が薄くなるのを防ぐ。たとえばカラーピーマンは、薄皮をむく時に真っ黒に焼いてから氷水に落とすのが一般的だが、これだとどうしても水っぽくなりやすいため、別の方法で行なう。まず180℃くらいの油でさっと揚げ、ビニールに入れて密閉。そして自然に冷ましてから皮をむいていく。こうすると水にさらさないので水っぽくならず、また、果肉には余熱でじんわりと火が入るため、真っ黒に焦がした時よりもピーマンの甘みがぐっと出てくるというメリットもある。なお、緑色のピーマンは皮が薄いため、この方法は不向きである。

180℃の油にカラーピーマンを入れ、軽く色づくまで揚げる。

油をきり、ビニール袋に入れて自然に冷ます。こうすると水っぽくならずに皮をむくことができる。

野菜のピュレを使う

ピュレを作る

ピュレにすると野菜をたくさん摂取できるため、普段から付合せなどさまざまな形で料理に取り入れている。その一例がソースのつなぎ。バターやクリームの代わりに野菜のピュレでモンテし、ソースに濃度をつけるのだ。油脂を使わないぶんヘルシーで、バターのように他の味を覆うことがないため、ソースの味をストレートに主張できる点が大きな特徴。他にも、ニンニクのピュレは調味料感覚で使えるなど、ピュレは意外に用途が幅広い。ここでは普段から用意するピュレのラインアップと、その作り方を紹介する。

ニンジンのピュレ

■ソース全般のつなぎに

1. ニンジンの皮をむき、適宜に切って竹串がスーッと通るまで柔らかく蒸す。ニンジンの種類はとくに問わないが、甘みの強い金時ニンジンなどは、ソースをつなぐ時に味の邪魔になるので避ける。

2. 熱いうちにスムージー用のミキサーにかける。このミキサーは粉砕力が強いため、目が細かく、ふんわりとしたクリームのようなピュレになる。フードプロセッサーを使う場合は、ピュレにしたものをさらに裏漉しするとよい。

3. ペーパータオルを敷いたザルに移し、ラップ紙をかぶせて丸1日冷蔵庫に入れて離水させる。水気をきることで、冷蔵庫で3日間ほど保存可能。

Colonne 1

ピュレに使うミキサーについて

私のピュレの特徴は、フードプロセッサーではなくスムージー（果汁と氷などを粉砕して作るなめらかな飲みもの）専用のミキサーを使う点。粉砕力が強いので、野菜の繊維質を感じさせないきめの細かい、ビロードのようなピュレになる。そのため、ソースのつなぎに使ってもザラつかず、なめらかに仕上がる。また、粉砕にかかる時間が短いため、色がとびにくいのもメリットだ。

神戸北野ホテルで使っているスムージー用ミキサーは、FMI社の「Blend Tec」というもの（→70頁）。

スムージー用ミキサーで作ったものはなめらかさが特徴。少し空気を含むため、食感は軽くなる。

フードプロセッサーで作ったニンジンのピュレ。粒々がところどころに残っている。

タマネギのピュレ

- 牛肉料理のソースのつなぎに（ニンジンのピュレと併用）

タマネギを輪切りにし、塩をひとつまみ入れた湯で歯ごたえがなくなるまでゆでる。ザルにあけて軽く水気をきる。

スムージー用のミキサーにかけてピュレにする。タマネギは繊維があるので、必ずいったん裏漉しにかける。

ペーパータオルを敷いたザルにあけ、冷蔵庫に1日置いて離水させる。

ニンニクのピュレ

- 風味づけ、調味料に
- ラタトゥイユのつなぎに
- ソースのつなぎに（ニンジンのピュレと併用）

ニンニクの皮をむき、一度ゆでこぼして芯を取る。さらに2～3度ゆでこぼして柔らかくし、ザルにあける。

スムージー用のミキサーにかけ、なめらかなピュレにする。

ペーパータオルを敷いたザルにあけ、冷蔵庫に1日置いて離水させる。

ジャガイモのピュレ

- キジなど油脂分の少ない素材のソースのつなぎに
- ドレッシングなどでのばしてソース代わりに
- 付合せに

ジャガイモは岩塩にのせてオーブンで焼く（→19頁）。ミキサーにかけるとデンプンの粘りが出るため、熱いうちにタミで漉す。

塩、コショウをし、温めた牛乳とバターを加え混ぜる。なお、ゆでたジャガイモで作る場合は、裏漉す前に軽く火にかけて水分をとばしておくとよい。

パセリのピュレ

- 水でのばしてソースに

イタリアンパセリではなく、風味の強い普通のパセリを使用。湯に多めの岩塩と少量の重曹を入れ、葉のみを柔らかくゆでる。

いったんザルにあけてから氷水に落とす。かき混ぜてすみやかに冷やし、鮮やかな色を保つ。

軽く水気をきったらスムージー用のミキサーにかける。このピュレは主に水でのばして料理に使うため、離水させていない。

1 野菜のピュレを使う
ソースをモンテする

私のピュレ使いの特徴が、ソースのモンテに使うこと。もともとはベルナール・ロワゾー氏の手法だが、数年前にスムージー用のミキサーを使うとかなり目の細かいピュレができることを発見し、よりなめらかにモンテできるようになった。野菜のピュレを使う大きなメリットは、バターを使わないため油脂の量が減り、ヘルシーであること。そして、バターのようにソースの味を覆うことがないため、ベースとなるジュやフォンの味をストレートに生かすことができる点。主に使うのはニンジンのピュレ。味も香りもクセが少ないため、どんなソースにもなじみやすい。ただし、バターでモンテするより、味のストライクゾーンは狭くなる。とくにコショウが効きやすくなるため、注意が必要だ。

軽さのポイント
バターや粉を使わないため口当たりが軽く、ヘルシー。ただし、ソースにピュレを加えると、野菜の量が増えることになるため、甘みが出やすくなる点は念頭に置きたい。モンテに野菜のピュレを使うなら、ベースとなるジュを仕込む際にはミルポワの量を加減することも考えたい。

テクニックの応用
クセが少ないニンジンのピュレを主に使用。ただし、力強い牛肉料理には甘みのあるタマネギとニンジンを併用し、仔羊のソースにはニンニクのピュレを少し加えると素材の風味が引き立つ。ホロホロ鳥の胸肉やキジなど脂肪の少ない素材には、まろやかなジャガイモのピュレを使うと、ソースが素材にからみやすい。

[ニンジンのピュレの場合]

1. ソースの仕上げにニンジンのピュレを加える。ピュレの量はソースをどのくらいの濃度に仕上げたいかによっても変わるが、およそソース110ccに対してピュレ30gほど。

2. 攪拌してピュレをていねいに溶かし込む。次第に濃度がついてくるので、それに合わせてピュレの量を調整する。

3. ピュレのきめが細かいため、ザラつかず、なめらかに仕上がる。バターのように他の素材の味を覆ってしまうことがないため、ベースのジュの風味を生かしたキレのある味に仕上がる。

[ジャガイモのピュレの場合]

1. ジャガイモのピュレはデンプンを含むために濃度がつきやすく、キジのような淡白な素材のソースに向く。加えるピュレの量はソースの濃度を見ながら調整すること。

2. ソースの仕上げにピュレを加えたら、泡立て器で混ぜ込む。ピュレにはバターと生クリームが入っているため、ニンジンのピュレよりしっとりした仕上がりになる。

左はバター、右はニンジンのピュレでモンテしたソース。バターよりピュレのほうが濃度がつきやすい。油脂を含まないぶん、野菜のピュレのほうがジュ本来の味が生きた、キレのよい仕上がりに。

テクニックを使って

乳飲み仔羊のパナシェ
——ロース肉のロティ、モモ肉の煮込み、鞍下肉の低温調理

乳飲み仔羊の3つの部位を、それぞれ別の調理法で仕立てて盛り合わせた、仔羊を丸ごと味わう一皿。皿に敷いたソースはロース肉をローストした鍋をデグラッセし、タイムを加えて煮詰めてジュ・ド・ヴォーを加える。これをニンジンのピュレでつなぎ、ニンニクのピュレで風味をプラスしたもの。また、付合せのラタトゥイユは各野菜の風味を生かすために別々に加熱し、最後に鍋で合わせ、ニンニクのピュレを加えて全体をまとめている。(→解説205頁)

2 野菜のピュレを使う
ピュレをソースに

「ソース＝ジュやフォンをベースに作るもの」とは限らない。野菜をなめらかなピュレにすると、そのままで油脂や動物性素材を使わないヘルシーなソースになり得る。たとえば、ベルナール・ロワゾー氏のスペシャリテをアレンジした「グルヌイユのパン粉付け焼き」(→162頁)のソースは、パセリのピュレを水でのばしただけのもの。パセリの力強い香りと味は、油脂や旨みを加えなくても充分ソースになる。また、ピュレをガルニチュール（付合せ）も兼ねたソースに仕立てることも、よく用いる手法。右頁のジャガイモのピュレがその例で、ヴィネグレットで柔らかくのばすことでソース感覚でも食べてもらう。ヘルシーなだけでなく、野菜を多く摂取できる点もメリットだ。

軽さのポイント
野菜のピュレをソースにすると、フォンやジュをベースとするソースに比べてヘルシーで、野菜も多く摂取できる。ソース兼ガルニチュールにすれば、皿の上の要素を減らすことができ、結果的に総カロリーも減る。

テクニックの応用
ピュレのソースはシンプルなぶん、もの足りない印象を与えやすいため、メインとなる素材とのバランスの取り方には工夫が必要。右頁のジャガイモのピュレでは、エビイモを加えることでコクとねっとりした食感を補ったように、ピュレに存在感を持たせようとするとバランスがとりやすい。

［水でのばす］

1. 風味が強いパセリのピュレは、水でのばしただけでソースになる。水を加えたら火にかけてなめらかに混ぜ、塩、コショウで味をととのえる。油脂が入っていないため、コショウは控えめに。

[ヴィネグレットでのばす]

1. ジャガイモのピュレは柔らかくのばして、付合せ兼ソースとすることも多い。フランスのジャガイモに近いねっとり感とコクを出すため、ジャガイモのピュレ4に対してエビイモのピュレ1を加える。

2. 魚のムニエルのような風味豊かな料理には、酸味のあるソースが合う。ジャガイモとエビイモのピュレにレモンのヴィネグレット(→46頁)を加え、柔らかくのばす。

3. 仕上げにアッシェにしたエシャロットとシブレットを加え、風味と心地よい食感をプラス。味をみて、酸味が足りなければレモン汁を加える。

テクニックを使って

ドーバー産舌平目のムニエル、ポテトのドレッシングソース

力強い味わいを持つドーバー産の舌ビラメを、焦がしバターを使ってムニエルに。ムニエルにはなめらかなジャガイモのピュレがよく合うため、ヴィネグレットで柔らかくのばしたジャガイモのピュレ「ヴィネグレット・ド・ポム・ド・テール」を、ソース兼ガルニテュールとして添えている。ヴィネグレットの酸味にはヴィネガーではなくレモン汁を使い、フレッシュで爽やかな酸味で舌ビラメの旨みを引き立てつつ、軽やかに食べさせる。(→解説180頁)

3 野菜のピュレを使う
その他の活用法

［調味料・風味づけに］

ニンニクのピュレのように風味の強いものは、それ単体でソースや付合せにするより、何かに加えて味や香りをプラスするなど、調味料的に使うことが多い。右の写真はジャガイモのピュレにニンニクのピュレを加えて風味をつける例。他にも、キノコのソテーの仕上げに加えたり、スープの風味づけに加えるなど、常備しておけばさまざまな料理に応用ができ、重宝する。

1. ジャガイモのピュレの風味づけに、ニンニクのピュレを加える例。どちらもピュレ状なので、味もさっとなじみやすい。

［複数の素材のつなぎに］

ピュレはソースをつなぐだけでなく、素材同士をまとめる"接着剤"として使うこともある。右の写真はラタトゥイユの例。通常ラタトゥイユは夏野菜を煮込んで作るが、私のところでは煮崩れたおいしさよりも野菜個々のおいしさを生かすため、ピーマン、クールジェット、ナス、タマネギなどを別々に調理する。その場合に、最後に全体をまとめてくれるのがニンニクのピュレ。もともとラタトゥイユにはニンニクが入るため、この風味で全体をまとめつつ、バラバラの野菜をつなぎ合わせて一体感を持たせている。

1. 個々に火を入れたラタトゥイユの材料を、ひとつの鍋に入れて合わせる。ニンニクのピュレを加え、ラタトゥイユにニンニクの風味をつけつつ、接着剤として野菜同士をまとめる。

2. ニンニクでつないだラタトゥイユをセルクルに詰める。ピュレがつなぎの役目を果たすため、型を抜いても形が保たれる。

2章

油のテクニック

Emploi de Graisses

■ 加熱油のテクニック
■ ソース・ヴィネグレット

「軽さ」を重視するあまり、
むやみに油脂を排除することには疑問を感じる。
とくに素材に熱を伝える加熱媒体としての油脂は
「軽い重い」以前に、適切な調理のために不可欠なもの。
カリカリに焼くのか、しっとり仕上げるのか——
油脂の特性を把握し、用途に応じて使い分けることで
油を使っても重く感じさせないのが料理人の技術である。
そして、媒体としての役目を終えた油は、
そこで初めて排除すべきものとなり、
これは徹底して行なわれる必要がある。
ここでは加熱に関する油脂の使い方と、サラダをはじめ
ヘルシーな料理に不可欠なものとして年々重要度を増す
ソース・ヴィネグレットを取り上げる。

加熱油のテクニック
油の種類

厨房ではさまざまな油を使うが、加熱調理に使うのはグレスドワ（ガチョウの脂）、ブール・クラリフィエ（澄ましバター）、オリーブ油（ピュアタイプ）、バターの4種類。揚げものなど高温での調理をあまりしないこともあり、ピュアオリーブ油以外は非精製油である。

グレスドワやバターは、脂肪酸の違いによって精製油よりも融点が高く、素材への火の入り方が柔らかい点が特徴。精製油に比べて温度も上がりにくいので、「素材の水分を外に出しながら味を凝縮させる」など、この本で頻繁に用いる調理法にも向いている。

グレスドワ

ガチョウの脂。油以外の成分（タンパク質や炭水化物）を多少含み、加熱時の温度の上がり方がゆるやか。魚や鶏の皮をパリッと焼き上げるなど、じっくり加熱したい場合に向く。肉類のリソレにも使用する。単独で使うことは少なく、加熱途中で生のバターを加え、その水分を利用して身をしっとり仕上げることが多い。常温で保存可。

ブール・クラリフィエ
（澄ましバター）

無塩バターを使用。油以外の成分を除いているため、加熱しても焦げにくく、素材に優しく火が入る。キノコのソテーや野菜のカラメリゼなど、野菜をある程度の時間火にかけ、味を凝縮させていくような調理に用いる。バターの風味はほとんどしないので、素材にハーブなどの香りを移す時の媒体としても使用可。保存は冷蔵庫で。

オリーブ油
（ピュアタイプ）

加熱調理にはオリーブ油の中でもピュアタイプを使用。融点が低く、温度が上がりやすいため、甲殻類の表面をカリカリに焼くなど、揚げる感覚に近い効果を求めて使う場合が多い。バターやグレスドワが持つ香りが料理の邪魔になる場合にも用いる。バターやグレスドワと異なり、冷やしても油が固まらないため、冷前菜の調理にも使用する。

バター

無塩バターを使用。加熱の最初から使うことは少なく、途中で数カケ（使いやすいよう、1cm角にしておく）を鍋に入れ、バターに含まれる水分によって鍋の中の温度を下げたり、素材に水分を補うために用いる。ホウレン草のエテュヴェやキノコのソテーなど、短時間で仕上げたい調理には、加熱油として最初から使用することもある。

Colonne 2

ブール・クラリフィエの作り方

無塩バターを深い容器に入れ、ディッシュウォーマーなどの温かい場所に置いて自然に溶かす。下に白っぽいものが溜まり、上澄みと分かれたら、上澄みだけをペーパータオルを敷いたザルで静かに濾す。冷えたら使う量ごとに分けてすぐに使うものは冷蔵、それ以外は冷凍しておく。

下に沈んだ白いものはタンパク質。バターの風味の素だが、ここでは不要。

上澄みだけを静かに濾して、ブール・クラリフィエの完成。

1 グレスドワで魚をポワレする

加熱油のテクニック

身をふっくら・ジューシーに仕上げたい肉や魚（皮付き）の加熱調理には、素材に柔らかく火を入れることができる非精製油を使用する。とくに身の厚いものや塊のまま調理する場合には、バターなどに比べても高温・長時間の加熱に耐えられるグレスドワが最適。ポワレにする場合も、オリーブ油やサラダ油だと温度が上がりやすいため、身が固くなりやすいが、グレスドワだとじっくりと加熱ができるため、「皮はカリカリ、身はふっくら」というベストの状態に仕上げやすい。なお、じっくり加熱していくと、鍋の中の水分が蒸発して温度が上がるため、焦げやすくなる。そこで、皮にきれいに焼き色がついてきたら、生のバターを数カケ加えて鍋の中の温度と湿度を調整する。

軽さのポイント
グレスドワを使うことでじっくり加熱できる環境を作り、魚をふっくらジューシーに仕上げるのが目的。実際にポワレの際に焼くのは皮目のみ。これは身は蒸したほうがふっくらしておいしい、というのが最大の理由だが、両面を焼かないことで油の使用量が減るというメリットもある。

テクニックの応用
皮をカリカリに焼くにはじっくりと加熱したいが、温度が低いと焼き色がきれいにつかず、かえって素材に油がしみ込む可能性も。鍋の中は150〜160℃を保ちたい。また、この温度を保つためにもある程度の多めの油が必要だ。

［真鯛の例］

1. 鍋を温め、グレスドワを入れる。グレスドワの量は、鍋全体に油が行き渡るくらいが目安。

2. 真鯛の切り身を、皮を下にして入れる。油の温度が低いと皮に焼き色がきれいにつかないため、火加減は中火よりやや強めで。

3. 身が半分くらいまで白っぽくなり、皮の水分が抜けてぐっと凝縮してきたら、生のバターを2〜3カケ加える。

4. バターを入れてまもなく、バターに含まれる水分が泡になって出てくる。そうしたらすぐに蓋をし、その水分を利用して「蒸し焼き」の状態を作り出す。

5. 蒸し焼きにすることで、皮目しか焼かなくても身にふっくらと火が入る。また、水分によって焼く時間が長くなるため、皮はいっそうカリカリになる。

6. 焼き上がった真鯛はペーパータオルにとり、余分な油を拭き取る。

> テクニックを使って

皮をパリパリに焼いた真鯛と
バジルの乳化ソース

真鯛の切り身をグレスドワで焼き、「皮はパリパリ、身はふっくら」というポワレの鉄則通りに仕上げた。下に敷いたのは、フュメ・ド・ポワソンとジュ・ド・オマールを煮詰め、バジルのピュレとオリーブ油で乳化した、色合いも香りも爽やかなソース。プティオニオンやニンジン、乾燥させたトマトの皮などのガルニチュールを添えて、色と食感のアクセントとした。(→解説177頁)

2 加熱油のテクニック
グレスドワで肉をリソレする

厚みのある肉を調理する際には、まずリソレをするのが一般的。肉の表面を焼き固めることで、肉汁の流出を防ぐのがその目的だが、「焼き固める」といっても、ガチガチに固くなっては肉のおいしさが台無し。ふっくらと柔らかい状態は保ちつつ、旨みを逃さないためには、ある程度高温の油でさっと焼き固めるのが理想だ。その場合に最適なのが、グレスドワ。高温の加熱に耐えつつ肉に柔らかく火が入るのに加え、きれいに焼き色がつく点もポイント。下の3の写真のように、ピュアオリーブ油でリソレした場合と比べると一目瞭然だ。ピュアオリーブ油は熱の伝わり方が直接的で、肉が固く締まりがち。その後に煮込むなら構わないが、ポワレなどに仕立てる場合は食感に影響する。

軽さのポイント

精製油（ピュアオリーブ油やサラダ油など）は融点が低く、グレスドワに比べて素材に火がダイレクトに伝わるという特徴がある。これらでリソレすると、表面の水分が失われ、固くなりやすいため食感が重くなる。グレスドワを使うとふっくらと柔らかく仕上がり、口に入れた時の印象も軽い。

テクニックの応用

ここで例に挙げた牛肉はもちろん、身質が繊細なキジやウズラ、個体が小さく火入れが難しいベカスなどのジビエにも、加熱時の油にはグレスドワを用いる。煮込み料理やジュをとる際にも、肉のリソレにはグレスドワを使うことが多い。

［牛肉の例］

1. 鍋に、全体に行き渡る量のグレスドワを入れて、中火にかける。塩、コショウをした牛フィレ肉を入れ、まもなく生のバターを2～3カケ入れる。

2. グレスドワに含まれるタンパク質などによって焼き色が香ばしくつく。また、バターの水分がクッションとなって火の入り方が柔らかくなるため、肉が固くならずにふっくらと仕上がる。

3. 左はグレスドワで、右はオリーブ油でリソレしたもの。オリーブ油のほうは肉の表面が乾いた感じで、縁の部分が固く締まっているのがわかる。

3 加熱油のテクニック
ブール・クラリフィエで繊細な素材をポワレする

ブール・クラリフィエは、同じ非精製油でもグレスドワよりクセがないため、野菜やキノコのような水分が多く、風味が穏やかな素材の加熱調理に向く。油の融点が高く、サラダ油などよりもゆっくり温度が上昇するため、鍋の中の温度調整がしやすい。素材に優しく火が入るため、グルヌイユのように個体が小さく、身質が繊細な素材の加熱にも最適だ。身のジューシーさを保ちつつも表面をカリッと仕上げるため、表面にある程度焼き色がついたら、バターを加えて火のあたりを柔かくすると、小さな素材でも「外はカリカリ、中はふっくら」に仕上げることができる。たっぷりの油（グルヌイユなら肉が1/3ほど浸かるくらい）を使う点も大切なポイントだ。

軽さのポイント
身質が繊細な素材は火が入りやすいため、高温で加熱すると身が崩れたり、固く締まった食感になりやすい。火の入り方が穏やかでクセが少ないブール・クラリフィエを使って加熱することで、こうした素材もふっくらジューシーに仕上がる。

テクニックの応用
グルヌイユ以外に、身割れしやすいホタテ貝柱や、火が入りすぎるとゴムのように固くなってしまうエクルヴィスなどに向く。

［グルヌイユの例］

1. 鍋にブール・クラリフィエを入れ、溶かす。身質が繊細な素材は優しく火を入れたいので、たっぷりの油で加熱する。

2. グルヌイユ（食用カエル）に塩、コショウをしてから粉を薄くまぶし、鍋に入れる。焼き色をきれいにつけるため、鍋をむやみに動かさず、じっくり加熱していく。

3. 火にかけ続けていると、次第にグルヌイユの表面がパリパリになり、色づいてくる。そうしたら生のバターを4〜5カケ加えて水分を補う。この時点でも鍋はゆする程度にとどめる。

5. 加熱を終えたら、ザルにあける。しっかり油をきることで余分な油を排除しつつ、表面をパリッと仕上げる。

4. グルヌイユに8割ほど火が入った時点で、ようやく全体を混ぜて上下を返す。バターを加えることでしっとり仕上がる。

4 オリーブ油で甲殻類をポワレする

加熱油のテクニック

オリーブ油（ピュアタイプ）は他の油に比べて熱伝導がよく、エビやホタテなどの甲殻類をカリッとした食感に仕上げたい場合や、サケの皮やアマダイのウロコなどをカリカリに焼いて提供したい場合に有効だ。とくに、甘みが強く味が濃厚な甲殻類は、ただ焼いただけでは単調な印象になりやすい。そこで、オリーブ油を使って身の表面をカリカリに焼いたり、殻に香ばしさを持たせることで味や食感にコントラストをつけ、甲殻類ならではの甘みを引き立てつつ、食べ飽きるのを防ぐ。肉の場合はオリーブ油で焼くと表面が固くなって食べにくいが、甲殻類の場合は心地よい食感につながる。短時間で表面が焼けるため、ジュが一気に閉じ込められ、ジューシーさが保たれるのもメリットだ。

軽さのポイント

オリーブ油は、バターやグレスドワより融点が低く、そのぶん素材に熱が伝わるスピードが早い。つまり、素材の表面の水分がすぐに蒸発するため、これがカリッとした食感を生み出す。この場合、素材全体を同じように加熱するのではなく、表面だけをカリカリに焼き、中は生っぽく仕上げるなど、「落差」をつけることで味や食感にメリハリを出すと、重い印象になるのを避けられる。

テクニックの応用

ホタテ貝柱をはじめ、オマールやラングスティーヌなどの甲殻類のポワレやローストに。ルージェ（ヒメジ）など皮に独特の風味があり、カリカリに焼き上げたい魚のポワレにも使用する。なお、風味が豊かなE.V.オリーブ油は加熱には使用しない。

［ホタテ貝柱の例］

1. 鍋にオリーブ油を引いて温める。ピュアタイプのオリーブ油は高温での加熱に耐えられるので、火加減は強めで。

2. ホタテ貝柱を入れる。中のジュが外に出ないよう、鍋もホタテも動かさずに焼いていく。

3. カリカリと香ばしく焼き色がついたらホタテを裏返し、裏側も同様に焼く。高温で焼くことで、すみやかに表面を焼き固め、中のジュを逃さない。

4. 焼き上がったホタテ貝柱。周りはカリカリ、中は生っぽくジューシーに仕上げるのがポイント。

テクニックを使って

帆立貝柱のポワレ、赤ポルト酒ソース、雲丹と貝類をのせたアンディーヴのキャラメリゼ、青リンゴソース添え

甘みが強く、単調な印象になりやすいホタテ貝柱をオリーブ油でポワレに。表面はカリカリと香ばしく、中は生っぽくジューシーに焼き上げて、食感のコントラストで軽やかに食べてもらう。ソースはポルト酒のソースと青リンゴのピュレ。青リンゴの爽やかな酸味が、ホタテの凝縮したおいしさを引き立てつつ、食べ飽きるのを防ぐ。付合せにカラメリゼしたほろ苦いアンディーヴと貝類、ウニを添えて。（→解説168頁）

5 加熱油のテクニック
ブール・クラリフィエで香りを移す

油には香りを吸収するという特性がある。これを利用したのが、油に香りを移し、この油で素材を加熱することで、火を入れつつ香りもまとわせる手法。この場合の油は、それ自体にクセのないブール・クラリフィエを使用。まずニンニクやハーブなど、香りを移したいものと一緒に火にかけてアンフュゼする。ニンニクやハーブが焦げないよう、温度は高くても95℃前後に。油に香りが移ったら、香りをつけたい素材を入れて温度を保ちながら火を入れる。油の中で加熱するのでコンフィのようだが、白身魚など比較的淡白な素材に用いるので加熱時間は短く、むしろポシェに近い。また、この手法だとジュが流出しづらく、味が閉じ込められる点もメリット。身も縮みにくく、ふっくら仕上がる。

軽さのポイント
香りを移す媒体として油を使用。コンフィと違い、加熱時間が短いためどちらかといえばポシェに近い。たっぷりの油によって素材に均等に火が入るため、ふっくら柔らかく仕上がるのもメリット。素材にしみ込む油はそれほど多くないが、加熱を終えた素材はペーパータオルなどで拭き、余分な油を取り除くこと。

テクニックの応用
ヒラメのほか、アンコウ、フグ、オコゼなど淡白な白身魚を繊細に表現したい時に向く。これらはポワレやローストにしてもおいしいが、コースの中で前後の料理とのバランスを考える時に、こうしたどちらかといえば「引き」の調理法を用意しておくと便利。なお、マグロのような赤身には不向きの調理法。また、ジャガイモなど根菜類の香りづけにも使える。

[ヒラメの例]

[ジャガイモの例]

1. ブール・クラリフィエにニンニク、ローズマリー、フヌイユを入れて火にかけ、油に香りを移す。温度が高いと焦げてしまうため、温度は高くても95℃前後に。ヒラメを入れて加熱する。

2. 油の温度を保ちながらヒラメに火を入れる。油の中で加熱すると、魚のジュが身に閉じ込められて外に流れにくいため、ふっくらジューシーに仕上がる。

3. 油から取り出したらペーパータオルにとり、油をきる。皮付きの魚の場合は、提供時に鶏のコンフィのように皮目をパリッと焼く。

1. 魚以外に、イモ類なども同様の方法で調理する。写真はジャガイモの例で、ジャガイモと相性のよいローズマリーとタイムをブール・クラリフィエに入れ、香りを移しつつゆっくり火を入れる。

6 加熱油のテクニック
生のバターで加熱する

生のバターを加熱調理に使うのは、葉野菜のエテュヴェのように水分を補いながら調理したい時や、素材にバターの香りやコクをつけたい場合が大半。ここではバターに含まれる水分を利用した、「蒸し焼き」に注目する。バターの水分により鍋の中の温度が高くなりすぎず、そのぶんゆっくり加熱できる点がポイント。ムニエルに近いが、加熱時間はもっと長い。ポイントは冷蔵庫から出したての冷たいバターを使うこと。火にかけた時にプクプクと立つ泡がバターの水分で、この時の鍋の中は100〜110℃。この程度ではバター内のタンパク質は焦げないため、温度と泡を保つように鍋を絶えずゆすり、バターを補充しながらソテーする。素材に火が入り、味が凝縮して自然に色がついたら完成。

軽さのポイント
バターに含まれる水分が、鍋の中の温度が上がりすぎるのを防ぎ、「蒸し焼き」の状態を作り出す。じっくりと時間をかけて加熱できる点がメリットで、素材の持ち味を充分に引き出すことができる。仕上がった素材は、ブール・クラリフィエなどで加熱した時よりもしっとりする。もちろん、鍋や素材についた余分な油はていねいに排除すること。

テクニックの応用
必ず冷蔵庫から出したばかりのよく冷えたバターを使うこと。温まったバターを使うと、加熱中に黒いブツブツが出てきてしまう。下記の栗のほか、サツマイモのように長時間加熱することで旨みが凝縮するイモ類などに向く調理法。

[栗の例]

1. 銅鍋を火にかけ、冷蔵庫から出したての冷たいバターを入れる。次第に泡立ってくるが、これがバターの水分。

2. 泡立ってきたら栗を入れ、絶えず鍋をゆすりながらソテーする。できるだけ時間をかけて加熱したほうが、味がしっかり凝縮するため、ムースのように泡立った状態を保つように意識する。

3. 泡が大きくなってきたら、随時バターを足して水分を補う。栗に火が入ると表面が色づき、泡もムース状でなくなる。このバターはあくまでも加熱媒体なので、加熱が終わったらペーパーで充分に取り除くこと。栗はホクホクに仕上がる。

テクニックを使って

フランス産栗のヴルーテ、
黒トリュフのラヴィオリと白トリュフ添え

独特の風味を持つフランス産の栗（シャテーニュ）は、生のバターでゆっくりソテーして充分に甘みを引き出す。これをジュ・ド・プーレで煮込んでからピュレにし、水でのばしてなめらかなヴルーテに仕上げた。黒トリュフのピュレを包んだラヴィオリと、白トリュフのスライスを添えて香り豊かに。（→解説145頁）

7 加熱油のテクニック
素材自身の脂で加熱する

鴨や豚など脂が多い素材は、その脂こそがおいしさ。切り落とさずに使いたいが、量が多ければ重く感じるのも事実。そこでこうした素材は、鍋に油を引かず、その素材から出た脂を使って調理する。つまり、油っぽさにつながる余分な油脂は排除し、おいしさだけを残すのだ。焼く際のポイントは、脂に切り込みを入れて脂を外に出しやすくすること。表面積が大きいほど脂は出やすいため、切り込みは肉との境まで深めに。熱した鍋に脂を下にして入れたら、どんどん外に出していく。この時、温度が高いと脂が外に出る前に表面が焦げてしまうため、私は鍋の中を150～160℃に保つように火加減を調整する。素材自身の脂で焼くため、火の入り方が柔らかい点もこの調理法のメリットだ。

軽さのポイント
素材が持つ脂をしっかり焼ききることで、「重さ」の原因となる余分な脂を排除し、旨みだけを残す。素材から出た脂だけで調理するため、油脂の量も減らせる。なお、加熱中に鍋に脂がたまってきたら、油っぽくならないように随時捨てること。

テクニックの応用
主に鴨や豚、イノシシなど、厚い脂を持つ素材に用いる。

[イベリコ豚の例]

1. 脂に等間隔に切り込みを入れる。表面積が広いほど脂は出やすくなるので、肉と脂の境目まで深く切り込む。

2. 脂の面を下にして鍋に入れる（鍋に油は不要）。余分な脂を外に出すように、じっくり加熱していく。火加減が強いと脂がにじみ出る前に焦げてしまうので注意。

3. 充分に脂が出て、表面がカリッとしてきたら、その脂で肉の面も加熱する。豚の脂は人の体温で溶けるぶん、牛肉などに比べて重く感じないので、完全に焼ききらなくてもいい。

テクニックを使って
脂をじっくり焼いたイベリコ豚のコートとバラ肉のブレゼ、香辛料風味のソース

脂にも旨みがあるイベリコ豚のコート（骨付き背肉）とバラ肉を盛り合わせた一皿。背肉の脂には切り込みを深めに入れ、余分な脂を外に出すようにゆっくり加熱して表面をカリカリに。背肉とは脂のつき方が異なるバラ肉は、ブレゼにして添えた。どちらも余分な脂を落とすように調理して、脂のおいしさを生かしつつ食べた時の印象は軽やかに仕上げた。スパイスを効かせたソースと一緒に味わう。（→解説200頁）

8 加熱油のテクニック
余分な油脂を排除する

「軽く仕上げたいから」と必要な油脂まで減らしてしまっては、適正な調理効果が得られず、おいしいものは作れない。脂の少ない素材には油を多めに使って油脂分を補うように調理するなど、油脂にも適切な量と使い方がある。ソテーにしろポワレにしろ、きちんと油脂を使ったうえで、それを油っぽく感じさせないことがプロの仕事だ。そして、「加熱の媒体」という役目を終えた油は不要なものに。この余分な油脂は捨てたり、鍋や素材に残ったものは拭き取るなどして徹底的に排除する。当たり前のことのようだが、これだけで食べた時の印象がだいぶ変わる。どんな時にもていねいに行なうことが大切だ。

軽さのポイント
加熱を終えた素材や鍋に残った油など、役目を終えた油脂は、ていねいに拭き取ることで油の摂取量を減らす。余分な油は味をぼやけさせるというデメリットもある。排除することで素材やソースの味をシャープに表現できる。

テクニックの応用
主な油の排除の仕方は下記の3パターン。他に、調理中でも油脂の量が必要以上になった時には、随時すくい出すなどして常に適正な量で調理を行なうことが、油っぽくならないコツ。

［ペーパータオルで拭く］
ポワレやロースト、コンフィにした肉や魚、カラメリゼした野菜などは、加熱を終えたら皿に盛る前にペーパータオルにとり、余分な油脂をていねいに拭き取る。

［ザルにあける］
煮溶かすように炒めた野菜（→23頁）など、たっぷりの油脂で加熱したものは、ザルにあけてしっかり油をきる。その後、必要であればペーパーも使って拭き取る。

［鍋に残った油を拭く］
肉をポワレやローストした後の鍋は、デグラッセしてソースを仕上げる前に、いったん油を捨て、さらに鍋に残った油をしっかり拭き取る（鍋についた旨みは残す）。

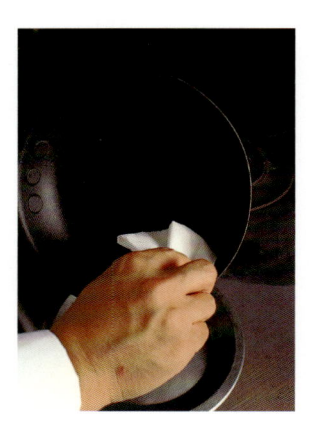

1 ソース・ヴィネグレット
酸味＋油　基本のヴィネグレット

魚介や肉類も、軽さを意識してサラダ仕立てにすることが増え、ソース・ヴィネグレットをソース代わりに使う機会が増えている。酢と油、つまり「爽やかさとコク」、「キレとまろやかさ」がソース・ヴィネグレットの基本要素。「酢1に対して油3」といわれるが、今はサラダの概念も酢と油のラインアップも多様化。どんなヴィネガーやオイルを選ぶのか、酸味を効かせるのかまろやかに仕上げたいのかなど、その時々でアレンジすれば、ヴィネグレットのバリエーションは際限なく広がる。ここで紹介するのは、酸味と油をシンプルに組み合わせた例。酸味が変わるだけで作り方は同じ。まず油以外の材料を混ぜ、充分に味をなじませてから油を加えていく。油に塩を加えても、塩味は効きにくい。最初に味を決めておくことが大切である。

軽さのポイント

ある程度の油の量は、ヴィネガーと乳化するのに必要。その中で「油っぽい」「重い」などの印象を防ぐには、塩をしっかり効かせることが大切。油に塩を加えても味は効きにくいので、あらかじめヴィネガーと塩、コショウを合わせて味を決め、それから油を加えていくことがキレよく仕上げるポイント。

テクニックの応用

最近は魚介や肉をサラダ風に仕立てることも多く、ヴィネグレットの出番はサラダや前菜にとどまらない。魚や肉に合わせる場合は、コクのあるバルサミコ酢やノワゼット油を用いるなど、ヴィネガーやオイルを上手に使い分けて味のバランスを取りたい。

［レモンのヴィネグレット］

【材料】
レモン汁　100cc
E.V.オリーブ油　300cc
塩、コショウ　各適量

【用途・特徴】
酸味の要素としてレモン汁を使ったベーシックなソース・ヴィネグレット。柑橘ならではの爽やかな酸味と香りが特徴。サラダをはじめ、33頁のジャガイモのピュレなど、野菜に使って爽やかさを生かすことが多い。レモン汁の量は好みに応じて調整する。

1. レモン汁をボウルに入れ、塩、コショウを加える。塩が溶けるまでかき混ぜて味をなじませる。

2. オリーブ油を少しずつ加えながらかき混ぜる。

3. 攪拌していくと、次第に酸と油がつながっていく。乳化するにつれてなめらかさが増す。

［シェリーヴィネガーのヴィネグレット］

【材料】
シェリーヴィネガー　50cc
赤ワインヴィネガー　50cc
E.V.オリーブ油　300cc
塩、コショウ　各適量

【用途・特徴】
ヴィネガーをブレンドすると、まろやかさや旨みなどが複合して複雑な味が出てくる。ここでは直接的な酸味のシェリーヴィネガーと豊かなコクの赤ワインのヴィネガーを使い、深みのあるヴィネグレットに。風味の強いハーブのサラダなどによく合う。

1. シェリーヴィネガーと赤ワインヴィネガーをボウルに入れ、塩、コショウも加えてかき混ぜる。

2. オリーブ油を少しずつ加えながら攪拌する。

3. ヴィネガーと油がつながり、なめらかに乳化したら完成。

［バルサミコのヴィネグレット］

【材料】
白バルサミコ酢　150cc
E.V.オリーブ油　300cc
塩、コショウ　各適量

【用途・特徴】
バルサミコ酢を使ったヴィネグレットは、熟成したコクやまろやかさが特徴。味のアクセントとしてさまざまな料理に活用できる。ここでは穏やかな風味の白バルサミコ酢を使ったが、通常のバルサミコ酢を使う場合は、風味が濃厚なので50ccに減らす。

1. ボウルに白バルサミコ酢、塩、コショウを入れる。白バルサミコ酢は、白ワインヴィネガーにブドウ果汁をプラスした製品。バルサミコ酢に似た風味を持つ。

2. よく混ぜて塩を溶かしたら、オリーブ油を少しずつ加えて攪拌する。

3. ヴィネガーと油がつながり、なめらかに乳化したら完成。

テクニックを使って

エピキュリアン・ド・レギューム

20種類以上の、味も食感もさまざまな野菜を、ゆでる、炒める、乾燥させるなど、個別に調理して盛り合わせた一皿。ソース・ヴィネグレットや香りをつけたオイルを9種類ほど添え、少しずつ野菜につけながら、または全体を混ぜ合わせて渾然一体となったところを味わってもらう。ヴィネグレットのバリエーションで、爽やかさの中にも味の奥行きを持たせている。（→解説254頁）

2 ソース・ヴィネグレット
オイルをヴィネグレットの主役に

私が作るソース・ヴィネグレットのもうひとつのパターンが、オイルを主役にしたもの。クルミ油やノワゼット油など風味に個性がある油を使うことで、酸味よりも油のコクや豊かな香りを主張させる。こうしたヴィネグレットの主な用途は、野菜や魚を使った前菜など、比較的淡白な料理。ソースを添えることで、油脂分やコクを補ってあげるイメージだ。とはいえ、ヴィネグレットという以上は酸味も大切。下の例のように、ヴィネガーの量は控えめでも、煮詰めた野菜のだしを使うことで爽やかさを出すなど、「酸」の要素を必ず持たせて味にメリハリを出したい。なお、ブイヨンなどの旨みをプラスする場合は、グラス状に煮詰めたものを使用。量が少なくて済むぶん、軽さにつながる。

軽さのポイント
これは動物性のだしや油脂を使わずに、コクやまろやかさのあるソースを作る一例でもある。このヴィネグレット自体が軽いわけではないが、野菜だけの料理のような淡白な皿に添えると味わいにボリューム感が出て、軽くても存在感のある皿になる。

テクニックの応用
最近はクルミ油やノワゼット油以外にも、アーモンド、松ノ実などさまざまなナッツの油が出回っているので、好みや料理に応じていろいろ使ってみるのも楽しい。通常のヴィネグレットに比べて油が多いので、ハンドミキサーなどでしっかり乳化させるのがポイント。なめらかな口当たりが軽さにつながる。シンプルなハーブのサラダなどによく合う。

[ノワゼットのヴィネグレット]

【材料】
ノワゼット油　360cc
シェリーヴィネガー　30cc
グラス・ド・レギューム*　150cc
塩、コショウ　各適量
*グラス・ド・レギュームはタマネギ2個、セロリ2本、セロリラヴ1/4個、フヌイユ1/4束、ニンジン1本をジュ・ド・オマール1ℓと水4ℓで3～4時間煮出し、漉してグラス状に煮詰めたもの。

1. グラス・ド・レギュームとシェリーヴィネガーをミキサーにかけ、よく味をなじませる。一度に作る量が少ない場合はハンドミキサーを使用。

2. ノワゼット油を少しずつ加えながら撹拌し、乳化させる。

3. 油の量が多いため、なめらかな食感に仕上がる。ノワゼット油とグラス・ド・レギュームの香りとコクで風味豊かなソースに仕上がる。油の量は好みで調整可能。

3 ソース・ヴィネグレット
野菜のピュレで油を減らす

三つ目のソース・ヴィネグレットのパターンは、油の量を減らし、そのぶん野菜のピュレ（→28頁）で濃度を補うもの。ピュレだけでは乳化しないため、なめらかさがほしい場合にはある程度の油が不可欠だが、ピュレを併用することでヘルシーで軽い食感に仕上げることができる。ソースをつなぐ場合と同様、ピュレはクセの少ないニンジンが使いやすいが、甘みのあるヴィネグレットにはタマネギのピュレも合う。ピュレが入るぶん乳化しづらくなるが、ハンドミキサーなどで強制的に攪拌するとつながりやすい。なお、下記の例のように、何らかのだしを加えると、爽やかさの中にも旨みやコクを兼ね備えたソースに。他の要素が入るぶん、油の量を減らすことにもなる。

軽さのポイント

ソース・ヴィネグレットに使う油の一部を野菜のピュレに置き換えることで、油脂の量を減らすことができ、同時に野菜の摂取にもつながる。野菜のピュレでつないだヴィネグレットは、さらりとした質感で口当たりも軽い。

テクニックの応用

下のニンジンのピュレのソースは、ホタテでとったジュを使っているため、貝類やサーモン、キャヴィアなど魚介類ととくに相性がよい。また、ヴィネガーと油で作るシンプルなソース・ヴィネグレット（→46頁）も、油の一部をピュレに置き換えることは可能。ニンジンのピュレのほか、タマネギのピュレを使ってもよい。

［ニンジンのピュレのソース］

【材料】
オレンジ果汁　500cc
ホタテ貝柱　100g
ポワロー　30g
水　400cc
ニンジンのピュレ*　30g
レモン汁　適量
グレープシード油　60cc
塩、コショウ　適量
バター　少量
*ピュレの作り方は28頁。

1. オレンジ果汁のうち250ccを、ガストリックを作る要領で煮詰め、焦げる寸前に残りのオレンジ果汁を加え、止める。

2. ポワローとホタテ貝柱をバターで炒め、水を加えて1時間ほど煮出したジュ。漉してグラス状になるまで煮詰める。

3. 1のオレンジの煮汁を容器に移し、塩、コショウで味をととのえる。

4. ニンジンのピュレと2のグラスを全量加える。

5. 酸味が足りない場合は、レモン汁を加えて補う。

6. いったんハンドミキサーにかけて材料を混ぜる。全体がなめらかになるまで攪拌する。

7. 少しずつグレープシード油を加えて攪拌し、すべて加えたらさらに攪拌してなめらかにする。

8. でき上がったヴィネグレット。オイルも使っているが、ニンジンのピュレでつなぐため濃度はさらりとしている。

33頁で紹介した、レモンのヴィネグレットで柔らかくのばしたジャガイモのピュレも、広い意味では野菜のピュレでつないだソースの一例といえる。ソース兼付合せとして料理に添えて。

テクニックを使って

トマトの帽子をかぶった貝類と小野菜のガトー仕立て、キャロットソース

主役のガトー仕立ての中身は、ミル貝、ツブ貝、アサリなどの貝類と、姫ニンジン、プティオニオンなどの野菜。詰めもののさまざまな食感と、上にかぶせたドライトマトの凝縮した味を、ニンジンのピュレでつないだ爽やかなオレンジ風味のソースで味わう。ソースとガトー仕立てを包んだポワロー、ドライトマトの鮮やかな色のコントラストも美しい一皿。(→解説124頁)

3 章

「軽さ」を表現するテクニック

Les Expressions de Légèreté

■ 食感で演出する「軽さ」
■ 皿の構成法──対比と相乗
■ 効果的な盛りつけ

余分な油脂や雑味を排除するなど、
テクニックを使って「軽さ」を実現した
各素材やソースは、とてもピュアな味わい。
これを生かすために、私は一皿に盛り込む要素を
2ないしは3、多くても4までと決めている。
ただし、それぞれの味がシンプルなぶん、
ややもすると単調な印象になるのは否めない。
そこで大切になるのが、
一皿の中での味や食感のメリハリのつけ方や
視覚的にボリュームを出す盛りつけの工夫など。
たとえ要素が少なくても「いろいろな味を食べた」
という印象を抱かせるアプローチの方法を考えたい。

1 野菜のクロッカン
食感で演出する「軽さ」

軽さを意識すると一皿の要素を絞ることになるため、ともすると単調な印象を与えかねない。その際に効果的なのが、クロッカン（croquant）やクルスティヤン（croustillant）というカリカリ、パリパリの食感のもの。食感に変化を持たせることで皿にリズムが出て、実際よりも多くの素材を食べたような印象に。これが軽くても満足感につながる。私がよく使うのが、野菜を薄くスライスし、カリカリに乾燥させたクロッカン。タマネギなど糖分が多いもの以外は、シロップを薄くぬり、糖の力を借りてカリッと歯切れのよい食感を作り出す。こうしてできたクロッカンは、想像以上に個々の野菜の風味が鮮やか。お腹の負担にならない点と形のユニークさも、野菜のクロッカンのメリットだ。

軽さのポイント
野菜のクロッカンを添えることで料理に食感のアクセントをもたらし、軽やかに食べ進めてもらうのが狙い。クロッカンにはごく少量のシロップをぬるものの、基本的に野菜を乾燥させただけなので低カロリー。あまり薄くスライスすると壊れやすいので、厚さは1.5～3mmを目安に。色鮮やかに仕上がるため、シロップにはグラニュー糖ではなくトレハロースを使っている。

テクニックの応用
どんな野菜やフルーツもクロッカンにできる。水分が多い野菜は、シロップをぬって放置しておくと浸透圧によって離水し、乾いた時にその部分がアメのように固まるため、シロップをぬるのはオーブンに入れる直前に。なお、タマネギのようにもともと甘みのある野菜にはシロップは不要。また、ダイコンやニンジンは身が反りやすいので、上からも天板をのせて乾燥させる。

［クロッカンを作る］

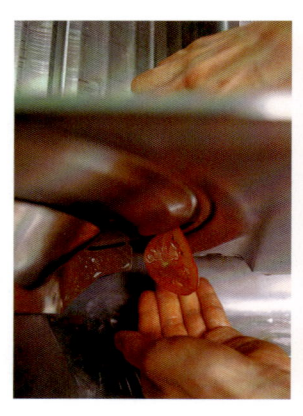

1. トマトを厚さ3mmにスライスする。トマトのように身質が柔らかく水分が多い素材は、均一の厚さに切るのが難しいので、電動スライサーを使うと便利。

2. スライスしたトマトを、重ならないようにシリコンシートに並べる。シリコンシートは素材にくっつかず、後ではがしやすいので重宝する。

3. トレハロースで作ったシロップ（水100cc、トレハロース30g）を、刷毛で表面全体にぬる。厚くぬりすぎると離水して乾いた時にアメのようになってしまうので注意。トレハロースはすっきりした甘みと高い保水性を持つ糖類。

4. 130℃のオーブンで30分間、その後、95℃に下げて30分間乾燥させる。庫内の風で野菜がとばないよう、網などをかぶせておく。

5. 乾燥を終えたトマトのクロッカン。静かにはがしてから冷ます。冷めた時に手で「パリン」と割れれば合格。しんなりするようでは、まだ乾燥不足。

[保存法]

1. クロッカンの大敵は湿気。薄いものほどカリッとした食感が失われやすいので、シリカゲル(乾燥剤)とともに密閉容器に入れて保存する。4～5日間は保存可能だが、風味は時間とともにとぶため、できるだけ早く使い切る。粉を使ったテュイル(→54頁)も同様。

[クロッカンのバリエーション]

カラーピーマン
グリーントマト

ピーマンやトマトは香りが強く、色合いが鮮やかなので、用意しておくと料理のアクセントに重宝する。どちらもシロップをぬってからオーブンで乾燥させる。トマトは熟したものより、少し若くて身質が固いもののほうがスライスしやすく、香りも強い。

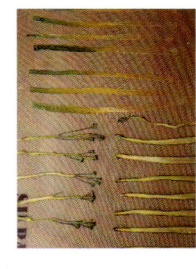

ポワロー
アスパラガス
ブロッコリー

スライサーでは切りにくいポワローは手で裂き、とばないように網などをかぶせてオーブンへ。甘みのあるアスパラガスはシロップをぬらずに、ブロッコリーは形を生かすために、花蕾ごと薄切りにして乾燥させる。

タマネギ
プティオニオン

タマネギはバラバラにならないように、根の部分をつけたままスライスする。もともと甘みを持った素材なので、シロップをぬらないでオーブンに入れても、パリッとした食感に仕上がる。プティオニオンも同様に。大きさによって使い分ける。

各種フルーツ

フルーツは基本的に水2対砂糖1のシロップで、一晩マリネしてからオーブンで乾燥させる。果肉が柔らかく色も変わりやすいバナナは、オーブンに入れる直前に皮付きのままスライスし、シロップをぬる。甘みの強いマンゴーはシロップは不要。

テクニックを使って

夏野菜のヴルーテ、
トマトのソルベとジュレ添え

赤ピーマンと緑のピーマン、トマト、キュウリなどの夏野菜で作ったスープに、トマトのソルベと透明なジュレを添えた爽やかな一品。スープ、ソルベ、ジュレの味は同じトーンだが、少しずつ温度や食感が異なり、その微妙な差を楽しむ趣向。トマトのクロッカンの見た目のインパクトとバリバリ感が食べ飽きるのを防ぐ。(→解説262頁)

2 食感で演出する「軽さ」
穀物のクロッカン

粉を使ったクロッカンは、もともとはベルナール・ロワゾー氏が皿のアクセントとしてパート・フィロを使っていたのがヒント。それを、オリジナルで作れないかと考えたのが下記のレシピだ。製菓のテュイル（瓦型の薄いアーモンドクッキー）の作り方をベースに、粉糖やアーモンドの代わりにグラス・ド・オマールなどの旨みを加えたり、粉の代わりに米を使うなどしてアレンジしている。いずれも料理に使った時にバランスがいいよう、ごく薄く焼き上げることがポイント。粉や米を使ったものは、厚みがあると食べごたえが出て重さにつながってしまう。できるだけ厚さ1mm以下に仕上げ、パリッと軽やかな食感を意識する。

軽さのポイント
クロッカンを添えるのは、食べた時の印象を軽やかにするためであり、クロッカン自体に重さを感じさせてはいけない。粉や米を使ったものは、野菜のクロッカンに比べて重く感じやすいので、できるだけ薄く（できれば1mm以下に）のばし、上からも重しをして、ごくごく軽い食感に焼き上げる。

テクニックの応用
食感や見た目のアクセントとして料理に添える以外に、右頁の「蟹のミルフイユ仕立て」のようにフイユタージュ生地の代わりに使うこともある。粉の生地よりカロリーが低く、お腹の負担にもならないので「軽さ」につながる。なお、生地に使うジュを変えたり、スパイスやハーブを加えて風味にバリエーションをつける。

［粉のテュイル］

【材料】
コーンスターチ　40g
強力粉　40g
塩　1g
卵白　100g
ブール・クラリフィエ　40g
グラス・ド・オマール*　10cc
*ジュ・ド・オマール（→90頁）
をグラス状まで煮詰めたもの。

1. コーンスターチと強力粉をふるい、ボウルに入れる。塩、卵白、ブール・クラリフィエを加えて泡立て器で混ぜる。グラス・ド・オマールを加える。

2. まんべんなく混ざったら、15分間ほど冷蔵庫で休ませて生地のグルテンを落ち着かせる。シリコンシートに円形を抜いた薄いシートをのせ、上から生地をナッペする。シートをはがす。

3. 上からもシートをかぶせて重しとし、170℃のオーブンで8分間ほど焼く。冷ましてから静かにはがす。グラス・ド・オマールは風味づけに加えたもので、必要なければ入れなくてよい。

[米のテュイル]

【材料】
米　300g
ジュ・ド・オマール*　800cc
バター　少量
*ジュのとり方は90頁。

1. 真空包装用の袋に、米、ジュ・ド・オマール、バターを入れて真空にかける。粘りを出したくないので米は洗わずに使用。100℃のスチームコンベクションオーブンで1時間加熱する。

2. 炊き上がった米をフードプロセッサーに移し、回す。米を炊飯器で炊く場合は、柔らかくなりやすいので水加減に注意する。

3. ところどころに粒が残っていたほうが米の香ばしさが出るので、完全にピュレ状にはせず、少し粒の食感が残っている時点で止める。

4. 円形に切り抜いた薄いシート（厚さ0.4mm）をシリコンシートにのせ、上からピュレを薄くナッペする。円形のシートをはがす。

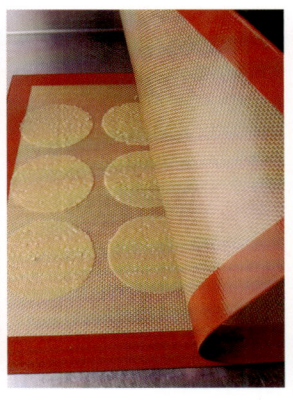

5. テュイルを薄く仕上げるため、重しとして上からもシリコンシートをかぶせる。この状態で170℃のオーブンに入れ、約8分間焼く。

6. 焼き上がった米のテュイル。ごくごく薄く、壊れやすいので、充分に冷めてから静かにはがす。

テクニックを使って

蟹のミルフイユ仕立て、蟹味噌ソース

ジュ・ド・オマールで炊いた米をピュレにし、薄くパリパリに焼き上げたテュイル。この「えびせん」でカニの身とトマトを挟み、ミルフイユ仕立てにした。毛ガニの身と、ソースに使ったコラィユの濃厚さを、テュイルの歯切れとトマトのみずみずしさで爽やかに食べてもらう。（→解説133頁）

1 皿の構成法──対比と相乗
相性のいいものを組み合わせる（相乗）

少ない要素で一皿を仕立てる場合、相性のいいものを組み合わせ、おいしさを重ねていくのは王道の考え方。要素が少なければ接点も見つけやすい。ただ、すべての要素が相性抜群である必要はなく、たとえば、下のテュルボ（ヒラメ）の皿でも、テュルボとアスパラガスの組合せはけっして王道ではない。しかし、もうひとつの要素である卵黄ソースが、テュルボともアスパラガスとも好相性。卵黄のクリーミーさがテュルボの淡白さを補い、また、アスパラガスと卵の相性のよさは周知の通り。つまり、卵黄ソースが他の素材同士を引き合わせる「つなぎ」となり、新たなおいしさを作り出す。「1＋1＝2」以上になるような組み合わせを考える──これが相乗効果のポイントである。

軽さのポイント
要素を絞って一皿を構成すると、もの足りなさにつながるおそれがある。その場合にボリュームではなく、おいしさで食べ手に満足感を与えるには「テュルボだけ食べても、アスパラガスだけ食べてもおいしいが、ソースと一緒に食べるとなおおいしい」という相乗効果が役立つ。とくに誰もが知っているような王道の組合せは、食べる側に安心感を与えるので効果的。

テクニックの応用
食べ進めていくうちに口の中にリズムが生まれるような味の組合せや食感を意識すると、皿の上の要素が少なくても、食べ終えた時の満足感につながる。王道の組合せの中にも、酸味などの刺激になる味を加えたり、食感のアクセントになるものを添えると単調な印象になるのを防げる。

平目の香味コンフィ、アスパラガスのロティ添え、卵黄ソース（→解説177頁）

テュルボ
淡白な味、ほっこりした食感
皮を除いた身を、香草を入れたブール・クラリフィエでポシェし、香りをまとわせつつ、ふっくらと仕上げる。テュルボの淡白さを補うのが卵黄のコク。

ブール・クラリフィエにニンニク、ローズマリー、フヌイユを入れて90℃前後に温める。ここにテュルボを入れて優しく火を入れる（→42頁）。

テュルボの皮
香ばしさ、パリパリの食感
テュルボは皮にもおいしさがあるので、パリパリに焼いて別添えにする。この食感が皿のアクセントに。

皮は銅鍋の裏にオリーブ油を薄く塗って貼りつける。これをテフロンのフライパンにのせ、上からさらに銅鍋を重ねて重しとし、弱火でじっくり焼く。

アスパラガス
柔らかな歯ごたえ
グリーンアスパラガスは掃除し、柔らかく塩ゆでする。定番の食べ方としてポーチ・ド・エッグを添えるように、卵とアスパラガスは王道の組合せ。ホワイトアスパラガスを使ってもよい。

卵黄ソース
酸味とコク、まろやかさ
卵黄を弱火で掻き立て、マスタード、グレープシード油、ドライトマト、エストラゴン、シェリーヴィネガーで仕上げた、いわば温かいマヨネーズ。トマトとエストラゴンの食感がアクセント。ヒラメ、アスパラガスをはじめ、どんな素材にも合うソースで、この皿の「つなぎ」役。

2 皿の構成法——対比と相乗
対照的な味を組み合わせる（対比）

個々の素材を引き立たせるため、あえて対照的な味を組み合わせる。つまり、皿の中に「対比」を作り、それぞれの特徴を際立たせることも、料理を考える時によく用いる手法である。下記の料理でいえば、ふっくらロティしたスズキの甘みと、カリカリに焼いた皮の香ばしさが皿の主役。そしてそこに合わせるのは、魚のだしのソースではなく、酸味をきかせた赤ワインソースとほろ苦いエシャロット——つまり、スズキとは逆のベクトルの味。意外性というインパクトを与えることで、スズキのおいしさを浮き彫りにするのが狙いだ。ただし、奇をてらうのが対比ではない。食べ進めるごとに少しずつ印象が変わっていくような、意外性がありながらも違和感のない組合せを考えたい。

軽さのポイント

「魚料理に赤ワインソース」のような意外性のある組合せは、皿に味わいの複雑さとインパクト、軽やかな印象を与える。ただし、意外性といっても、一緒に食べた時においしいことが大前提。各要素をつなぐ"緩衝材"となるもの（下の料理でいえば、エシャロットのフォンデュ）を組み込むと、よりスムーズに食べられる。

テクニックの応用

奇をてらいすぎないこと。昔からサーモンにケイパーの酸味を合わせるなど、このタイプの対比は行なわれてきている。「帆立貝柱のポワレ、赤ポルト酒ソース、雲丹、貝類をのせたアンディーヴのキャラメリゼ、青リンゴソース」（→167頁）も対比の例で、ホタテの甘みとほろ苦いアンディーヴは反対の味。これを赤ワインソースの酸味、青リンゴソースの爽やかさでつないでいる。

赤ワインソース
酸味、キレ、濃厚さ
赤ワインとエシャロットを煮詰めただけのシンプルなソース。フォンやジュを使わないため、赤ワインの風味が全面に出たキレのよさが特徴。余計な旨みがないぶん、魚とも相性がよく、食べ飽きない。

ソースは赤ワイン（コート・デュ・ローヌ）とエシャロットのスライスを弱火にかけ、ひたすら煮詰める。漉してニンジンのピュレ（→28頁）を加えてつなぎとし、塩、コショウをしてバターでモンテする。

スズキのロティと煮溶けたエシャロット、赤ワインソース（→解説181頁）

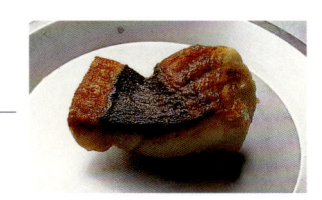

スズキのロティ
香ばしさ、ふっくら感
スズキは塩、コショウをして皮に粉をまぶす。グレスドワで皮面だけ香ばしくロティし、身のほうは焼かずにふっくらと仕上げる。魚自体にしっかりと味があるため、濃厚なソースにも合う。

エシャロットのフォンデュ
甘み、ほろ苦さ、とろりとした食感
スライスしたエシャロットをとろとろになるまで炒め、甘みを凝縮させたもの。エシャロット特有のほろ苦さが特徴。赤ワインソースと相性がよく、スズキと赤ワインソースの味の緩衝材的役割。

3 皿の構成法——対比と相乗
ひとつの素材をさまざまな味で提供（対比）

ひとつの素材をいろいろな味で食すことで、素材の個性を多面的に理解してもらうのが、ここでのテーマ。下の料理は、カキを4種類のソースで味わうもの。レモンのグラニテは、レモンを搾って食べた時のカキのシンプルなおいしさを表現し、カキの身のピュレとジュで作るドレッシングでは、カキ尽くしのおいしさ——カキを相乗した時の味を堪能してもらうのが狙い。また、卵黄のソースは、カキフライにタルタルソースを添えるようにカキと卵は相性抜群の組合せ。そして、クレソンのピュレでは、そのほろ苦さでカキの甘みを引き立てる。カキを普通に4個食べた時以上の満足感を与えることが大切。素材のいろいろな魅力を引き出す味や食感の組合せを意識したい。

> **軽さのポイント**
> ひとつの素材をいくつかの味つけやソースで食べると、素材のさまざまな個性を発見できる以前に、まず、一皿を飽きることなく食べられるというメリットがある。また、ソースにはそれぞれキャヴィアやエシャロットなど食感のアクセントを添え、リズムよく食べ進めてもらうことで軽やかさにつなげる。

> **テクニックの応用**
> あくまでもメインとなる素材（下の例でいえばカキ）をおいしく食べてもらうための手段。「カキのおいしさをどのように伝えるか」を念頭に、アプローチの方法を考える。何通りかの味つけにしたり、複数のソースを添える場合は、そのうちひとつはシンプルな表現にしてベーシックな味を確認できるようにしておく。

1. **卵黄ソース＋キャヴィア**
   まろやかさ、黄色、黒、塩気、プチプチ感
   卵黄を弱火で掻き立て、グレープシード油やシェリーヴィネガーを加えた卵黄のソース。卵のまろやかさがカキの塩気と旨みを強調する。カキフライにタルタルソースを合わせるように、カキと卵の相性は抜群。プチプチした食感も心地よいキャヴィアを添えて。

2. **カキのソース＋赤タマネギ**
   旨み、酸味、シャキシャキ感
   ソースはカキのジュと身をミキサーにかけ、バルサミコ酢を加えてオリーブ油で乳化したもの。カキと一緒に食べることで、旨みを重ねた時のおいしさを堪能してもらう。赤ワインと赤ワインヴィネガーで煮た甘酸っぱい赤タマネギを添え、味のアクセントに。

3. **レモンとレモングラスのグラニテ＋エシャロットのフォンデュ**
   冷たさ、爽やかさ、甘み、とろとろ感
   グラニテは、レモングラスをシロップとレモン汁でアンフュゼし、冷凍庫で冷やし固めたもの。カキにレモンをぎゅっと搾った時の感覚でカキに添えて。とろとろになるまで煮た、甘くてほろ苦いエシャロットを添え、味に複雑さを持たせている。

4. **クレソンのピュレ＋エシャロット**
   緑色、ほろ苦さ、シャキシャキ感
   塩ゆでしたクレソンを、カキのジュやシェリーヴィネガーとともにミキサーにかけてピュレにし、オリーブ油を加えてなめらかにした。クレソンの苦みでカキの甘みを引き立てるのが狙い。ブリュノワーズに切ったエシャロットが食感のアクセント。

テーマ「牡蠣」（→解説152頁）

4 皿の構成法——対比と相乗
ひとつの素材を異なる食感に仕立てる（対比）

ひとつの素材をさばき、部位ごとに別々に調理をして最後に一皿に盛り込む——というのはフランス料理で好まれる手法のひとつ。ここで紹介するのは、それとは少し異なり、ひとつの部位を異なる仕立てにして盛り込む例。主に食感を対比させることで、素材の個性を一方向からではなく、多面的に理解してもらおうというものだ。下の料理は、マスをさばき、フィレはポワレにし、フィレにした時に切り落とした部分をタルタルにしている。ポワレならではの皮の香ばしさと身のほっこり感、タルタルのねっとりした食感と噛むほどに感じる甘みを一度に味わってもらう。写真のように盛れば、自然と交互に食べることになり、それぞれの違いをより明確にアピールできる。

軽さのポイント

ひとつの素材（または部位）を異なる食感に仕立てることで、異なる個性をアピールする。こうすると一皿に使う素材の数は少なくても、食べた時のボリューム感や味の複雑さを出すことができる。

テクニックの応用

右下の洋梨のデザートのように、フルーツや野菜はこうした表現を取り入れやすい素材。魚介ならば、ここで紹介したマス以外に、ホタテやエビ、カキのように、生食もでき、甘みのある素材が向く。生と火を通したものを組み合わせて、味わいの違いを対比させるとわかりやすい。

1. マスのタルタル
ねっとり、甘み、ピンク色
マスの腹身の部分をブリュノワーズにし、エシャロットとシブレットのアッシェ、E.V.オリーブ油を混ぜたタルタル。生のマスならではのねっとりした食感と、噛むごとに感じる甘みを味わう。

2. マスのポワレ
香ばしさ、ほっこりした食感
マスの切り身は塩、コショウをし、オリーブ油で皮目をパリッと香ばしく焼き上げてポワレにした。皮のカリカリ感と、生の時にはない身のほっこりした食感を楽しんでもらう。

3. オゼイユのソース
爽やか、なめらか、淡い緑色
オゼイユとマヨネーズ、レモン汁をミキサーにかけたソース。爽やかな香りとマヨネーズの酸味で、マスを食べ飽きさせない。マスのピンク色とのコントラストも美しい。

4. ハーブのサラダ
爽やか、シャキシャキ感、濃い緑色
つる菜、エストラゴン、セルフイユ、ミント、シブレットを細かくちぎり、ノワゼット油のヴィネグレットで和えたシンプルなサラダを付合せに。爽やかな風味は箸休め的な存在。

泉のサーモンのグージョネットとタルタル、
オゼイユのドレッシングソース（→解説125頁）

**洋梨のポシェ、シロトネル風味、
サクサクアーモンドのレグリース風味、
柑橘類の香りのリ・オ・レ**
洋梨をさまざまな形に仕立て、一皿に盛り込んだデザートも対比の一例。上から洋梨の薄切りを乾燥させたチップと柑橘風味のリ・オ・レ（米のミルク煮）、チョコレート風味のカリカリの生地に洋梨とレグリースのジュレをのせたもの、洋梨のコンポートに粉糖をまぶし、バーナーでカラメリゼしたもの。（→解説236頁）

5 皿の構成法——対比と相乗
同じ状態に調理した素材を一皿に（対比）

下の料理は、栗、ソラマメ、シャンピニョン・ド・パリ、ポワローをほぼ同じ工程でピュレにし、一皿に盛り込んだもの。ピュレの目の細かさはほとんど変わらないはずなのに、食べるとマメや栗のホクホク感、キノコの香りなど、個々の持ち味がはっきり感じられて意外なほどインパクトがある。ここで野菜をピュレにしたのは、素材をシンプルな状態に統一することで、個々の特徴を浮き彫りにするため。また、なじみのある素材を意表を突くスタイルで味わってもらうことで「この素材はこう食べるもの」という食べ手の固定観念を裏切り、新鮮な驚きを与えることを狙った。こうしたシンプルだが意外性のある演出は、野菜のようになじみ深い素材ほど効果的である。

軽さのポイント
素材それぞれの味を感じてもらうために余分なものを削ぎ落としていく中で、食感すら省こうとしたのが下記の例。ピュレにしてフラットな状態にすることで食べ手の五感は研ぎ澄まされ、個々の味の輪郭もはっきり感じられる。ピュレにすると食べやすいため、野菜を予想以上にたくさん摂取できる点と、視覚的にもユニークな印象を与えられる点もメリット。

テクニックの応用
この手法は、なめらかなピュレを食べているのに栗のホクホク感を連想させるなど、どこか「頭で食べる料理」という一面もある。イマジネーションを存分にふくらませて食べてもらうには素材の選択が重要で、野菜にしろキノコにしろ、食べ手が「もとの味を知っている」という素材を選ぶことが大前提である。

---

1. シャンピニョン・ド・パリのピュレ
香ばしさ、なめらか、薄い茶色
バターで炒めたシャンピニョンに水を加えて柔らかく煮込み、フードプロセッサーでピュレに。炒めたシャンピニョンの香りは、ソースのトリュフ風味と相性抜群。

2. ポワローのピュレ
香り、甘み、薄い緑色
ポワローはスライスし、柔らかくなるまでゆっくり炒めて香りと甘みを凝縮し、フードプロセッサーでピュレにする。ピュレは意外なほど香り豊か。ポワローとトリュフの相性は言うまでもない。

3. 栗のピュレ
甘み、ホクホク感、濃い茶色
栗はむき身をバターで柔らかくなるまで炒める（→43頁）。少量のジュ・ド・プーレで煮込み、ミキサーにかけてピュレに。炒めることで凝縮したクリの甘みと香り、ソラマメとは異なるホクホク感、濃い色合いが特徴。

4. ソラマメのピュレ
香り、ホクホク感、鮮やかな緑色
塩ゆでしたソラマメをフードプロセッサーにかけただけのピュレ。豆らしいホクホクとした食感が持ち味。鮮やかな色も目を惹く。トリュフともよく合う。

5. トリュフ風味のソース
香り豊か、旨み、やさしい口当たり
ジュ・ド・プーレ（→89頁）を煮詰めて、ジュ・ド・トリュフとトリュフオイルを加えて味をととのえたソース。このトリュフの風味が4種類のピュレのつなぎとなる。ピュレと一緒に食べやすいよう、ハンドミキサーで泡立ててカプチーノ仕立てに。

野菜のピュレのヴァリエーション、トリュフ風味のジュ・ド・プーレ
（→解説144頁）

ジロール茸、トランペット茸、セープ茸の盛合せ
個性の異なる3種類のキノコを、バターソテーとピュレにして盛り合わせた。別々に食べれば個々の味の違いを、混ぜて一緒に食べればまた違ったおいしさが堪能できる。同じキノコのソテーとピュレを隣り合わせにせず、対角線上に置くことで目にも楽しい一皿に。（→解説141頁）

6 皿の構成法——対比と相乗
異なる温度を一皿に盛り込む（対比）

ひとつの皿に「温かいものと冷たいもの」など、温度の違うものがあると、それだけで食べ手に驚きを与え、しかもその落差が大きいほどインパクトは強くなる。下の写真は「夏野菜のヴルーテ」。常温に近いトマトベースのスープに、トマトの冷たいジュレとさらに冷たいソルベを添えている。温度差は比較的ゆるやかだが、食べると想像以上にその違いが感じられ、スープ、ジュレ、ソルベそれぞれの味の違いや質感の差もよく理解できる。ジュレやソルベは時間とともに溶けていくこともあり、食べる間にも味の感じ方はどんどん変化する。その結果、見た目以上に複雑な印象に。こうした対比は、スープなどの単調な印象になりがちな料理に有効な手法である。

軽さのポイント

ひとつの素材を異なる温度帯で味わうことで、その素材についてより深く知るのが狙い。シンプルな味のものでも、ジュレ、ソルベ、と温度帯を変えて表現することで食べた時の印象は複雑になり、「ただ軽いだけ」の料理になるのを避けられる。

テクニックの応用

フルーツや、野菜の中でもトマトのようにフルーツに近い素材で表現しやすい。また、温度差があるほどインパクトが強いため、焼きたてのスフレにアイスクリームを添えるなど、とくにデザートで取り入れやすい対比効果。前菜にも応用できる。

1. 夏野菜のヴルーテ
爽やか、豊かな香り、鮮やかな赤

適宜の大きさに切った赤・緑ピーマン、トマト、キュウリ、タマネギに塩、コショウをし、一晩置いたものをミキサーにかけて漉す。これにレモン汁、タバスコ、オリーブ油、トマトジュースを加えて爽やかなガスパチョに。野菜を複数用いることで味に深みを出す。あまり冷やさず、常温に近い温度で提供する。

2. トマトのソルベ
冷たさ、爽やかさ、鮮やかな赤

皮と種を除いたトマトを裏漉しし、一晩かけて布漉ししてトマトの赤い部分と透明な液体に分ける。赤いほうだけをアイスクリームマシンにかけてソルベに。味つけは塩のみにし、トマトの風味を生かす。

3. トマトのジュレ
香り、冷たさ、透明感

ソルベを作る際に残った透明な液体を煮詰め、ゼラチンを加えて冷やしてジュレとする。これにもほとんど味をつけず、トマトの風味を生かす。ヴルーテともソルベとも異なる質感、温度帯。

4. トマトのチップ
パリパリ感、甘み

トマトを厚さ3mmにスライスし、シロップをぬってオーブンで乾燥させる（→52頁）。ソルベに挿して提供。パリッとした食感が皿のアクセントになるだけでなく、見た目にボリューム感を与えてくれる。

夏野菜のヴルーテ、トマトのソルベとジュレ添え
（→解説262頁）

1 効果的な盛りつけ
盛りつけで作り手の意図を伝える

料理には必ず「この皿はこう食べてほしい」という作り手の意図がある。それをいかにわかりやすく食べる側に伝えるか。これこそ盛りつけの大切な役割である。たとえば、下の料理では、ひと口ごとに味の印象が変わるように食べてもらうのが狙い。4種類の魚、二つのソースと付合せを、単独で食べたり、ソースを片方だけつけたり、両方つけたり、付合せも一緒に食べたり……。いろいろと食べるうちに味はどんどん複雑になり、最終的に渾然一体となる。これこそこの料理での狙い。そのため、ソースは片方をふち取るようにもう片方を盛り、自然と混ざり合うように。付合せは4ヵ所に分けて「ひとつの魚にひとつ」を提案。一緒に食べるように促している。

軽さのポイント
一皿に盛り込む要素を絞る時には、メインの素材を単独で食べたり、ソースにつけたり、付合せと一緒に食べたり……といろいろな食べ方をしてもらうことでバラエティの豊かさを感じてもらう必要がある。それを誘導するにはどうすればよいかを念頭に置き、盛りつけ方を考える。

テクニックの応用
皿にソースを敷くのは、その上にのせた素材と一緒に食べてもらうため。つまり、一緒に食べてほしいものは「重ねて盛る」のが一番わかりやすい。セルクルやテリーヌ型に重ねて詰めたり、「スズキのロティと煮溶けたエシャロット」(→179頁)のようにソースとスズキの間にフォンデュを挟むのもそのため。逆に、時々つけて食べればいい、というものは少し離して盛る。

いろいろ近海魚のロティ、高菜ソース
(→解説176頁)

高菜ソース
ブランシールした高菜とベーコン、アーモンド、ドライトマトを、やや粒を残す程度にミキサーにかけたもの。色は鮮やかだが、優しい味。粒感を残すことで口の滞在時間が長くなり、ジェノヴァソースのインパクトにかき消されない。

4種の魚のロティ
アイナメ、アコウ、赤メバル、オニガシラの皮にだけ粉をふり、オリーブ油でロティに。あえて同じ調理法で仕立て、個々の持ち味の違いを際立たせる。

キャヴィア・ドーベルジーヌ
"キャヴィアに見立てたナス"は、天板に並べたナスにスライスしたトマト、タマネギ、タイム、オリーブ油をのせてオーブンで焼き、包丁で叩いたもので、南仏を意識した付合せ。甘酸っぱい風味は箸休め的な存在。

オリーブのチップ
薄力粉、卵白、ブール・クラリフィエ、黒オリーブのピュレを混ぜた生地を薄くのばし、オーブンで焼いたもの。凝縮した味とパリパリの食感が皿のアクセントになる。

ジェノヴァソース
ブランシールしたバジルの葉とE.V.オリーブ油、パルミジャーノ、バター、ニンニク、松ノ実、塩をミキサーにかける。急速冷凍し、提供時にパコジェット(→70頁)にかけることで色がとばず、なめらかなソースに。高菜ソースより色は薄いが、味は濃厚。

062 | 「軽さ」を表現するテクニック | Les Expressions de Légèreté

1. 高菜ソース(25～30g)を皿の中央にのせ、スプーンの背で円を描くように軽く広げる。皿をトンと軽く下に打ちつけ、厚みをならす。ソースの輪郭をはっきりさせるため、はみ出た部分を拭く。

2. 先の細いスプーンで周りにジェノヴァソースを落としていく。ジェノヴァソースのほうが高菜ソースよりも濃厚でインパクトがあるため、量を15～20gと少なめにして味のバランスをとる。

3. 円の形からはみ出した部分を布巾でぬぐう。こう盛ると、食べ進めるうちに2種類のソースが自然に混ざっていく。単独で味わうだけでなく、混ざり合った時のおいしさも感じてもらうのが狙い。

4. 4種類の魚のロティを盛る。きっちり90度の角度で盛りつけるのではなく、バランスを見ながら4ヵ所に盛るほうが自然な印象に。

5. 付合せのキャヴィア・ドーベルジーヌをスプーンでクネル状にまとめ、魚の間に盛る。一ヵ所にまとめて盛らず、少しずつを魚の間に置くことで、魚と一緒に食べてもらうよう促す。

6. オリーブのチップをひとつのキャヴィア・ドーベルジーヌあたり2～3枚ずつ挿す。チップは食感のアクセントになるだけでなく、皿にボリューム感を与える。また、黒い色は見た目の印象も引き締める。

Colonne 3

器について

神戸北野ホテルでは、「素材が引き立つ」という理由で、白磁の皿が主体。メインプレートに採用しているのがドイツ・マイセン社の「波の戯れ」シリーズで、本書でも大半の料理で使用。その中でも使用頻度が高いのが、右の写真の28.5cm、19cmのプレートと、14.5cmのボウル、23cmのスーププレート。他に、クリスタルガラスの皿も使用する。

下が28.5cmのプレート、上が23cmのスーププレート。スープ以外にリゾットやデザートにも活用。

下が28.5cm、中が19cmのプレート、上が14.5cmのボウル。ボウルは主にデザート用。118頁の桃のヴィシソワーズなど、前菜に使うことも。

2 効果的な盛りつけ
内容がわかるポイントを設ける

盛りつけにはわかりやすさも重要なポイント。口にした時の「これは何だろう？」という驚きは食べ手にインパクトを与えるが、人間、知らないものには案外手を出しにくいものだ。そのため、意外性のある皿にはどんな素材を使っているか、ヒントになるものを必ず添えるようにする。下の「桃のヴィシソワーズ」は、上にのせた桃の豊かな香りで、下のジャガイモのスープまでも桃の味かと感じてしまう前菜。ジャガイモと桃は意外な組合せだが、スープに桃の果肉やソルベ、ジュレを敷き詰め、桃の鮮烈な印象のまま勢いで食べてもらう。鋭い人なら「スープは本当に桃？」と気づくはず。経験のない味の世界に無理なく誘い込むには、盛りつけで安心感を与えることが大切だ。

> 軽さのポイント

ここで紹介した「桃のヴィシソワーズ」も「カリフラワーのヴルーテ」も、もともと軽い皿。桃をソルベやジュレにしたり、カリフラワーを香ばしく炒めてスープにしたことが皿のインパクトになっている一方で、一見何の料理かわかりにくいという面もある。同じ素材のチップなど何かヒントになるものを添えることで、目で納得した上で、舌で味わってもらう。

> テクニックの応用

内容がわかるポイントとして重宝するのが、野菜をスライスして乾燥させたチップ（→52頁）。形が一目瞭然なうえ、野菜なのでお腹の負担にもならない。さっと素揚げにしたり、生のスライスを添えてもよいが、いずれも形を生かして切ることが大切。また、「野菜のピュレのヴァリエーション」（→142頁）のようにあえて元の素材を連想させる要素を省き、「これは何の素材だろう？」と想像しながら食べることを促すこともある。

桃のヴィシソワーズ、ヴェルション2006
（→解説120頁）

桃のソルベ
桃の果肉を冷凍し、パコジェット（→70頁）にかけただけのシンプルなソルベ。桃そのものの味わいだが、生で食べるのとはまた異なる印象。口の中で溶けるにつれて香りが立ってくる。

ヴィシソワーズ
ポワロー、タマネギ、ジャガイモで作るヴィシソワーズ。シノワで漉しているのでなめらかな食感。主役である桃のジュレやソルベとともに食べていると、まるでスープまでも桃の味かと感じさせるのが理想のため、味付けはシンプルに。

桃のジュレ
桃の果肉をミキサーでピュレにし、いったん沸かしてペーパーで漉す。これに少量のゼラチンを加え、桃のリキュールで香りをつけたもの。漉すことで液体に透明感が出て、見た目のアクセントになる。柔らかな食感も特徴。

桃のチップ
桃を厚さ2mmにスライスし、130℃のオーブンで乾燥させたもの。食感のアクセントになると同時に、盛りつけにボリューム感を出す。

生と冷凍の桃
5mm角に切った桃の果肉を、半分はそのまま、残りは冷凍する。これを提供時に混ぜ合わせ、盛る。半分を冷凍にすることで口の中での滞留時間が長くなり、体温で桃が溶けるにつれて香りが立つ。

1. ボウルにヴィシソワーズを注ぎ、ブリュノワーズに切った生と冷凍の桃をさっくりと混ぜ合わせてからこんもりと盛る。

2. 器の向きを変え、桃のジュレを盛る。

3. 再度器の向きを変え、桃のソルベを盛る。果肉、ジュレ、ソルベは同量ずつ盛ることで、味を均等に感じさせる。ジュレやソルベが溶けると自然に混ざり合い、一体になったおいしさも味わえる。

4. ソルベにチップを挿す。チップは食感のアクセントになるとともに、高さが出るので見た目にボリューム感が出る。

ブルターニュ地方の花のヴルーテ
——カリフラワーのヴルーテ
（→解説263頁）

左の写真も盛りつけの際に、料理の内容がわかるポイントを設けた例。スープはカリフラワーのピュレを水分がなくなり、カラメル色になるまで炒めたものを、カリフラワーのゆで汁でのばしたもの（→24頁）。ひと目では何のスープかわかりづらいため、カリフラワーの素揚げと薄くスライスしたものを添えてヒントとしている。

3 効果的な盛りつけ
ソースを下に敷き、その上に料理を盛る

私の盛りつけで唯一決まっているのが、ソースを最初に盛ること。ほとんどの料理で、ソースは素材の上からかけずに皿に敷き、そこに肉や付合せをのせる。これはそもそもベルナール・ロワゾー氏の手法。このようにする理由はいくつかあり、ひとつは主素材や付合せをソースと一緒に食べてもらうため。フランス料理の真骨頂であるソースは、皿に敷くと「一緒に味わう」ことを誘導しやすい。また、もうひとつはパリッと焼けた魚や肉の食感を損なわないため。さらに言えば「このようにキレイに焼き上げました」と食べ手に伝えるためでもある。このように盛った時のソースの量は30～40cc。もちろん、味のしっかりしたソースのように少量で足りる場合は、量を加減する。

軽さのポイント

ソースを下に敷くことで、食べた時に軽さにつながる部分——カリカリに焼いた肉や魚の皮や脂など——の食感が損なわれるのを防ぐ。ソースの濃厚さや付合せとの相性などを踏まえ、ソースの量や流し方を調整する。

テクニックの応用

ここで紹介した以外にも、複数のソースを水玉模様にちりばめたり（→自家製キャヴィアのパレット・114頁）、3種類のソースを皿を三等分するように流したり（→小さな詰めもの・139頁）、ひとつのソースをふち取るようにもうひとつのソースを流す（→いろいろ近海魚のロティ・174頁）など、さまざまな流し方がある。盛りつけの美しさにもつながるので、工夫したい。

1. ソースはまず皿の中央に流す。そしてスプーンの背を使い、外に向かって円を描くようにしてソースを皿全面に広げる。

2. 次にソースの高さが均一になるように、皿を両手で少し持ち上げ、トントンと軽く下に打ちつける。必ず皿の下にはクロスを敷いて行なうこと。

ソースの流し方のバリエーション

皿の全面に敷く

皿の主役となる素材と付合せの両方にソースを合わせたい場合は、ソースを皿の全面に流す。上の料理のソースには、付合せの野菜のグレック（ギリシャ風野菜のマリネ）の漬け汁を使用しており、付合せとも好相性。また、鮮やかな黄色と赤座エビの赤い色とのコントラストもきれいで、皿全体に敷くことで見た目にもインパクトが出る。

赤座海老のポワレ、ギリシャ風野菜とソース
（→解説169頁）

皿の一部に敷く

味が濃厚で少量でも充分なソースや、付合せと一緒に食べてもらうことを意識する必要がないソースは、皿の全面ではなく一部に敷く。上のソースは、皿の主役であるヒメジの骨と頭をジュ・ド・オマールで煮詰め、ヒメジの肝でリエしたもの。濃厚な味わいなので、量を控えめに添えた例。

ヒメジのポワレ、野菜のクネル、肝のソース
（→解説181頁）

付合せをクッションとする

右の料理は、フグの身で白子を包み、薄くスライスしたジャガイモを貼りつけてカリカリに焼いたもの。周りのカリッとした食感を生かすため、ソースでジャガイモが湿らないように、ソースとフグの間に付合せであるゴボウのカラメリゼを挟んでクッションとした。

フグの白子包みポテト巻き、
ゴボウのキャラメリゼと野菜のジュース美味
（→解説184頁）

4 効果的な盛りつけ
要素を個別に盛る

すべての料理で皿全面にソースを敷き、そこに素材を盛るわけではない。「前菜の盛合せ」的な皿では、各料理を一皿に散らして盛る。右の皿では、トマト、セロリラヴとトリュフ、ポワローのそれぞれにソースを添えているが、どれも他の野菜と一緒に食べても違和感がない味のため、やや無造作に盛った。こうした皿では、他のものと味が混じってもおいしく食べられる組合せを意識するが、どうしても他に味を移したくない場合は、素材の水分を充分にきり、ソースには濃度を持たせて流れないようにするなど、調整するとよい。

菜園のハーモニー（→解説255頁）

軽さのポイント
料理にヘルシーさや軽さを求める人でも、「いろいろなものを食べたい」という欲求はあり、それを満たすことは満足感につながる。たとえ野菜中心の皿であっても味や食感、そして盛りつけにメリハリを持たせれば、軽くても満足度の高い皿になる。

テクニックの応用
上記のような野菜中心の皿に用いるととくに効果的。野菜は比較的どんなソースとも相性がいいため、他のソースともおいしく食べられ、味の複合が生まれやすい。味のバリエーションを広げるような素材やソースの組合せを考えたい。

5 効果的な盛りつけ
盛りつけでボリューム感を出す

持ち味をピュアに引き出した素材を、3種類ほどに絞って一皿に盛るのが私の基本的な考え方。ただし、いくら軽く、低カロリーでも、見た目が貧相ではレストランの料理にふさわしくない。バリエーションやボリューム感を出すような工夫が必要だ。右の料理は、その名の通り皿をパレットに見立てたもの。サーモンとチップで高さを出したり、ソースで描く円の大きさや配色で、視覚的な効果を狙う。サーモンにキャヴィアをのせても、チップでソースをすくってもよし。そんな自由な食べ方を提案できたら成功である。

自家製キャヴィアのパレット（→解説116頁）

軽さのポイント
立体感のある盛りつけにすることで、視覚的なボリューム感を出すのが狙い。その際に有効なのがチップ（→52〜55頁）で、意図的に空間を作り出すことができ、重宝する。他にも、高さを出すようにこんもりと盛るなどして、高さのメリハリを出す。

テクニックの応用
上の料理では、皿の上の色合いも大きなポイント。サーモンのピンク、キャヴィアの黒、3色のソースとさまざまな色を配することで、視覚的な刺激を「いろいろ食べた」という満足感につなげている。こうした彩りも見た目のボリューム感につながる。

4章

その他のテクニック

Les Petites Astuces

■ 機器で作り出す「軽さ」
■ 砂糖を控えたデザート

現在、「軽さ」を実現させるうえで
重要な役割を担っているのが調理器具。
野菜のピュレでソースのモンテができるのも、
素材をごく微細に粉砕できるミキサーがあればこそ。
新しい表現を生むきっかけとなる調理器具を
効果的に活用することも、テクニックのひとつといえる。
また、デザートについても触れないわけにいかない。
食事を締めくくるものとしてインパクトを意識するが、
重さを感じさせたくないのはデザートも同じ。
フランス菓子のおいしさを踏襲しつつ、
いかに糖分と油脂を減らせるか。
レストランだからこそ可能な工夫を取り上げた。

機器で作り出す「軽さ」
「軽さ」を生み出す調理器具

調理器具の進化はめざましく、中でもミキサーの類は多様化している。細かく砕いたり、ふんわりした食感を生み出すなど、これらの調理器具を使うことで実現できる「軽さ」は多く、的確に使うことは油脂やクリームの量を減らすことにつながる。ここでは、とくに使用頻度の高い機器を紹介。けっして安価ではないが、細かなピュレ状にできるため裏漉しをする手間が省けるなど、作業負担の軽減が図れる点も大きなメリット。上手に取り入れたい。

フードプロセッサー

材料を切る、混ぜる、練るなどの作業が一台でまかなえる機器。「クイジナート」「ロボクープ」などの製品がおなじみで、この機器の登場によって厨房の作業効率が格段にアップした。ここで紹介した他のミキサーに比べて粉砕後の目は粗いが、ナッツなどの固い素材もピュレ状に粉砕できるほどのパワーを持ち、用途は幅広い。

パコジェット

素材や料理を付属の金属製の容器に入れて冷凍し、凍ったままブレード(回転刃)にかけると0.015mmという超微細に粉砕できる機器。ピュレを何度も裏漉した時よりもなめらかになり、熱も発生しないため、素材の風味や色が生きたピュレができる。粉砕直後の凍った状態はアイスクリームとして提供可。凍らせることができれば、甲殻類の殻などの固いものも粉砕可能。

スムージー用ミキサー

スムージー(果汁と氷などを粉砕して作るなめらかな飲み物)を作るためのミキサー。非常に粉砕力が強く、野菜をこのミキサーにかけると、繊維を感じさせないほどきめの細かい、ビロードのようなピュレができる。また、ごく短時間で粉砕できるため、素材の色がとびにくい点もメリット。

サーモミックス

高速で微細なピュレができる機器。最大の特徴は、加熱しながら撹拌ができる点。これ一台で、ポタージュを生のジャガイモから作ることができ、ベシャメルソースを炊くことも可能。裏漉しが不要なほど粒子が細かいため、クリームなどを使わなくてもなめらかなスープやソースができる。温度や刃の回転数が調整でき、計量機能もつく。

サイフォン
(エスプーマ)

エル・ブジなどスペインの料理を通じて日本に広まった器具。クリームやソースなどの液体に炭酸ガス*を装填することで、エスプーマ(スペイン語で泡)を作り出す。気泡を抱くことですっと消えるなめらかな状態になり、口当たりの軽さを表現できる。なお、液体に濃度がない場合はゼラチンなどを少量加え、固さを補う必要がある。

*N2O(亜酸化窒素)を使用。

1 機器で作り出す「軽さ」
フードプロセッサーを使う

　厨房で最も広く普及している機器といえば、フードプロセッサー。機能はシンプルなものの、固いナッツ類をペーストにするほどの粉砕力があり、それを裏漉しすればかなり細かいピュレも作れる。フードプロセッサーの活用法のうち、ここで紹介するのはローストしたノワゼット（ヘーゼルナッツ）で作るピュレ。これを、ペーストとして肉料理にナッペしたり、ソースのモンテにバター代わりに使用する。焦がしバターを「ブール・ノワゼット」というように香ばしさが特徴のノワゼットは、鳩や仔牛、仔羊と好相性。ナッツの油脂分が、ソースにコクとまろやかさを与える。植物性油脂のため、バターのようにジュの風味を包み込むことがなく、キレのよいソースに仕上がるのもポイント。

軽さのポイント
ナッツ類など固い素材を粉砕する場合にフードプロセッサーを使用。ナッツをピュレにすると、粒の時より味が凝縮するため、使用する量が少なくて済み、自然と摂取するカロリーが減る。また、ソースにコクとまろやかさを出すために、バターの代わりにナッツのピュレを用いることも。ナッツに含まれる油が植物性なので、食べた時の印象は軽やかに仕上がる。

テクニックの応用
フードプロセッサーは、水分が少なく固い素材を粉砕・攪拌する際に重宝する。しかし、パコジェットやスムージー用のミキサーに比べると攪拌後の粒子が粗いので、なめらかにするには裏漉しが必要。ナッツのピュレは、ソテーした肉に塗ったりソースの仕上げに加えるなど、主に調味料的に使用する。

1. ノワゼットを180℃のオーブンで10〜15分間ローストし、香りを引き出す。

2. 熱いうちにフードプロセッサーにかける。写真程度までなめらかにする。

3. そのままではざらっとした触感なので、いったん目の細かいシノワで漉す。

4. 漉し終えた状態。だいぶなめらかになったが、ソースのつなぎに使うにはまだ粒子が粗い。

5. 目の細かなシノワでもう一度ていねいに漉す。

6. 漉し終えたピュレ。できるだけなめらかな状態にするため、シノワの目は細かいほどよい。

7. ピュレをソースのつなぎに使う例。写真は仔鳩のソース（仔鳩のジュにその血とレバーを加え、ミキサーにかけて漉したもの）で、仕上げにノワゼットのピュレを加え、泡立て器でていねいに混ぜ込む。ソースに香ばしい風味をつけつつ、植物性の油脂でなめらかさと濃度を出すのが狙い。

テクニックを使って

仔鳩のローストのサラダ仕立て
モモ肉のクルスティヤン添え、
ノワゼット風味のソース・オ・ソン

仔鳩の胸肉とモモ肉をローストし、モモ肉にはチーズ風味のパン粉をのせて香ばしく焼いた。ソースには仔鳩の血とレバーを使い、仕上げにノワゼットのピュレを加えて香ばしさを持たせつつ、ナチュラルなコクとツヤを与えた。仔鳩とノワゼットは相性のよい組合せ。（→解説193頁）

2 パコジェットを使う
機器で作り出す軽さ

冷凍できるものなら何でも、非常に細かく粉砕できるパコジェット。その細かさは、フルーツなら冷凍して粉砕するだけで、油脂やクリームを使ったようななめらかなアイスクリーム状になるほど。粉砕力が強く、甲殻類を殻ごとつぶすことも可能で、漉してもほとんどかすは残らない。下のカニのスープの場合も、殻ごと冷凍してパコジェットにかければ、エキスが丸ごと抽出された濃厚なスープができ上がり、殻をつぶして旨みを漉しとる必要がない。なお、パコジェットは専用容器に入れて冷凍しておけば、使うたびに必要な量だけを粉砕することができる。素材を安く仕入れた際にまとめて冷凍しておくことができ、その点でも非常に重宝する。

軽さのポイント

凍らせられるもの、つまり水分があるものであれば、細かく粉砕することが可能。粉砕した後は非常になめらかで、油脂やクリームを加える必要がないほど。結果的に、油脂を控え、素材の味を全面に打ち出すことができる。なお、容器に詰めた時に隙間があると粉砕時にブレードがうまく回らない。フルーツはできるだけぎっしり詰めてシロップで隙間を埋めるなど工夫が必要。

テクニックの応用

ここで紹介した甲殻類のスープ以外に、アイスクリーム(→78頁)やジェノヴァソース(→174頁)などでもパコジェットを使用。冷凍したものを粉砕するため、素材の色と香りがとびにくく、味が濃厚なまま保たれる点もメリット。少量でもインパクトがあるので、皿にのせる量を減らすこともできる。

1. ワタリガニの脚を香ばしく炒め、ポワロー、タマネギ、タイム、ローリエ、カレー粉も加えて炒める。トマトとトマトペーストを加え、鍋についたスュックを落としながら混ぜる。

2. 水をひたひたに注ぎ、強火にする。カニの味と香りを抱いている油は残し、アクだけを取り除く。弱火で1時間ほど煮出す。

3. スープが熱いうちにパコジェットの専用容器に移す。パコジェットは粉砕する力が強いため、ワタリガニを殻ごと容器に入れることができる。

4. パコジェットの容器にスープを入れたら、氷にあてて粗熱をとる。その後、容器ごと冷凍し、完全に凍らせる。

5. 写真は容器の蓋の裏側で、金属はブレード（刃）。これを容器にかぶせて機器に装着すると、刃が上から降りてきて凍結した固体を粉砕する仕組み。

6. 凍ったスープを粉砕したところ。溶けると刃が回らないので、必ず冷凍庫から出したての状態を粉砕すること。でき上がったものは目が細かく、わずかだが空気を含むため、ふんわりサラサラとしている。

7. 粉砕したスープを鍋に移し、火にかけて溶かす。これは、漉しやすくするための作業。非常に細かく粉砕されるため、溶けるとなめらかな液体になる。

8. 目の細かなシノワで漉す。漉した後、シノワにはほとんど何も残らない。これは、ワタリガニの旨みを抽出しきった証拠でもある。

9. 漉した後のスープはさらになめらかになり、クリームや牛乳を必要としないほど。提供時に再度温め、塩、コショウで味をととのえる。

テクニックを使って

渡り蟹のヴルーテ、蟹身添え、ふんわりユリ根のピュレ

ワタリガニのスープを殻ごとパコジェットにかけ、旨みを抽出しきった濃厚なヴルーテに、カニの脚の身を添えて。クリームやバターを使っていないとは思えないほど、ヴルーテはなめらかな仕上がり。上にのせたのは、ユリ根のピュレ（→75頁）。少量のゼラチンを加えてサイフォンで絞り出すことで、ピュレにふんわりと空気を含ませ、軽い食感を実現させている。（→解説157頁）

3 機器で作り出す「軽さ」
サイフォンを使う

濃厚な料理には、どこか軽さを感じさせるポイントが欲しいもの。スープやソースを泡立ててカプチーノ仕立てにし、口当たりを軽やかにするのはその一例だ。ここでは異なるアプローチとして、サイフォン（エスプーマ）を使う例を紹介する。サイフォンはガスを装填することで、液体やピュレを空気を抱いたムース状にする機器。ユリ根のピュレのように身質が密なものも、サイフォンにかけることでふわっと軽い口当たりになる。また、ピュレにゼラチンなどの凝固剤を少量加えると、絞り出した形と気泡がある程度キープできる。状態を保たせることで、軽い口当たりを食べ終わる頃まで維持することができる。

軽さのポイント
サイフォンで絞り出すことで、液体やピュレは空気を含んでふわっと軽いムース状になり、軽やかな口当たりを実現できる。この泡は口の中で溶けると香りがわっと広がり、想像以上にインパクトがある。少量でも食べ手に強烈な印象を与えられる。

テクニックの応用
野菜のピュレだけでなく、オマールのだし汁などに少量のゼラチンを加え、ムース状にすることも多い。でき上がったものは、野菜のポタージュなど淡白な皿の浮き身にして味にコントラストを持たせる。なお、空気を抱かせるには、液体の中に多少の油脂分かゼラチンが必要。

1. ユリ根は鱗片をばらし、100℃のオーブンで柔らかくなるまで加熱する。フードプロセッサーでピュレにし、裏漉しする。

2. 牛乳と生クリームを2対1の割合で加え、混ぜ合わせる。もどしたゼラチンを加え、火にかけてゼラチンを溶かし込む。乳製品に含まれる油脂分やゼラチンがあることで、サイフォンにかけた時にムース状になる。

3. ゼラチンを加えたユリ根のピュレをサイフォンの容器に詰め、ガスを装填して絞り出す。ピュレや液体は充分に冷やしておくことがポイント。なめらかなクリームに仕上がる。

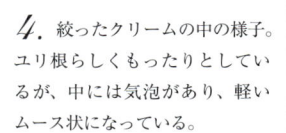

4. 絞ったクリームの中の様子。ユリ根らしくもったりとしているが、中には気泡があり、軽いムース状になっている。

テクニックを使って
渡り蟹のヴルーテ、蟹身添え、ふんわりユリ根のピュレ（→74頁）

1 砂糖を控えたデザート
香ばしさと食感で「軽さ」を演出

タルトやパイなどはフランス菓子の定番だが、食後のデザートには少し重たい印象だ。たとえば私はごく薄く、香ばしく焼き上げることで、軽く食べられるよう仕立てている。ポイントは生地の薄さと心地よい食感。下記のパイはタルトタタンのアレンジで、まず生地を厚さ1mmにのばし、リンゴをのせて軽くグラニュー糖をふり、表を15分間ほど焼く。そうしたら生地を裏返し、重しとして鉄板をのせてさらに焼く。ここが大きなポイントで、重しによって空気と水分が抜けるため、生地はさらに薄くなり、風味も凝縮する。また、溶けたグラニュー糖がリンゴの水分を引き出し、それが次第にカラメリゼされていく。つまり、裏返して焼くことで、少ない糖分でも表面をカリカリと軽い食感に仕上げることができるのだ。

軽さのポイント

パイ生地自体は粉と同量のバターを使い、油脂は減らさずに風味を尊重する。ただし薄くのばし、重しをして焼くことで余分な空気と水分が抜け、カリッと香ばしく仕上がるため、油っぽさを感じさせない。また、タルトタタンのリンゴは砂糖で煮るのが一般的だが、ここでは生のリンゴのスライスに直接砂糖をふり、焼く途中で裏返してリンゴの水分を出しつつ表面をカラメリゼさせている。これによって砂糖の量をぐっと減らせる。

テクニックの応用

下記の薄く焼いたタルトは、イチジクや洋梨でも作る。その場合、イチジクはもともと糖分を多く含むため、砂糖はほんのひとつまみでよい。サクランボのように裏返すと形が崩れるものは、裏返さずに途中で上から重し（鉄板など）をのせて薄く焼き上げる。

---

1. フイユタージュ生地を厚さ1mmにのばし、全体をピケして直径12cmの丸型で抜く。できるだけ薄く焼き上げるため、途中で生地を冷蔵庫で休ませながら確実に薄くのばすことがポイント。なお、パイらしい風味を尊重するため、生地自体はとくにバターを減らしていない。

2. リンゴの皮をむき、厚さ3mmにスライスする。フイユタージュ生地のふちのほうから中心に向かい、リンゴを少しずつずらして重ねる。1枚の生地にリンゴ1個分を使用。

3. リンゴが空気にふれて色が変わらないよう、刷毛でブール・クラリフィエをぬる。表面をカラメリゼするためのグラニュー糖を、ティースプーン3杯ほどふりかける。

4. 180℃のオーブンに入れ、底面に焼き色がつくまでまず表を15分間ほど焼く。

5. 生地を裏返し、ヘラなどで全体を軽く押さえて平らにする。

6. さらに鉄板などをのせて重しとし、そのままオーブンで15分間焼く。重しをすることで生地が膨らむのを抑え、カリカリとした食感を生み出す。また、リンゴの水分とグラニュー糖が溶け合って、次第にリンゴがカラメリゼされていく。

7. 香ばしく焼き色がついたら取り出し、大理石にのせてリンゴの面を冷やす。カラメリゼした部分がカチッと固まるので、すばやくはみ出た部分などを整える。

テクニックを使って

極薄焼きリンゴのタルト

途中で裏返して重しをし、ごく薄く焼き上げたリンゴのタルトは、香ばしさとカリカリの食感が特徴。食後でもつい食べてしまうような歯切れのよさだ。生クリームを使わず、ヴァニラの鮮烈な香りでインパクトを持たせた、口溶けのよいアイスクリーム（→78頁）を添えて。（→解説240頁）

2 砂糖を控えたデザート
香りのインパクトで甘さを控える

デザートでクリームの量を控えるための手段のひとつは、香りや風味にインパクトを持たせること。甘さを控えると味はぼやけがちになるが、鮮烈な香りがあると風味の輪郭がはっきりし、存在感のあるデザートになる。これは強い風味を持つスパイスやナッツに有効な考え方で、スパイスを多く使ったり、ナッツは香ばしく煎ってから用いることで香りを全面に出す。アイスクリームを例に挙げると、私はアングレーズベースのアイスクリームに生クリームを使わない。これは油脂をなるべく排除し、卵やスパイス、ナッツの味をピュアに感じさせるのが目的。しかし、コクがないと味が薄っぺらになるため、アングレーズを炊く時は意識的に火を入れ、風味を充分引き出すように心がける。

軽さのポイント

スパイスやナッツなど風味の強い素材に有効なテクニック。スパイスなら牛乳1ℓにヴァニラ10本、シナモンならカシアタイプ（固い樹皮状のもの。スティックより香りは穏やか）を40g使い、牛乳に香りを移したうえに、シノワでしっかり漉してエキスを抽出しきる。ナッツ類はペーストを使わず、焦がすくらいしっかり煎って香りと油を引き出してから使用。ナッツの油により、クリームを使わなくてもコクを持たせることができる。

テクニックの応用

スパイスは香りが強烈すぎると食べ手の好き嫌いが分かれるので、バランスを考慮する必要がある。とくに粉末は香りが効きやすく、漉しても粒子がシノワの目を通ってしまうためざらついた食感になる。シナモンなら樹皮状のものを砕いて使うなど、インパクトがありつつも心地よい香りの強さを意識したい。

[ヴァニラアイスクリーム]

1. 鍋に牛乳1ℓとヴァニラビーンズ（ブルボン産）10本を入れる。ヴァニラビーンズはサヤに切り込みを入れ、種子をしごく（サヤも使う）。火にかけて温める。

2. 軽くかき混ぜながら加熱する。この時、ヴァニラをつぶしてエキスを抽出しやすくする。

3. 別のボウルで卵黄160gとグラニュー糖125gを、白っぽくなるまですり混ぜる。これを2に加え、よくかき混ぜながら加熱する。85℃まで温度が上がり、卵黄に火が入って濃度がついてきたら火からはずす。

4. シノワで漉す。生クリームを使わないので油脂分が少なく、温度が急激に上がりやすい。焦げやすいので、85℃になったらすぐに火からはずすこと。

5. シノワで漉す。シノワに残ったヴァニラはしっかりつぶし、充分に香りを抽出する。これは大切なポイント。

6. 漉した液体を氷水にあて、全体をかき混ぜながら粗熱をとる。

7. パコジェットの容器に入れて冷凍後、粉砕する。パコジェットにかけるとなめらかに仕上がるが、柔らかくなりやすいため、一度冷凍庫に入れて引き締めてから提供する。なお、アイスクリームマシンを使ってもよい。

8. ヴァニラビーンズがたっぷり入った、香りが鮮烈なアイスクリーム。生クリームを使わないため、さらりとした口当たりだ。

[カルダモンのアイスクリーム]

1. カルダモン（ホール）を銅鍋で炒る。炒ることで香りを充分に引き出すことが目的。

2. 牛乳を加えて香りを移す。これを別のボウルでブランシールした卵黄とグラニュー糖に入れ、混ぜ合わせる。85℃まで火にかけ、漉して粗熱をとったら、ヴァニラアイスクリームと同様にパコジェットの容器に入れて冷凍する。

3. 提供時にパコジェットにかけて、なめらかなアイスクリームに。アンフュゼしたことでカルダモン特有の爽やかな香りが全面に出て、存在感のある味わいに仕上がる。

テクニックを使って

ヴァニラアイスクリーム→77頁
「極薄焼きのリンゴのタルト」

カルダモンのアイスクリーム→81頁
「マンゴーのシブースト、コリアンダーのグラス」

3 砂糖を控えたデザート
クリームの甘さの抑え方

「クラシックで甘い」というイメージの菓子・シブーストも、クリームを軽く仕立てれば食後のデザートになる。甘さの要因であるシブーストのクリームは、クレーム・パティシエールとイタリアン・メレンゲを合わせたもの。菓子店では形を保つためにゼラチンを加えるが、作ってすぐに提供できるレストランでは不要。また、私はクレーム・パティシエールに砂糖を使わず、イタリアン・メレンゲの甘さのみで仕立てているが、このメレンゲも注文ごとに泡立てれば保形性を意識する必要がないため、シロップの量をギリギリまで控えることができる。そのため、でき上がったクリームはふわふわで口の中でスッと消え、たっぷりの量もつい食べてしまうほどキレのよい仕上がりになる。

軽さのポイント
イタリアン・メレンゲと合わせるタイプのクリームに有効な考え方。クレーム・パティシエールに砂糖を一切使わないため、そのぶんのカロリーを減らすことができる。「作ったらすぐに提供できる」というレストランのメリットを生かし、イタリアン・メレンゲを注文ごとに作れば、加えるシロップも最小限に抑えられる。

テクニックの応用
クレーム・オ・ブール（バタークリーム）とイタリアン・メレンゲを合わせた「クレーム・ムースリーヌ」ではクレーム・オ・ブールを、クレーム・パティシエールとクレーム・ダマンドを合わせたタルト用の軽いクリームではパティシエールを、それぞれ砂糖なしで仕立てることができる。

1. ボウルに卵黄3個を入れ、ほぐす。プードル・ア・クレーム（クレーム・パティシエール用の粉）35gを加え、泡立て器で混ぜる。プードル・ア・クレームはコーンスターチの加工品で、薄力粉を使うよりも柔かなクリームに仕上がる。

2. 牛乳500ccを鍋に入れ、火にかける。沸いたら、少量を1の鍋に加え、混ぜ合わせる。

3. 2をパッセし、残りの牛乳に加え混ぜる。あらかじめ卵黄を少量の牛乳と合わせておくことで、分離したりダマになるのを防ぐ。

4. そのままかき混ぜながら加熱する。ポコポコと沸いたら、かき混ぜながら1分間ほどしっかり火を入れて、粉気をしっかりとばしていく。

5. クリームに火が入り、とろみが消えてさらっとした状態になったらラップ紙に流す。上からもラップ紙をかけて密閉し、冷ます。クレーム・パティシエールの完成。砂糖が入らないため、クリームは固く締まらず、さらっとしている。

6. グラニュー糖180gと水60ccを火にかけてシロップを作り、その間に卵白200gを泡立てる。シロップが118℃になったら卵白に加え、人肌に冷めるまで泡立ててイタリアン・メレンゲを作る。

7. 6のイタリアン・メレンゲにクレーム・パティシエールを加え、さっくりと混ぜ合わせる。ふわっとした口当たりの軽い、シブースト用のクリームの完成。メレンゲの甘さはあるが、口に長く残らないためしつこく感じさせない。

テクニックを使って

マンゴーのシブースト、コリアンダーのグラス

砂糖を使わないクレーム・パティシエールに、注文ごとに泡立てるイタリアン・メレンゲを合わせたふわふわのシブースト・クリームのグラタン仕立て。シブーストのフルーツはリンゴが一般的だが、パイナップルやマンゴーなども合う。ここではマンゴーと、爽やかなカルダモンのアイスクリーム（→79頁）を組み合わせた。マンゴーは片面だけソテーしてフレッシュ感を残し、クリームとのバランスをとる。（→解説240頁）

4 砂糖を控えたデザート
機器を利用する

砂糖やクリームを減らす際にも、70頁で紹介した機器は有効である。たとえば、ナッツのアイスクリームは市販のペーストで作るのが一般的だが、粉砕力のあるミキサーを使えば固いピスタチオも粉砕できる。細かく粉砕すると、ナッツの風味と油がしっかり出るため、クリームを使わなくてもなめらかでコクのあるアイスクリームができる。ここでは2つの機器でアイスクリームを作る例を紹介したが、一台で粉砕と加熱が同時にできるサーモミックスには、労力が省けるというメリットもある。また、真空包装はフルーツのマリネに最適。脱気することで砂糖やスパイスがフルーツに浸透しやすくなるため、湯煎にかけるよりジュもしみ出しやすく、砂糖が少量で済む。

> **軽さのポイント**
>
> 機器の特性を上手に活用することで、素材の持ち味をナチュラルに、かつ最大限に引き出すことが目的。風味をしっかり引き出すと、それを生かそうとするために、必然的に砂糖やクリームなど油脂の量を減らすことになる。

> **テクニックの応用**
>
> ここで紹介したスムージー用ミキサー、サーモミックス、真空包装機のほか、冷凍したものを粉砕するパコジェット（→70頁）も頻繁に使う機器。とくにフルーツのソルベ作りに欠かせない。一般的にはフルーツをピュレにしてからアイスクリームマシンにかけるが、パコジェットだと適宜に切った果肉を専用容器に詰め、その隙間をシロップで埋めて冷凍しておけば、注文のたびに粉砕するだけでソルベになる。空気に触れて味や色がとぶのを防げるため、桃や洋梨など酸化しやすいフルーツにとくに有効だ。

［ピスタチオのアイスクリーム］

アイスクリームはデザートに不可欠なアイテム。素材の持ち味を最大に引き出しつつ、糖分とクリームをなるべく減らすことを心がける。ここで紹介した2つの機器は強い粉砕力を持つため、ナッツなど固い素材の風味も最大に生かすことができる。また、粉砕によってナッツの油脂分が引き出され、その油がクリームを使わない分のコクを補う。

■ スムージー用ミキサーを使用

1. 牛乳1ℓとピスタチオ100gを銅鍋に入れ、火にかける。沸いたら火からおろし、そのまま冷まして香りをアンフュゼする。

2. スムージー用のミキサー（→70頁）に入れ、粉砕する。

3. ミキサーをかけ終えた状態。スムージー用のミキサーは非常に粉砕する力が強いため、ピスタチオのような固い素材も非常になめらかなペースト状になる。

4. 3の液体を銅鍋に戻し、火にかける。別に卵黄160gとグラニュー糖125gを白っぽくなるまですり混ぜ、銅鍋に加える。たえずかき混ぜながら、85℃になるまで加熱して卵黄にしっかり火を入れる。

5. シノワで漉す。細かく粉砕しているため、シノワにはほとんど残らない。これを氷水にあてて冷まし、パコジェットの容器に入れて冷凍後、パコジェットで粉砕する。

■サーモミックスを使用

1. サーモミックスを使うと一台で左頁［スムージー用ミキサーを使用］の1〜4までできる。牛乳、ピスタチオ、卵黄、グラニュー糖を容器に入れて蓋をする。

2. ミキサー速度を「6〜7」に、加熱温度を「85℃」に設定してスタート。1〜2分間でピスタチオがペースト状になるので、ミキサーの速度を落とし、加熱を続ける。

3. 写真は液体の温度が85℃まで上昇し、とろみがついたところ。ここまでかかる時間は10分間ほど。

4. これをシノワで漉し、氷水にあてて粗熱をとる。その後、パコジェットの容器に入れて冷凍し、提供時に必要な量だけ粉砕してアイスクリームとする。

[イチゴのスープ]

フルーツのスープ仕立てはさっぱり食べられる人気のデザート。その場合、フルーツはミキサーにかけて作ることが多いが、ここでは果肉を砂糖でマリネし、得られたクリアーなジュをスープとする。真空にかけると、少量の砂糖で最大のジュを引き出せる点がメリット。また、香りがとばず、色も風味も鮮やかに仕上がる。(→解説229頁)

■ 真空包装機を使用

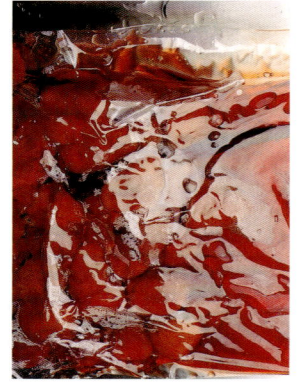

1. イチゴ450gを冷凍する。一度冷凍することでフルーツの細胞組織が破壊され、ジュが出やすくなる。真空包装用の袋に入れる。

2. グラニュー糖20g、ヴァニラビーンズ1本(切り込みを入れ、種子をしごく)とともに真空包装にかける。スチームコンベクションオーブンで40分間ほど加熱する。

3. 脱気しているため、砂糖の量が少なくても充分にイチゴからジュが出てくる。ジュは湯煎にかけても得られるが、真空にかけることで時間を短縮できる。

5章

「軽さ」を支える基本アイテム
Les Préparations de Base

■ 塩
■ ジュ
■ トリュフ
■ キャヴィア
■ 鳥類の調理法

「軽さ」を陰で支えているのが、
塩やジュなどのベーシックなアイテム。
個々の素材の持ち味を引き出そうとすると、
塩はしっかり効かせる必要があるが、
油脂を排除した料理の塩のストライクゾーンは狭く、
量や使い方には注意が必要だ。
また、ソースのベースとなるジュは、
料理の「軽さ」を大きく左右する重要な要素。
ていねいに仕込み、極力ゼラチン質と雑味を排除する。
また、フランス料理に不可欠なトリュフとキャヴィア、
そして肉料理に用いるテクニックとして
鳥類のさばき方と、そのガラでソースを
仕立てる方法についても触れる。

塩 【Sel】

料理に塩は肝心だが、「軽さ」を意識すると重要度はさらに増す。私は「軽さ＝味の薄さ」ではなく、むしろ素材の味を引き出すにはギリギリまで塩を効かせるべきだと考えている。しかし、油脂を減らすと塩は効きやすくなるため、量や使い方には充分配慮が必要だ。

神戸北野ホテルでは、主に以下の3種類を使用。とくに肉や魚など直接素材にふるセル・マランとフルール・ド・セルは、バットに広げてディッシュウォーマーで乾燥させている。乾燥した塩のほうが素材に味がのりやすく、量も正確に測れるので味のブレが少ない。

海塩（セル・マラン）
sel marin

フランス産の海塩（セル・マラン）はミネラル分を含んだまろやかな塩気と旨みが特徴。肉や魚の下味、ソースの調味などに多用するが、海塩は吸湿性が高く手につきやすいため、素材に均一にふるのが難しい。そのため、主に乾燥させて使用する。

フルール・ド・セル
fleur de sel

ブルターニュ地方ゲランド産の天日塩。海面で塩が結晶化する際に最初に固まったものが「塩の花」。豊富なミネラル分によるまろやかさ、結晶のカリッとした食感が特徴で、調理後の肉やフォワグラに添えて、食感と塩気のアクセントにする。

岩塩
Sel gemme

岩塩は古代の海水が陸上で固まったもので、海塩より純度が高い。塩のミネラル分によって卵の膜が溶けて白く濁ってしまうキャヴィアの仕込み（→93頁）には、岩塩を使用。岩塩はサーモミックス（→70頁）にかけて水分をとばし、細かな粉末状にして使う。

肉の下味にはセル・マランを使用。塩をふって置いておくと肉汁など素材の水分が出てくるため、ふるのは加熱の直前に。

焼き上がった肉に添えるのは、味と食感のアクセントになるフルール・ド・セル。肉や脂を引き立てつつ、食べやすくする。

ジュ 【Jus】

フォンは、その特有のゼラチン質や煮崩れた野菜の甘みが「重さ」につながる気がするため、私はソースのベースにはジュを用意する。これはだしというより、肉を焼いた時に滴る「肉汁」そのもののイメージ。常に肉を焼いた後の鍋をデグラッセしてソースを作れたらベストだが、とても量が追いつかないため、できるだけ近いものを用意しよう、というのが私のジュ。肉のエッセンスだけを抽出したいので、野菜はほとんど使わずに、じっくり焼いた肉や関節を煮出して旨みを抽出し、脂を徹底的に排除することで濁りのない、キレのよいジュに仕上げる。このキレとクリアーさが「軽さ」を左右するのである。

［ジュ・ド・ヴォー］

野菜をほとんど使わず、
仔牛の肉と関節でとった汎用性の高いジュ。
すっきりした中庸な旨みが特徴。
肉料理全般に使用する。

【材料】
仔牛前脚　20kg（うち肉15kg、関節5kg）
タマネギ　5個
水（アルカリイオン水）　50ℓ
塩　少量
グレスドワ　適量
＊水道水よりも素材に浸透しやすく、旨みをしっかり引き出すことができるので、ジュをとる際にはアルカリイオン水を使用。

1. 仔牛の前脚を肉と関節に分け、肉は骨をはずして350gずつ切り分ける。骨をはずすのは、できるだけゼラチン質を排除するため。

2. 仔牛の関節は、関節ごとに切り分ける。

3. 鉄のフライパンにグレスドワをたっぷり注ぎ、肉を切り口以外の面からリソレする。火は強火にし、ステーキを焼く感覚で、あまり肉を動かさず、きれいに焼き色をつけていく。油が足りないと焼き色がつきにくいので、随時足すこと。

4. 関節は天板に重ならないように並べ、180℃のオーブンで約40分間焼く。20分間ほど経った時点で裏返し、両面焼く。

5. タマネギは皮付きのまま半分に切り、アルミ箔を敷いたプラック（フライパンでもよい）に切り口を下にしてのせる。写真のように真っ黒に焦げるまでしっかり焼く。焼くのは切り口のみ。

6. 肉のスジにまで充分に焼き色がついたら、バットなどに取り出す。表面をしっかり焼き固めているため、肉からしみ出てくるのは透明なジュ。血などは流出しない。

7. 肉を焼いたフライパンは、油をよくきり、鍋に残った油もていねいに拭き取る（旨みであるスュックは残す）。水を少量加えてデグラッセする。

8. 関節部分の焼き上がり。全体に香ばしく焼き色がつき、中心まで熱が伝わっているかを確認する。この天板に残った油は不要。鍋には関節のみを入れる。

9. 寸胴鍋を電磁調理器にかける場合は、肉が鍋底に触れると焦げてしまうので、セルクルやザルなどを敷いて防ぐ。また、肉を入れてから水を注ぐと肉同士がぶつかり、雑味が出るおそれがある。そのため、水は肉を入れる前に注いでおくこと。

10. 焼いた肉と関節を入れる。7のデグラッセした液体と、肉を取り出しておいたバット（写真6のもの）に残ったジュも水でのばして加える。

11. 鍋を火にかける。ジュの濁りの原因となる血をすばやく凝固させるため、最初は必ず強火で。アクを出しやすくするため、塩を加える。

12. 沸き始めるとアクがどんどん出てくるので、随時取り除く。表面に浮いてくる油も同様に除く。肉が煮崩れると濁りの原因になるので、液体はできるだけかき混ぜない。

13. アクを取り除いた後、焦がしたタマネギを黒い部分を下にして入れる。このタマネギは臭み消しと、ジュに色を補うためのもの。グラグラ煮ると肉や関節からゼラチンが必要以上に出てくるので、静かに煮出すのがポイント。随時水を足す。

14. 12時間ほど煮た状態。液体は半量ほどになり、透明感が出てくる。仔牛の旨みと香りが出ているのを確認する。

15. シノワで少しずつ静かに漉す。ジュが濁り、雑味が出る原因になるので、肉やタマネギをつぶさないように注意する。

16. 漉した後のジュ。この時点で味は出ているが、煮詰めたほうが汎用性が高いので、再度火にかけて煮詰めていく。

17. ジュを鍋に移し、再度火にかける。沸くまでは強火にし、表面に浮いてくる油をひたすら取り除く。沸いたら火力を落とし、沸いているかいないかのミジョテの状態で静かに煮詰めていく。

18. 最も汎用性の高い濃度で火を止め、ジュ・ド・ヴォーの完成。骨の量が少ないため、ゼラチンはそれほど出てこない。また、野菜もほとんど入らないため旨みはすっきりしている。すぐに使わない場合は、真空包装して冷凍保存する。

088 | 「軽さ」を支える基本アイテム | Les Préparations de Base

[ジュ・ド・プーレ]

鶏を野菜とともにゆっくり煮出したジュ。ソースのベースにはせず、主にスープのベースや野菜を煮る時に水代わりに使用する。

1. 鶏の内臓や脂を取り除き、4つに切り分けて水にさらす。寸銅鍋に水を注ぎ、鶏を静かに入れて火にかける。

2. クリアーなジュをとるため、基本的に鍋の中はかき混ぜないが、沸騰する直前に一度だけかき混ぜて、肉についたアクなどを浮かせる。浮いてきたアクは随時取り除く。

3. アクを除いたらタマネギ、ニンジン、ポワロー、セロリ、ブーケガルニを加え、沸いたらミジョテにして静かに煮出す。ジュ・ド・プーレに野菜を使うのは、鶏は他の肉に比べて味が尖っているため。煮崩れを防ぐため、野菜は丸ごと使う。

4. 10時間ほど煮出し、ジュが茶色みを帯び、透明感が出てきたら漉す(写真は漉したもの)。その後、再度火にかけて、濁らないように脂を取り除きながら使いやすい濃度(目安は5ℓ)まで煮詰める。

【材料】
鶏 20kg
水 50ℓ
タマネギ 3個
ニンジン 3本
ポワロー 2本
セロリ 2本
ブーケガルニ 1束
塩 少量

[ジュ・ド・クー・ド・ブフ]

成牛の尾(クー・ド・ブフ)でとる力強い味わいのジュ。ジュ・ド・ヴォーでは少しもの足りない牛肉料理のソースにだけ用いる。

1. 牛尾を関節ごとに切り分ける。グレスドワを引いたフライパンで、全体に香ばしく焼き色がつくように色づける。尾を取り出したら、鍋の油をきり、水を加えて鍋をデグラッセする。

2. 寸銅鍋に水を注ぎ、牛尾とデグラッセしたジュ、塩を加えて火にかける。沸いたらアクをていねいに取り除く。

3. アクを引いたら焦がしたタマネギ(→87頁写真5参照)を加え、ミジョテの状態を保ちながら煮出す。12時間ほど煮出し、香りと風味が充分に出たらシノワで漉す。

4. 漉したジュ。これも再度火にかけ、浮いてくる油を取り除きながら煮詰める。使いやすい濃度(目安は5ℓほど)になったら完成。

【材料】
成牛の尾 20kg
水 50ℓ
タマネギ 5個
塩 少量
グレスドワ 適量

[その他のジュ]

フォン・ブラン

掃除した鶏ガラ20kgと水40ℓを寸胴鍋に入れ、火にかける。沸いたらアクを取り、包丁で切り込みを入れたミルポワ（タマネギ900g、ニンジン600g、ポワロー600g）を加えて約8時間煮出す。シノワで漉し、ジュはアクや油を取りながらさらに煮詰める。主な用途はスープのベース。

フュメ・ド・ポワソン

寸胴鍋に水20ℓと白身魚のアラ5kgを入れ、火にかける。沸いたらアクを取り除き、エマンセに切ったミルポワ（タマネギ900g、ポワロー600g、セロリラヴ800g、フヌイユ200g、セロリ180g）を加えて4時間ほど煮出す。シノワで漉し、ジュはさらに煮詰める。ブイヤベース風味のソースなどに使用する。

ジュ・ド・レギューム

タマネギ、ニンジン、ポワロー各600g、セロリラヴ400g、フヌイユ100gをオリーブ油でスュエし、キャベツ400gも加えて炒める。寸胴鍋に移し、水5ℓ、タイム、ローリエ、ニンニク（3回ゆでこぼす）を加えて約4時間煮出す。シノワで漉し、約1/3量まで煮詰める。野菜主体のソースのベースなどに使用。

ジュ・ド・オマール

オマールの頭2kgをオリーブ油でソテーし、水3ℓとともに弱火で煮出す。1時間ほどしたらシノワで漉し、ジュは油を取りながらさらに煮詰める。オマールを使った料理をはじめ、真鯛やルージェ（ヒメジ）のソース、冷前菜のソースの旨みづけなどに広く用いる。また、グラス状に煮詰めて、旨みづけや味のアクセントにも使用。

ジュ・ド・イベリコ

イベリコ豚の骨とさばいた後の端肉（半頭分）をグレスドワでリソレし、水4ℓ、少量の塩とともに寸胴鍋に入れて火にかける。沸いたらアクをすくい、半分に切って断面を焦がしたタマネギ900gを加え、静かに4時間ほど煮出す。シノワで漉し、さらに煮詰める。イベリコ豚を使った料理のソースが主な用途。

ジュ・ド・クリュスタッセ

ラングスティーヌ（またはオマール）の殻2kgをオリーブ油で炒める。エマンセにしたニンジン、セロリ各100g、タマネギ150g、ポワロー50gを加えて炒める。コニャックでフランベし、フュメ・ド・ポワソン2ℓ、フヌイユ、パセリの軸、エストラゴン、ニンニク、アニス、コリアンダー、白粒コショウを加え、弱火で3時間煮出す。シノワで漉し、さらに煮詰める。甲殻類のソースや旨みづけに使用。

ジュ・ド・エクルヴィス

エクルヴィス（ザリガニ）の頭2kgをオリーブ油でソテーし、水3ℓとともに弱火で1時間ほど煮出す。シノワで漉し、ジュは油を取りながらさらに煮詰める。エクルヴィスの料理に使用する。

ジュをソースに仕立てる 【Préparer les Sauce avec les Jus】

87〜90頁で紹介したジュ類のうち、ジュ・ド・ヴォーとジュ・ド・クー・ド・ブフの主な用途はソースのベース。その場合、ジュの使い方には2パターンあり、ひとつは皿の主役となる肉を焼き、その鍋をデグラッセしてソースを作る際に、旨みを補強するために加えるもの。もうひとつは、焼いても鍋にスュック（旨み）がつかない魚や鶏の料理や、焼く以外の調理をした時に、魚や肉とは別にジュを煮詰めてソースのベースとするもの。つまり、主素材の調理とソース作りを別に行なうパターンだ。いずれもジュを適度に煮詰めた後、野菜のピュレでつなぐのが基本。これは、ジュをとる際にゼラチンをなるべく排除するようにしているため、ピュレで濃度を補うのと、野菜の甘みやまろやかさをプラスするのが目的だ。

［肉汁をベースにジュで旨みを補う］

1. ポワレやローストを終えた肉を鍋から取り出し、油は捨てる。鍋に残った油はペーパータオルなどでていねいに拭き取る。

2. 少量の水を加えて火にかけ、泡立て器で混ぜながらデグラッセする（旨みをこそげ落とす）。そのまましばらく煮詰める。

3. 煮詰めたところにジュ・ド・ヴォーを加え、ニンジンのピュレを加えてソースをモンテする。濃度がついたらシノワで漉す。

4. 焼いた肉を取り出した皿には、肉汁がしみ出ている。ここにも旨みが詰まっているので鍋に加え、火にかけて軽くなじませる。塩、コショウで味をととのえてソースの完成。

［煮詰めたジュをソースのベースに］

1. ソースを単独で仕立てる場合は、ジュをあらかじめ煮詰めておき、他の材料と合わせる。写真は肝を使ったソースの例。煮詰めたジュと表面を焼いた肝をミキサーにかける。

2. なめらかになったらシノワで漉し、漉した液体を火にかける。血でリエする場合なども同様に行なう。

3. ソースに野菜の甘みやまろやかさがほしい場合は、少量のニンジンのピュレを加えるとよい。

トリュフ【Truffe】

フォワグラやキャヴィアと並び、トリュフはフランス料理に欠かせない素材。料理に華やかさや風味のメリハリを与えてくれるので、冬のシーズンはもちろんのこと、1年を通してコースの中に一度は登場させている。黒トリュフはフランス産を使用。香り高く、中のマーブル模様がはっきりしているものを選ぶ。以下は、私がよく用いるトリュフの加工品。ヴィネグレット・ド・トリュフは香りがとびやすいため使うたびに作るが、ピュレ・ド・トリュフはまとめて仕込み、真空包装して冷凍保存している。

ジュ・ド・トリュフ

トリュフを水と少しの塩で煮出したもの。市販品を使用する。ソースのベースや仕上げの風味づけに、また、ファルス（詰めもの）や付合せの香りづけに使うなどさまざまに用いる。右の写真のヴィネグレット・ド・トリュフのベースにも使用。

ヴィネグレット・ド・トリュフ

ジュ・ド・トリュフ30ccに塩、コショウをして味をととのえ、グレープシード油15ccとトリュフオイル（市販）15ccを加えて混ぜ合わせたもの。このまま前菜などのドレッシングに用いるほか、下のヴィネグレット入りピュレ・ド・トリュフにも使用。

ピュレ・ド・トリュフ

炒めたミルポワ（タマネギ200g、ニンジン、ポワロー、セロリ各100g）をジュ・ド・ヴォー1ℓで煮込み、漉したジュと黒トリュフのスライス500gを煮てミキサーにかけたもの。ソースにする時はここに生クリームを加え、バターでモンテする。右のヴィネグレット入りピュレ・ド・トリュフのつなぎにも使用。

ピュレ・ド・トリュフ（ヴィネグレット入り）

ジュ・ド・トリュフとトリュフオイル（市販）各50cc、ピュレ・ド・トリュフ25g、少量のレモン汁を合わせてかき混ぜ、塩、コショウで味をととのえたもの。トリュフのピュレで濃度をつけている。冷前菜のドレッシングやソース代わりに使用するのをはじめ、温製料理のソースにも使用。

フレッシュの保存について

フレッシュで入荷したトリュフは、すぐに使う場合は米をから煎りにして水分をとばし、冷ましたものにトリュフを入れ、冷蔵庫で保存する。トリュフの状態にもよるが、これで1週間ほど保存可能。また、オンシーズンにまとめて仕入れて保存する場合は、密閉できるビンにトリュフと少量の塩、ジュ・ド・トリュフを入れて蓋をし、ビンごと加熱して殺菌をする。こうすれば冷蔵庫で1年間ほど保存可能。また、真空包装するという手段もあるが、フレッシュは風味が落ちるためあまり勧められない。真空にかけた後に加熱するなら、それほど気にしなくてよい。

キャヴィア【Caviar】

キャヴィアは数年前からチョウザメを仕入れ、自家製している。始めた理由は、塩分濃度を調整できるため。通常のキャヴィアは4.5〜5％で、単体で味わったりフランスの力強い食材と合わせる場合は問題ないが、日本で作るフランス料理には少し塩辛い。私は単体で食べるのではなく、料理に使うことを意識して3％にしている。また、残った身は血抜きをしてから塩、コショウ、砂糖で1日マリネし、スモーク後に薄切りにしてアミューズとして提供する。また、腹の部分は牛乳で煮て、ミキサーにかけて魚のソースに使っている。

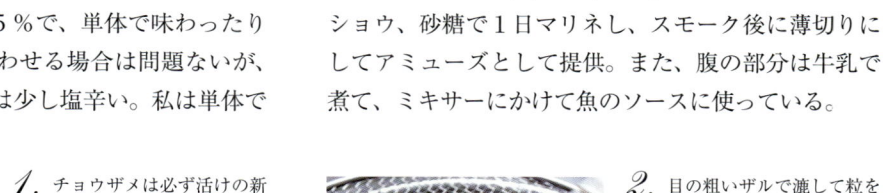

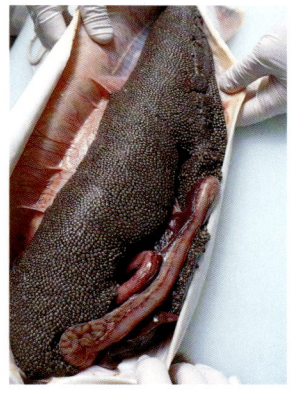

1. チョウザメは必ず活けの新鮮なものを使用。写真は体長1m、重さ7kg前後のもの。頭を叩いて気絶させ、尾を切り落として頚椎に太めの針金を刺す。尾のほうからハサミを入れて腹を開き、卵を取り出す。

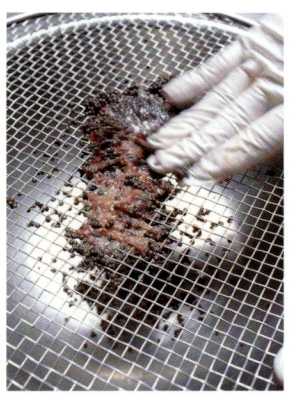

2. 目の粗いザルで漉して粒をばらす。粒の大きさや色には多少個体差がある。

3. 流水で洗い、卵の表面についた脂と水分を落とす。水が澄んでくるまで3〜4回は洗う。

4. 水気をきり、20分間ほど置く。この時のキャヴィアはごく淡い塩気があるものの、ほとんど味はない。食感もザラッとしている。

5. 卵の重さを図り、ボウルに移す。写真は1.4kgほど。重量の3％の岩塩をふり、スパチュール（ゴムベラ）などでかき混ぜる。

6. 塩を加えたことで、卵から多少水が出てくる。そこで水分を吸収するために、写真のようにペーパータオルを中央に挿す。ラップ紙をかぶせて冷蔵庫で半日間置き、味をなじませる（ペーパーは随時換える）。当日から料理に使えるが、すぐに使わないぶんは煮沸消毒したビンに入れて0℃で保存する。

鳥類の調理法 【Préparation des Volailles et des Gibiers】

フランス料理ではできるだけ素材を丸のまま用い、上手に使い切ることをよしとする。そのため、本書でも鳥類を中心に1羽丸ごと使い、さばいたら肉はローストに、ガラや首つるはソースに、内臓は付合せやソースの風味づけに……と一皿を仕立てていく例を多く紹介している。そのためここでは鴨を例に、基本的なさばき方とソースの仕立て方を紹介する。肉に負担を与えないよう、なるべく皮を多く残すように肉をさばき、皮付きのまま一度焼いてから胸肉をさばくのがポイント。こうすると身が縮まず、ジューシーな味が保たれる。

［鳥をさばく：鴨の例］

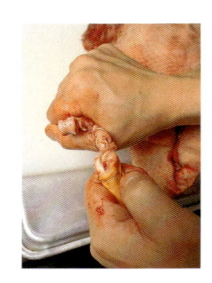

1. 鴨の脚の関節に包丁で切り込みを入れ、グルグルと回してスジを抜く。

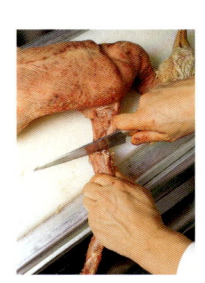

2. 手羽の先を関節から切り落とす。

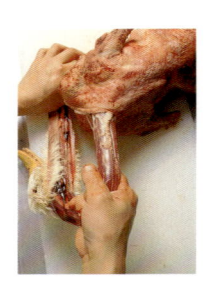

3. 背側の首の付け根に切り込みを入れ、頭にむかって包丁を進めて皮に切り込みを入れる。中の首肉（首つる）を取り出して切り落とす。

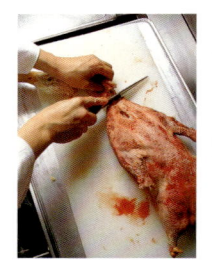

4. 残った頭と皮も切り落とす。取り出した首つるには旨みがあるので、ソースを作る際などに使用する。

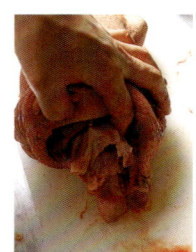

5. 頭を落とした部分から包丁を入れ、鎖骨（V字型の部分）をぐっと持ち出す。とうかい骨といわれるここを切り落とす。

6. 鴨の向きを変えてモモの付け根に切り込みを入れ、ぐっと開いて関節をはずす。モモを切り離す。

7. 手羽の付け根にも包丁を入れ、手羽をぐっと持ち上げて関節をはずす。できるだけ胸側に皮を残すように手羽を切り離す。

8. モモの付け根のほうから骨盤に沿って包丁を入れる。

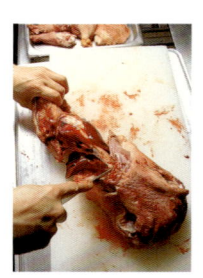

9. 骨盤を持ち、ぐっと内臓を引き出してレバーの先で切り落とす。

10. レバー、砂ずり、骨盤に切り分ける。砂ずりはスジを切り、掃除してコンフィにして付合せなどに使う。

11. 骨盤の内側についている腎臓を取り出す。腎臓には血が多いのでソースに使用する。

12. 内臓を抜いた鴨は、皮に切り込みを入れる（鴨の脂が厚いため。他の鳥には入れない）。厚手の鍋にグレスドワを引き、強火で皮目のみを焼く。

13. 皮を多く残すようにさばいているため、皮が肉をガードし、焼いても縮みにくい。皮目をリソレしたら取り出し、胸骨に沿って包丁を入れる。

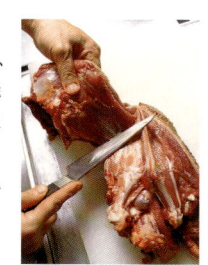

14. あばら骨に沿って切り進め、片側ずつ胸肉を切り離す。切り出した胸肉は余分な皮やスジを取り除き、ササミも切り分ける。

15. 胸肉をはずした後のガラ。余分なスジや肉は切り取り、ソース作りに使用する。

[ソースを仕立てる]

1. ガラ（→[鳥をさばく]写真15）をハサミで適宜の大きさに切る。固い部分は包丁を使う。

2. 鍋やボウルなど深さのある容器にガラを入れ、スパチュールやすりこぎなどでよくつぶして血を出す。少量の水を加えると後で血を絞りやすい。

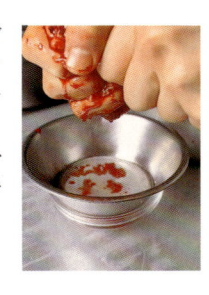

3. つぶしたガラを手でぎゅっと絞る。出てきた血は漉して取りおき、残ったガラはジュをとるのに使う。

4. 厚手の鍋にグレスドワを引き、3～4cm角に切った首つる、手羽元、ガラなどを入れてコロレする。この時、じっくり加熱するのがポイント。

5. 火が入ったらガラをいったん漉して脂をきる。ガラには完全に火が入っているため、油だけが外に出て、旨みはガラに残る。

6. ガラを鍋にもどし、ミルポワ（タマネギ、ニンジン、ポワロー）とひたひたの水を加える。沸いたらアクをとりながら、3～4時間煮出してジュとする。

7. レバーでソースに濃度をつける場合は、塩、コショウをして表面をさっと焼いておく。焼くことで臭みを消す。

8. 煮出したジュに焼いたレバーと3で取りおいた血を加え、さっとひと煮たちさせる。血は煮過ぎると凝固してボソボソとした食感になるので注意。

9. シノワで漉し、もう一度加熱する。塩、コショウで味をととのえてソースの完成。

6 章

軽さの料理

Les Menus Légers

■アミューズ
■冷前菜
■温前菜
■魚料理
■肉料理
■デザート
■野菜料理

これまで取り上げてきたテクニックを踏まえ、
実際にそれをどのように料理に反映し、
軽やかな一皿を仕立てるか――
ここからはその具体例を紹介する。
掲載した125品は、いずれも実際に
レストランで提供しているもの。
それをフランス料理のコースの構成に沿って
アミューズからスタートし、冷前菜、温前菜、
魚、肉、デザートの順に掲載。
各料理の作り方と軽さのポイントを書き添えた。
また、とくに野菜を重視して仕立てた皿は、
「野菜料理」として最後にまとめている。

アミューズ

Amuse bar

Amuse bouche

アミューズ(amuse)は、端的に言えばおつまみ。
アミューズ・バール、またはアミューズ・グールは
ポンと口に入る、手を汚さないひと口サイズのものを、
アミューズ・ブーシュはもう少し手をかけた、
ポーションを増やせば前菜にもなりうるものを意識。
レストランを最初に印象づけるものとして、
自分たちの世界へぐっと引き込む一皿を提供したい。

アミューズ・バール
Amuse bar

バースペースを併設する店では
そこでアペリティフを飲みながら。
または着席し、メニューを眺めながら
料理を選ぶ際につまむ、最初のひと口。
手を汚さずさっと食べられるものを。

平目のマリネのスプーン盛り

昆布締めにしたヒラメにシャキシャキの
キュウリ、トビウオの卵を混ぜ合わせた
タルタル。ルーコラを添えて爽やかさを
プラス。このままひと口で食べてもらう。

鮑と2種類の
アスパラガスのスプーン盛り

肝のピュレをからめたアワビを、ホワイト
とグリーンのアスパラガスと一緒にスプー
ンに盛り合わせた。生のまま使ったグリー
ンアスパラガスが食感のアクセント。

ウズラの卵と
おかひじきのクリーム和え、
ニンニク風味

フイユタージュ生地のタルトレットにさっ
とゆでたオカヒジキとウズラの卵のポーチ・
ド・エッグをのせて。上からかけたニンニ
クのピュレが味わいのポイント。

ラパンのレバーのタルトレット

ニンニク風味のクリームで和えたニンジン、
カブ、クールジェットをタルトレットに詰め、
ラパン(家ウサギ)のレバーのソテーを添え
た。野菜の食感でレバーを爽やかに食べさ
せる。

雲丹とトリュフ風味の
かき卵の小さいブーシェ

ジャガイモをつぶして作るタルトレットに
スクランブルエッグとウニをのせた、まろ
やかなひと口。ウニの独特の香りにはジャ
ガイモの香ばしさがよく合う。

生ハム巻き自家製パテ、
木の実添え

ドライフルーツをたっぷり使った自家製の
パテ・ド・カンパーニュを、生ハムで巻いた
濃厚なアミューズ。クルミやピスタチオの
食感とクリームチーズの爽やかさを添えて。

牛肉のたたき仕立て、
クリームチーズ和え、
黒胡椒の効いた
パルメザンのアリュメット

ハーブを混ぜたクリームチーズを、たたき
風の牛肉で筒状に巻いた。黒コショウを効
かせたパルミジャーノのチップを添えて、
味と食感のアクセントに。

"クルブ"——
パンデピス、フォワグラ、トリュフ、
サヤインゲン、リンゴの
コンポートのキャラメリゼ

フォワグラ、黒トリュフ、パンデピスを重
ねた、レストランらしいアミューズ。間に
挟んだサヤインゲンとリンゴのソテーが彩
りと味わいのアクセント。パンデピスがフ
ォワグラの濃厚さをぐっと引き立てる。

アミューズ・ブーシュ
Amuse bouche

前菜が運ばれるまでの小さな皿は、
後に続く料理を期待させる、
いわば予告編のようなもの。
ひと口、ふた口の中に
店の魅力をぎゅっと凝縮させて。

ブルターニュ産オマールの
ミ・キュイとバジル風味のリコッタチーズ

中を半生に仕上げたオマールに、バジルを混ぜたリ
コッタチーズ、トマト、オリーブを組み合わせて。
周りに散らした赤い粒は、オマールの卵を自然乾燥し、
カレー風味のスパイスをからめたもの。

蟹と赤座海老のデュオ、
オゼイユとニンジンのソース

タラバガニとラングスティーヌ、ドライトマト、パースニップ（白ニンジン）で作るテリーヌを、2種類のソースで味わう。乾燥させたオレンジの皮の粉末、ニンジンの葉とチップを添えて。

アボカドで巻いた赤座海老と
カレー風味のタマネギ、赤ピーマンのプルプ

ラングスティーヌとカレー風味のタマネギのフォンデュを、アボカドで巻いて蒸し上げた。焼いた赤ピーマンをミキサーにかけただけの、シンプルながら味が凝縮したソースを添えて。

蟹とエンドウ豆の香草オイルと乾燥トマト和え、
香草サラダとトリュフ

蒸した毛ガニのほぐし身と、ドライトマトとミント、ミントのオイルで風味をつけたエンドウ豆の組合せ。ソースはカニミソをミキサーにかけ、さっと火を入れたもの。赤と緑の色合いも目を惹く一皿。

蟹のほぐし身を包んだ復元トマト

コンカッセにしたトマトで包んだのは、毛ガニをほぐした身にバジルとカニミソを混ぜ合わせたもの。トマトを布漉ししてとった透明なジュのジュレをソース代わりに添えて。

真鯛とカブラの甘酢漬け、
鮑とキュウリの手毬仕立て、カブラのソース

アワビのソテー、カブの甘酢漬け、生のキュウリを合わせてアワビの肝で和えたものを、マリネした鯛で包んだ。カブとミルポワをスュエし、ミキサーにかけたソースとカブの葉を添えて。

帆立貝柱のポンポネット、カリフラワーの
マリネ詰め、カリフラワーと雲丹のソース

イカとウニ、グレック(ギリシャ風野菜のマリネ)の漬け汁に漬けたカリフラワーを、ホタテ貝柱で包み、軽くあぶって香ばしさを出した。下に敷いたのはカリフラワーのピュレとウニのソース。

ポテトとセロリラヴを詰めたソーモン・フュメの
ピラミッド、エストラゴンソースと野菜のテュイル

ピラミッド型のスモークサーモンの中身は、レモン汁で和えたセロリラヴ、スモークサーモン、リンゴ。エストラゴンとマヨネーズの爽やかなソースとパリパリのジャガイモで食べやすく。

ウズラの卵のポシェ、ホロホロ鳥の
ほぐし身とそのソース、パリパリポテト添え

ホロホロ鳥のジュでじっくり煮込んだモモ肉とウズラの卵のポシェが主役。ホロホロ鳥のジュにマスタードで風味をつけたソースを添えて。ジャガイモのテュイルが食感のアクセント。

びっくりトリュフ、
トリュフのジュレ

丸ごと入った(!)トリュフが強烈なインパクトを与える一皿。これは実は、加熱したフォワグラにトリュフをまぶしつけたもの。ジュレにもトリュフの香りをつけた、贅沢なアミューズ。

メロンのスープとグラス、
エストラゴン風味

メロンとティオペペ(シェリー酒)、塩だけで作る、シンプルで爽やかなアミューズ。のどごしのよいスープとソルベが、まるでカクテルのような印象の、暑い季節向きの一皿。

的矢牡蠣のポシェ、レモンのジュレと
ジュンサイ、シソ、パセリ

カキのポシェ、ジュンサイ、レモンのジュレという、つるんとした食感の組合せが食欲をそそる一品。レモンのコンフィやシソ、パセリを薬味代わりに添えて爽やかな印象に仕上げている。

軽い野菜のジュレとニンジンの
ギモーヴ仕立て、甲殻類のフイユテ添え

野菜とオレンジを煮出したジュの爽やかなジュレに、ニンジンのピュレをサイフォンで絞り出した。ニンジンのふんわりした食感とジュレのなめらかさを、甲殻類のパイがいっそう引き立てる。

アミューズ・バール
Amuse bar

平目のマリネのスプーン盛り
【作り方】（10皿分）
■ ヒラメのマリネ（分量は作りやすい量）
　ヒラメのフィレ1.5kgにマリネ用の塩*40gをふり、一晩マリネする。水洗いし、水気を拭く。E.V.オリーブ油60ccを注ぎ、一晩マリネする。油を拭き、板昆布で挟んで真空にかけ、一晩おく。翌日、ブリュノワーズに切る。
■ 仕上げ
　キュウリ30gをヒラメと同じ大きさにきざむ。ヒラメ200gとキュウリ、トビウオの卵10gを混ぜ、バルサミコ酢、E.V.オリーブ油で和える。スプーンにのせ、ルーコラの葉を散らす。
＊セル・マラン（乾燥させたもの）1kg、上白糖160g、白コショウ20gを合わせたもの。そのうち40gを使用。

鮑と2種類のアスパラガスのスプーン盛り
【作り方】（10皿分）
■ アワビ
1. アワビ1個（300g）を殻からはずし、身と肝に分ける。身の表面に格子状に包丁を入れ、水気を拭いて塩、コショウする。銅鍋にグレスドワを引き、包丁を入れた面を下にして入れる。すぐに裏返して火からおろし、蓋をして5分間蒸らす。厚さ5mmにスライスする。
2. アワビの肝1個をミキサーにかけ、バルサミコ酢5cc、E.V.オリーブ油20ccを加えて乳化させる。シノワで漉して塩、コショウをし、軽く温めてレモンのヴィネグレット（→46頁）少量を加える。1のアワビと和える。
■ 2種類のアスパラガス
　ホワイトアスパラガス10本とグリーンアスパラガス3本の皮をむく。ホワイトアスパラガスは塩と牛乳を入れた湯で柔らかくゆで、穂先を薄く切る。軸はミキサーにかけてピュレにし、シノワで漉して塩、コショウをする。グリーンアスパラガスは生のまま穂先を薄く切り、冷水に浸ける。
■ 仕上げ
　スプーンにホワイトアスパラガスのピュレを敷き、アワビと2種類のアスパラガスを盛る。

ウズラの卵とおかひじきのクリーム和え、ニンニク風味
【作り方】（10皿分）
■ ウズラの卵
　酢を入れた湯にウズラの卵10個を割り入れ、ポシェする。
■ オカヒジキのクリーム和え
　オカヒジキ30gを塩ゆでする。生クリーム100ccを半量程度まで煮詰め、ニンニクのピュレ（→29頁）15gを加え混ぜる。塩、コショウで味をととのえる。
■ タルトレット
　フイユタージュ生地（→228頁）50gを薄くのばし、タルトレット型に敷く。170℃のオーブンで約10分間焼く。
■ 仕上げ
　タルトレットにオカヒジキとウズラの卵をのせ、オカヒジキを和えたクリームをかける。

ラパンのレバーのタルトレット
【作り方】（10皿分）
■ ラパンのレバー
　ラパン（ウサギ）のレバー150gをひと口大に切り、塩、コショウをする。グレスドワで色づけるようにソテーする。
■ 野菜のクリーム和え
　ニンジン、カブ、クールジェット各50gをそれぞれブリュノワーズに切り、塩ゆでする。生クリーム100ccを半分に煮詰め、ニンニクのピュレ（→29頁）15gを加え混ぜる。塩、コショウをし、野菜を和える。
■ タルトレット
　フイユタージュ生地（→228頁）50gを薄くのばし、タルトレット型に敷く。170℃のオーブンで約10分間ほど焼く。
■ 仕上げ
　タルトレットに野菜を入れ、ラパンのレバーをのせる。

雲丹とトリュフ風味のかき卵の小さいブーシェ
【作り方】（10皿分）
■ ウニ
　ウニ2個の殻をはずし、中のジュで身をさっと洗う。
■ トリュフ風味のかき卵
　卵1個を溶き、牛乳10ccとジュ・ド・トリュフ5ccを加え混ぜる。塩、コショウをし、バターを引いたフライパンでスクランブルエッグを作る。
■ タルトレット
　岩塩を敷いた皿にジャガイモ2個（450g）をのせ、160℃のオーブンで約40分間加熱する。皮をむき、つぶす。塩、コショウで調味し、オリーブ油12ccを加える。これをオーブンシートに挟んで薄くのばし、タルトレット型に敷く。重しとして同じ型を上からのせ、140℃のオーブンで約10分間焼く。
■ 仕上げ
　タルトレットにスクランブルエッグを入れ、ウニをのせる。

生ハム巻き自家製パテ、木の実添え
【作り方】
■ パテ・ド・カンパーニュ（分量は作りやすい量）
　ベーコン2.3kgと豚肩肉4kg、鶏胸肉1.35kgを粗挽きに、背脂1.35kgとフォワグラ900gを1cm角に切る。鶏レバー900gは塩、コショウをして強火でソテーし、ブリュノワーズに切る。以上と卵8個、キャトルエピスとナッツメッグ各1g、セロリソルト（セロリシードと塩を混ぜたもの）とジンジャーパウダー各2g、塩20g、コニャックとポルト酒各180cc、ドライフルーツ（レーズン、アプリコット、イチジク各500g）を混ぜ合わせる。2cmほどの太さの筒状に形を整え、ラップ紙で包む。真空にかけ、68℃のスチームコンベクションオーブンで30分間ほど蒸す。粗熱をとり、冷蔵庫で味をなじませる。
■ 仕上げ（10皿分）
　生ハム15枚前後を広げ、パテ・ド・カンパーニュ200gを包む。2.5cm幅に切って皿に盛る。なめらかな状態にしたクリームチーズを絞り、クルミ、ピスタチオ、ノワゼットを添える。

牛肉のたたき仕立て、クリームチーズ和え、黒胡椒の効いたパルメザンのアリュメット
【作り方】（10皿分）
■ 牛肉のたたき、クリームチーズ和え
1. 牛ロース肉300gに塩、コショウをし、表面に焼き色をつける。オリーブ油30ccとともに真空にかけ、68℃のスチームコンベクションオーブンで約30分間加熱する。パックごと氷水に落として急冷する。
2. エストラゴン、ディル、イタリアンパセリ、セルフイユ各5gをアッシェにし、クリームチーズ100gに混ぜる。塩、コショウで味をととのえる。
3. 牛肉を薄くそぎ切りにし、ラップ紙に広げる。クリームチーズを絞る。筒状に巻き、冷蔵庫で冷やす。2.5cm幅に切る。
■ パルメザンのアリュメット
　パルミジャーノのすりおろし150g、卵白40g、ブール・クラリフィエ15gを混ぜる。6cm×1cmのシェブロン型にごく薄くのばし、黒コショウをふり、160℃のオーブンで約5分間焼く。
■ 仕上げ
　皿に牛肉のたたきを盛り、アリュメットを添える。

"クルブ"――パンデピス、フォワグラ、トリュフ、サヤインゲン、リンゴのコンポートのキャラメリゼ
【作り方】（5.3×13.8×3.5cmの型1台分）
■ クルブ
1. 常温にもどし、簡単に掃除したフォワグラ600gの全体に塩、白コショウをふり、形が崩れないようにラップ紙で包む。冷蔵庫で1時間ほどマリネしてから真空にかける。68℃のスチームコンベクションオーブンで、芯温が52℃になるまで蒸す。パックのまま氷水に入れ、急冷する。厚さ5mmに切り分ける。
2. パンデピスは厚さ2mmに、トリュフは厚さ1mmにスライスする。サヤインゲンは柔らかく塩ゆでし、リンゴは厚さ5mmにスライスしてブール・クラリフィエでソテーする。
3. 型にパンデピス→フォワグラ→サヤインゲン→フォワグラ→トリュフ→リンゴ→パンデピス→フォワグラ→サヤインゲン→フォワグラ→トリュフ→パンデピスの順に詰めて冷やす。
■ 仕上げ
　提供時にクルブをひと口大に切り、串に刺す。

アミューズ・ブーシュ
Amuse bouche

ブルターニュ産オマールのミ・キュイとバジル風味のリコッタチーズ
【作り方】（6皿分）

■ オマールのミ・キュイ
　オマール1尾を殻つきのまま爪、胴体に分ける。火を入れた時に曲がらないよう尾に串を打つ。100℃のスチームコンベクションオーブンで6分間蒸し、殻をはずして身をメダイヨンに切る。オマールの卵を3日間自然乾燥させ、タミで漉して粒をほぐす。ミックススパイス（カレー粉、ターメリック、パプリカ、コリアンダー、カイエンヌペッパー）をからめる。

■ バジル風味のリコッタチーズ
　リコッタチーズ120gにレモン汁15cc、ジュリエンヌに切ったバジル2枚を混ぜる。

■ 仕上げ
　フルーツトマト2個を湯むきし、種を取り除いてバトネに切る。黒オリーブ9粒もバトネに切る。皿にオマールを1切れ置き、フルーツトマトと黒オリーブを交互に並べる。オマールをもう1切れのせ、リコッタチーズをスプーンですくってのせる。チーズに黒オリーブを挿し、オマールの卵を散らす。

蟹と赤座海老のデュオ、オゼイユとニンジンのソース
【作り方】（5.3×13.8×3.5cmの型1台分）

■ カニと赤座エビのデュオ
1. タラバガニの脚4本の殻をはずし、真空包装して約3分間蒸す。ラングスティーヌ（赤座エビ）6本の頭と殻をはずし、身を真空にかけて約3分間蒸す。パースニップ（白ニンジン）1本は、ブール・クラリフィエとバターで水分をとばすように炒め、カルダモン（ホール）2粒を入れたオレンジ果汁100ccで煮る。
2. テリーヌ型にカニ、ラングスティーヌ、パースニップ、半分に切ったセミドライトマト10枚を詰め、冷やし固める。

■ オゼイユとニンジンのソース
1. オゼイユ20g、マヨネーズ100g、レモン汁10ccをミキサーにかけ、シノワで漉す。オゼイユの量は色を見て加減する。
2. トマト1個をミキサーにかけ、シノワで漉してジュをとる。これとすりおろしたニンジンの絞り汁800cc、オレンジ果汁300ccを鍋に入れ、塩をふって火にかける。200ccまで煮詰める。

■ ニンジンの葉のサラダ
　アニスとカルダモンを160℃のオーブンに入れ、香りが出たら85℃に温めたグレープシード油に入れ、一晩おいて香りを移す。これでニンジンの葉を和える。

■ 仕上げ
　皿にオゼイユとニンジンのソースを流す。切り出したテリーヌをのせ、ニンジンのチップ（ニンジンをスライスし、シロップをぬってオーブンで乾燥させたもの）を立てかける。ニンジンの葉とオレンジの粉末（オレンジの皮を95℃のオーブンで乾燥させ、ミキサーにかけて粉末状にしたもの）を添える。

アボカドで巻いた赤座海老とカレー風味のタマネギ、赤ピーマンのプルプ
【作り方】（6皿分）

■ アボカドで巻いた赤座エビ
1. ラングスティーヌ4尾の頭と殻をはずし、カレー粉で風味をつけたタマネギのフォンデュ20gを2尾で挟む。
2. アボカド1個の種をとり、薄くスライスする。広げたラップ紙に少しずつ重なるように並べる。フォンデュを挟んだラングスティーヌをのせ、これを芯にして包む。真空包装にかけ、80℃のスチームコンベクションオーブンで約15分間加熱する。自然に冷まし、幅2.5cmに切る。

■ 赤ピーマンのプルプ
　岩塩を敷き詰めた皿に赤ピーマン1個をのせ、160℃のオーブンで約40分間焼く。厚手のビニール袋に入れて蒸らし、薄皮をむいて種を取る。ミキサーにかけてピュレにし、漉す。塩、コショウで味をととのえる。

■ 仕上げ
　皿にプルプを敷き、アボカドで巻いた赤座エビをのせる。

蟹とエンドウ豆の香草オイルと乾燥トマト和え、香草サラダとトリュフ
【作り方】（10皿分）
■ カニとエンドウ豆の香草オイルと乾燥トマト和え
1. 活けの毛ガニ1杯を10分間ほど蒸す。殻をはずして身をほぐす。カニミソはミキサーにかけて塩、コショウをし、シノワで漉す。火にかけてカニミソに火を入れてソースとする。
2. エンドウ豆100gを塩ゆでし、薄皮をむく。半分は裏漉しし、残りと合わせる。ミントオイル（→254頁）5cc、セミドライトマト1個とミント10枚のアッシェを加え、塩、コショウをする。

■ ハーブとトリュフのサラダ
エストラゴン、セルフイユ、イタリアンパセリ、ディルを細かくちぎり、ジュリエンヌに切ったトリュフと合わせる。レモンのヴィネグレット（→46頁）8ccで和える。

■ 仕上げ
セルクルにカニのほぐし身、カニミソのソース少量、エンドウ豆の順に詰める。皿にカニミソのソースを敷き、セルクルをのせて抜く。ハーブとトリュフのサラダを添える。

蟹のほぐし身を包んだ復元トマト
【作り方】（10皿分）
■ 復元トマト
1. フルーツトマト5個を湯むきし、種を取り除いてコンカッセにする。吸水シートにのせて水分を抜く。
2. 活けの毛ガニ1杯を約10分間蒸す。殻をはずし、身をほぐす。カニミソはミキサーにかけ、塩、コショウをしてシノワで漉す。火にかけ、カニミソに火を入れる。カニの身とバジルのジュリエンヌ4枚分、カニミソを混ぜ合わせる。
3. ラップ紙にトマトのコンカッセを平らに広げる。中心に2のカニの身をのせ、茶巾の要領で丸く整える。

■ トマトのジュレ
トマトのジュ（トマトをミキサーにかけ、ペーパーで漉した透明なジュ）750ccを1/3量まで煮詰める。ゼラチン3gを加え、冷やす。固まったらかき混ぜてなめらかにする。

■ 仕上げ
皿にトマトのジュレを流し、復元トマトを盛る。トマトのクロッカン（→52頁）と油で揚げたバジルの葉を添える。

真鯛とカブラの甘酢漬け、鮑とキュウリの手毬仕立て、カブラのソース
【作り方】（10皿分）
■ 真鯛とカブラの甘酢漬け、鮑とキュウリの手毬仕立て
1. 真鯛のフィレ1.5kgにマリネ用の塩*40gをふり、冷蔵庫で一晩マリネする。水で塩を洗い、水気を拭いてオリーブ油60ccを注いでさらに一晩マリネする。このうち200gを使用。
2. 水と白ワインヴィネガー各180cc、砂糖40g、タカノツメ1/2本、塩5g、白粒コショウ5粒を沸かし、冷ます。これにブリュノワーズに切ったカブ30gを漬ける。
3. アワビ1個（300g）の殻をはずし、身と肝に分ける。身の表面に格子状に包丁を入れ、塩、コショウをする。銅鍋にグレスドワを引き、包丁を入れた面を下にしてソテーする。すぐに裏返し、火からはずして蓋をして約5分間蒸らす。ブリュノワーズに切る。
4. アワビの肝1個分をミキサーにかけ、バルサミコ酢5ccを加える。E.V.オリーブ油20ccを加えて乳化させ、シノワで漉す。塩、コショウをし、火にかけて軽く温める。仕上げにレモンのヴィネグレット（→46頁）を加える。このソースで3のアワビと2のカブの甘酢漬け、ブリュノワーズに切ったキュウリ30gを和える。
5. 真鯛を薄くスライスし、広げる。ゆでた芽キャベツの葉、肝のソースで和えたアワビ、カブ、キュウリをのせて包む。

■ カブのソース
タマネギ100gとポワロー100gをスライスし、塩をふってバターでスュエする。カブのスライス500gを加えてさらに炒め、ミキサーでピュレにし、シノワで漉す。塩、コショウをする。

■ 仕上げ
皿にカブのソースを流し、真鯛とカブラの甘酢漬け、鮑とキュウリの手毬仕立てを盛る。カブの葉を添える。

*セル・マラン（乾燥させたもの）1kg、上白糖160g、白コショウ20gを合わせたもの。そのうち40gを使用。

帆立貝柱のポンポネット、カリフラワーのマリネ詰め、カリフラワーと雲丹のソース
【作り方】（10皿分）

■ 帆立貝柱のポンポネット
1. イカ1杯を掃除してブリュノワーズに切る。カリフラワー1/3個の花蕾をほぐし、ブール・クラリフィエで水分をとばすようにじっくり炒め、グレックの漬け汁（→169頁）30ccとアサリの蒸し汁30ccで煮含める。イカ、ウニ3個、カリフラワーをざっと混ぜる（①）。
2. ホタテ貝柱15個を、1個あたり6枚に切る。ラップ紙にホタテ貝柱を9枚並べ、①をのせる。茶巾に包んでラップ紙をはずし、バーナーで焼き目をつける。

■ ウニのソース
　ウニ2個（100g）をミキサーにかけてシノワで漉す。ジュ・ド・クリュスタッセ（→90頁）50ccを加え、火にかける。沸いたら塩、コショウで味をととのえる。

■ カリフラワーのソース
　タマネギのスライス100gに塩をふり、バターでスュエする。カリフラワー350gとトピナンブール100gのスライスも加え、炒める。フードプロセッサーにかけてピュレにし、シノワで漉す。塩、コショウで味をととのえ、冷やしておく。

■ 仕上げ
　皿にカリフラワーのソースを敷き、周りにウニのソースを流す。ホタテ貝柱のポンポネットをのせ、氷水にさらしたカリフラワーのスライスとキャヴィアをのせる。

ポテトとセロリラヴを詰めたソーモン・フュメのピラミッド、エストラゴンソースと野菜のテュイル
【作り方】（10皿分）

■ ソーモン・フュメのピラミッド
　スモークサーモン100g、セロリラヴ50g、リンゴ50gをブリュノワーズに切る。セロリラヴは塩、コショウをし、オリーブ油で柔らかくなるまで炒める。以上をレモン汁15ccで和える。ピラミッド型（底辺の一辺が6cm×高さ4.5cm）の内側にスモークサーモンを2枚ずつ貼りつけ、サーモン、セロリラヴ、リンゴを詰める。

■ エストラゴンのソース
　マヨネーズ100g、エストラゴン20g、レモン汁10ccをミキサーにかけ、シノワで漉す。

■ ジャガイモのテュイル（分量は作りやすい量）
　ジャガイモ100g、ポワロー50g、ニンジン50gをすべてジュリエンヌに切り、溶かしたブール・クラリフィエにざっとからめる。塩、コショウをし、シリコンシートに薄く平らに広げる。上からもシリコンシートをのせて重しとし、138℃のオーブンで約30分間焼く。三角形に切る。

■ 仕上げ
　皿にエストラゴンのソースを流し、ソーモン・フュメのピラミッドをのせる。ジャガイモのテュイルを4枚添える。

ウズラの卵のポシェ、ホロホロ鳥のほぐし身とそのソース、パリパリポテト添え
【作り方】（10皿分）

■ ウズラの卵のポシェ
　ウズラの卵20個を、酢を入れた湯でポシェする。

■ ホロホロ鳥のほぐし身とソース
　ホロホロ鳥1羽分のガラ、スジ、スネ肉を細かくきざみ、クルミ油で炒める。ブリュノワーズに切ったタマネギ、ニンジン、セロリ各50gを加え、水1.5ℓを注いで約3時間煮出す（①）。モモ肉1羽分をクルミ油でソテーし、①のジュで2時間煮る。モモ肉の骨をはずし、肉の半分は取りおき（②）、残りはほぐして付合せにする。
　クルミ油でマスタード10gを炒め、①のジュ150ccを加えて半量まで煮詰める。②のモモ肉とジュに使ったニンジンを加え、ミキサーにかけて塩、コショウをしてソースとする。

■ パリパリポテト
　岩塩を敷き詰めた皿にジャガイモ2個（450g）をのせ、160℃で約40分間焼く。皮をむいてつぶし、塩、コショウ、オリーブ油を加えてなめらかにする。オーブンシートに薄く広げ、160℃のオーブンで約15分間焼く。三角形に切る。

■ 仕上げ
　皿にホロホロ鳥のソースを流し、中央にほぐしたモモ肉を盛る。上にウズラの卵をのせ、パリパリポテトを添える。

びっくりトリュフ、トリュフのジュレ
【作り方】（10皿分）
■ びっくりトリュフ
　フォワグラ600gを室温にもどし、簡単に掃除する。全体に塩と白コショウをふり、ラップ紙で包み、約1時間マリネする。真空包装にし、68℃のスチームコンベクションオーブンで芯温が52℃になるまで加熱する。氷水に落として急冷する。タミで漉し、15gずつ丸める。黒トリュフのアッシェをまぶす。
■ トリュフのジュレ
　鶏のコンソメ500cc、黒トリュフ50g、ジュ・ド・トリュフ100ccを沸かし、アクをとる。ガラス製の密閉容器に移して70℃の湯煎で約1時間加熱する。粗熱をとり、冷蔵庫で冷やす。
■ 仕上げ
　グラスにジュレを注ぎ、びっくりトリュフをのせる。

メロンのスープとグラス、エストラゴン風味
【作り方】（10皿分）
■ メロンのスープ
　メロン1/2個を半分に切り、種を除いて皮をむく。ミキサーにかけ、ティオペペ（シェリー酒）15ccを加え、塩で味をととのえる。
■ メロンのグラス
　メロン1/2個を半分に切り、皮をむいて種を除く。ティオペペ15ccと塩をふり、パコジェットの容器に詰める。冷凍庫で凍らせ、提供時にパコジェットにかけてグラスとする。
■ 仕上げ
　ガラスの器にメロンのスープを流し、グラスをのせる。エストラゴンのアッシェを散らす。

的矢牡蠣のポシェ、レモンのジュレとジュンサイ、シソ、パセリ
【作り方】（10皿分）
■ カキのポシェ
　カキ10個の身を、殻に入っていたジュで軽く温める。
■ カキのソース
　カキの身3個とカキのジュ適量、バルサミコ酢少量をミキサーにかけ、E.V.オリーブ油20ccを加えて乳化させる。シノワで漉し、塩、コショウで味をととのえる。
■ レモングラスのジュレ
　レモン汁70cc、水1ℓ、砂糖25g、レモンの皮1/2個分、塩を沸かし、細かくきざんだレモングラス1本を加えて火を止め、蓋をして香りを移す。漉し、ゼラチン12gを加えて冷やし固める。
■ レモンのコンフィ
　レモン10個の皮に切り込みを入れ、砂糖525g、塩335gとともに密閉容器に入れて室温に置く。溶けたら冷蔵庫で保存する。
■ レモンのジュレ
　レモンヴィネガー（市販）300ccを火にかけ、アガルアガル（海藻が原料の凝固剤）3g、ゼラチン2gを加え溶かし、冷やしてジュレとする。
■ 仕上げ
　器にカキのポシェを入れ、カキのソースとレモングラスのジュレを流す。ジュンサイ、レモンのジュレ、きざんだレモンのコンフィを散らす。ルーコラのピュレと芽ジソを添える。

軽い野菜のジュレとニンジンのギモーヴ仕立て、甲殻類のフイユテ添え
【作り方】（15皿分）
■ 野菜のジュレ
　タマネギ1個、セロリ2本、ポワロー、フヌイユ、ニンジン、クールジェット各1本をすべて半分に切る、オレンジ1個は搾り、もう1個は果肉と皮に分ける。以上を鍋に入れ、アクをとりながら約2時間煮る。漉し、ゼラチン15gを加えて冷やし固める。
■ ニンジンのギモーヴ
　ニンジン300g、ショウガのスライス5gをミキサーにかけ、塩少量とともに半量まで煮詰める。漉してアガルアガル1.5gを加え溶かし、生クリーム150cc、塩、コショウを加える。サイフォンに入れてガスを充填し、65℃の湯煎で保温する。
■ 甲殻類のフイユテ
　0.8cm×7cmに切ったパートブリック（市販）を60枚用意する。カニのソース*を挟み、160℃のオーブンで8～10分間焼く。
■ 仕上げ
　器にジュレを流し、冷やし固める。ニンジンのギモーヴを絞る。甲殻類のフイユテを添える。
*155頁「ワタリガニのヴルーテ」のスープと同じもの。

冷前菜

Hors-d'œuvre froids

アントレ(entrée)とも言われるように、
料理として最初に提供するのが冷たい前菜。
意識するのはいかに味覚を呼び起こし、次の皿につなげるか。
スパイスやヴィネガーで味のバリエーションを広げることも多い。
また、食べ手を自分たちの世界に一気に引き込むためにも、
前菜では盛りつけの美しさも重視する。
なお、ここでは常温に近いティエド(tiède)の皿も含んでいる。

野菜のコンポジション、
テリーヌ仕立て
Composition potagère en terrine
à l'émulsion d'huile de noisette

24種類の野菜だけで仕立てた鮮やかなテリーヌ。
野菜は個別に調理し、それぞれ味を凝縮させてから型に詰める。
ゼラチンなどは使わず、真空機で圧力をかけることで寄せ、
ナチュラルな味に仕立てた。野菜とオマールの旨みが
詰まったノワゼット風味のドレッシングソースを添えて。

野菜のコンポジション、テリーヌ仕立て
Composition potagère en terrine à l'émulsion d'huile de noisette

【材料】

■ テリーヌ
(22.5×8.5×14cmのテリーヌ型1台分)

材料	分量
ホウレン草	2束
グリーンアスパラガス	10本
サヤインゲン	12本
ポワロー	1本
┌ 水	少量
└ 重曹	ポワローの重量の3%
アンディーヴ	1個
┌ 水	少量
│ 塩	少量
└ アスコルビン酸*	少量
クールジェット	1本
タマネギ	1個
ビーツ	1/2個
ナス	1/2本
岩塩	適量
赤・黄ピーマン	各1.5個
┌ シェリーヴィネガー	少量
│ ノワゼット油	少量
└ 塩	少量
赤タマネギ	1個
┌ 赤ワインヴィネガー	60cc
└ 赤ワイン	180cc
姫ダイコン	5本
┌ グレックの漬け汁(→169頁)	80cc
└ アサリのジュ(蒸し汁)	20cc
カブ	1.5個
└ ジュ・ド・ヴォー(→87頁)	30cc
姫ニンジン	5本
┌ オレンジジュース	100cc
└ アニス	1個
カリフラワー	1株
┌ ミックススパイス*	適量
│ カボチャ	1/5個
│ バルサミコ酢	20cc
└ E.V.オリーブ油	5cc
トピナンブール	3個
ジュ・ド・プーレ(→89頁)	30cc
ムカゴ	20個
タイム	1本
ニンニク	1/2カケ
ブール・クラリフィエ	180cc
ジャガイモ	1個
ローズマリー	1本
ニンニク	1/2カケ
ブール・クラリフィエ	180cc
紅芯ダイコン	1/3個
塩	少量
白ワインヴィネガー	20cc
E.V.オリーブ油	7cc
セロリラヴ	1/5個
塩	少量
リンゴジュース	20cc
E.V.オリーブ油	20cc
紫キャベツ	1/5個
塩	少量
赤ワインヴィネガー	180cc
オリーブ油	30cc
赤ワイン	60cc
リンゴ	1個
プティトマト	12個
タイム	2本
ニンニク	1カケ
E.V.オリーブ油	30cc
ブール・クラリフィエ	適量
バター	適量
塩、コショウ	各適量

■ ソース (下記のうち40cc使用)

材料	分量
タマネギ	2個
セロリ	2本
セロリラヴ	1/4個
フヌイユ(葉の部分)	1/4束分
ニンジン	1本
水	4ℓ
ジュ・ド・オマール(→90頁)	1ℓ
ノワゼット油	360cc
シェリーヴィネガー	30cc

*アスコルビン酸はビタミンC。野菜の色を白く保つために加える。

*ミックススパイスはカレー粉、ターメリック、パプリカ、コリアンダー、カイエンヌペッパーの粉末をブレンドしたもの。

【作り方】
■ 野菜のテリーヌ

1. ホウレン草、グリーンアスパラガス、サヤインゲンをそれぞれ塩ゆでし、ショックフリーザー*で急速冷却する。
2. ポワローは少量の水と重曹とともに真空包装し、95℃のスチームコンベクションオーブンで15分間加熱する。真空パックごと氷水に落とし、色止めする。
3. アンディーヴは縦に2等分し、軸に切り込みを入れる。少量の水と塩、アスコルビン酸とともに真空包装にし、95℃のスチームコンベクションオーブンで1時間加熱する。真空パックごと氷水に落とし、色止めする。
4. クールジェットを縦に切り、芯の部分(種とその周囲)を取り除く。蒸してからショックフリーザーで急速冷却する。
5. 皿や天板に岩塩を敷き詰め、皮付きのタマネギ、ビーツ、ナスを並べる。160℃のオーブンでタマネギは50分間、ビーツは40分間、ナスは15分間加熱する。ビーツとナスは途中で上下を返す。自然に冷ましておく。
6. 赤と黄色のピーマンは180℃の油(材料外)で表面がうっすら色づくまで揚げる。すぐにビニール袋に入れて密閉し、温かい場所に15～20分間置く。薄皮をむいて中の種を取り除き、シェリーヴィネガー、ノワゼット油、塩とともに真空にかけてマリネする。
7. 赤タマネギをくし切りにし、バターとブール・クラリフィエで水分をとばすように炒める。赤ワインヴィネガーと赤ワインを加えて煮詰め、塩、コショウで調味する。
8. 姫ダイコンとカブ(適宜に切り、面取りする)、姫ニンジンもそれぞれバターとブール・クラリフィエで水分をとばすように炒める。姫ダイコンはグレック(ギリシャ風野菜の酢漬け)の漬け汁とアサリのジュに浸ける。カブはジュ・ド・ヴォーで煮含める。姫ニンジンはアニス風味のオレンジジュース(オレンジジュースとアニスを火にかけ、アンフュゼしたもの)で煮る。
9. カリフラワーを適宜にばらし、180℃の油(材料外)でさっと揚げる。ミックススパイスをふる。
10. カボチャは厚さ1.5cmに切り、トピナンブールは皮をむいてそれぞれ160℃の油で揚げる。カボチャはバルサミコ酢とE.V.オリーブ油でマリネし、トピナンブールはジュ・ド・プーレでマリネする。
11. ムカゴは、タイムとニンニクを入れたブール・クラリフィエ(温度は90～100℃)でコンフィの要領で加熱する。ジャガイモは4等分にし、ローズマリーとニンニクを入れたブール・クラリフィエで同様に加熱する。
12. 紅芯ダイコンをスライスし、塩とともに真空にかける。水気を絞り、白ワインヴィネガーとE.V.オリーブ油でマリネする。セロリラヴはジュリエンヌにし、塩とともに真空にかける。水気を絞り、リンゴジュースとE.V.オリーブ油でマリネする。紫キャベツもせん切りにし、塩、赤ワインヴィネガーとともに真空包装にかけ、一晩置く。水気をきってオリーブ油でソテーし、赤ワインとブリュノワーズに切ったリンゴを入れて煮る。
13. プティトマトを湯むきし、天板に並べてタイム、ニンニクのスライス、E.V.オリーブ油をふる。130℃のオーブンで1時間、その後100℃で1時間半乾燥させる。
14. 以上の野菜を、彩りを考慮しながらテリーヌ型に詰める。型ごと真空包装にかけてプレスし、冷蔵庫で冷やし固める。

■ ソース

タマネギ、セロリ、セロリラヴ、フヌイユ、ニンジンをデに切り、鍋に入れる。水とジュ・ド・オマールを注ぎ、いったん沸かす。アクを取り除き、弱火にして3～4時間煮出す。シノワで漉し、グラス状になるまで煮詰める。このグラスとノワゼット油、シェリーヴィネガーをミキサーにかけ、乳化させる。

■ 仕上げ

テリーヌを型から取り出し、厚さ1cmに切る。皿にソースを流し、テリーヌをのせる。

🍴 軽さのポイント

● ポワロー、アンディーヴ、紅芯ダイコン、セロリラヴ、紫キャベツ⇒22頁・真空包装を利用する
● タマネギ、ビーツ、ナス⇒19頁・塩にのせて焼く
● 赤タマネギ、姫ダイコン、カブ、姫ニンジン⇒20頁・水分をとばすように炒める
● ムカゴ、ジャガイモ⇒42頁・ブール・クラリフィエで香りを移す
● プティトマト⇒18頁・オーブンで乾燥させる

*ショックフリーザーは食材を急速に冷凍する機械。色も鮮やかに保たれる。

自家製キャヴィアのパレット
Palette au caviar

白い皿をパレットに見立て、
自家製のキャヴィアを主役に、スモークサーモンと
ヨーグルト、パセリ、ニンジンの3種類のソースを
盛りつけた色とりどりの一皿。
野菜のチップを食感と見た目のアクセントに。

モザイク仕立てのポワローとキャヴィアとソーモン・フュメ、西洋ワサビ風味のソース
Mosaïque de poireaux au caviar et saumon fumé, sauce raifort

スモークサーモンとタマネギを交互に型に詰めてモザイク模様に。
切り出して皿に盛り、タマネギの一部をキャヴィアに置きかえる。
アサリのジュレと、西洋ワサビ風味のサワークリームを周りに添えて。

トリュフと帆立貝柱のダミエ
Damier à la truffe et aux noix de coquilles St-jacques

片面だけグリエしたホタテと生のホタテを、黒トリュフとともに
ダミエ（市松模様）に盛りつけた。生のねっとり感と焼いた甘みの両方を楽しむ趣向。
ソースもセロリラヴのピュレとトリュフのヴィネグレットの2トーンで。

自家製キャヴィアのパレット
Palette au caviar

【材料】（1皿分）
- キャヴィア……………………………… 24g
- スモークサーモン……………………… 50g
- サワークリーム………………………… 20g
- レフォール（西洋ワサビ）…………… 3g
- レモン汁………………………………… 少量
- 塩、コショウ…………………………… 各適量

野菜のチップ（作りやすい量）
- ジャガイモ……………………………… 1個
- 塩、ブール・クラリフィエ…………… 各適量
- パースニップ（白ニンジン）………… 1個
- ニンジン………………………………… 1個
- トレハロース*………………………… 30g
- 水………………………………………… 100cc

ヨーグルトのソース
- プレーンヨーグルト…………………… 20g
- ウオッカ………………………………… 3cc
- 塩、コショウ…………………………… 各適量

パセリのソース
- パセリのピュレ（→29頁）…………… 20g
- グレープシード油……………………… 3〜5cc
- 塩、コショウ…………………………… 各適量

ニンジンのソース
- ニンジンのピュレ（→28頁）………… 20g
- グラス・ド・オマール*………………… 5cc
- グレープシード油……………………… 3〜5cc
- レモン汁………………………………… 少量
- 塩、コショウ…………………………… 各適量

*トレハロースはデンプンを酵素処理した糖。
*ジュ・ド・オマール（→90頁）をグラス状に煮詰めたもの。

【作り方】
■ スモークサーモンのロール
　スモークサーモンを薄切りにし、切れ端（10g）はブリュノワーズに切る。きざんだスモークサーモン、サワークリーム、レフォールのすりおろし、レモン汁を混ぜ、塩、コショウをする（A）。薄切りにしたサーモンをラップ紙に広げ、Aをのせて棒状に巻く。冷蔵庫で冷やし、斜めに切る。

■ 野菜のチップ
　ジャガイモ、パースニップ、ニンジンを厚さ2mmにスライスする。ジャガイモには塩をふり、ブール・クラリフィエをぬって130℃のオーブンで約40分間乾燥させる。それ以外は、トレハロースと水で作ったシロップとともに真空包装にして野菜にシロップを浸透させる。水気をきり、95℃のオーブンで約3時間乾燥させる。

■ ヨーグルトのソース
　ヨーグルトをペーパータオルにのせ、離水する。ウオッカ、塩、コショウで調味する。

■ パセリのソース
　パセリのピュレにグレープシード油を加え、塩、コショウで味をととのえる。

■ ニンジンのソース
　ニンジンのピュレにグラス・ド・オマール、グレープシード油、レモン汁を加え混ぜ、塩、コショウをする。ハンドミキサーにかけてなめらかにする。

■ 仕上げ
　皿にスモークサーモンのロールを置き、野菜のチップを立てかけてキャヴィアをのせる。3種類のソースを3カ所ずつ絞る。

軽さのポイント
- 野菜のチップ⇒52頁・野菜のクロッカン
- パセリのソース⇒32頁・ピュレをソースに
- 盛りつけ⇒68頁・盛りつけでボリューム感を出す

モザイク仕立てのポワローとキャヴィアとソーモン・フュメ、西洋ワサビ風味のソース
Mosaïque de poireaux au caviar et saumon fumé, sauce raifort

【材料】（7×5×8cmのテリーヌ型1台分）

スモークサーモン	250g	キャヴィア	56g
タマネギ	2個	サワークリーム	50g
岩塩	適量	レフォール	5g
アサリのジュレ（下記のうち120g）		シブレット	適量
アサリ	2kg		
ゼラチン	約7g		

【作り方】

■ ポワロー、キャヴィア、ソーモンのモザイク仕立て

1. スモークサーモンを断面が1cm角、長さが8cmの棒状に切る（16本用意する）。さっと湯に通し、冷蔵庫で冷やしておく。
2. 岩塩を敷いた皿に、タマネギを皮付きのままのせて160℃のオーブンで1時間ほど焼く。皮をむき、くし型に切る。
3. アサリを蒸してジュをとる。これを漉し（600ccくらいのジュがとれる）、ゼラチンを加えて冷やし固める。
4. テリーヌ型にラップ紙を敷き、スモークサーモンとタマネギを交互に詰める。一段詰めるごとにアサリのジュレをぬる。型の上まで詰めたら、上からもラップ紙で包み、真空包装をして冷蔵庫で一晩冷やし固める。

■ 仕上げ

皿に厚さ1.2cmほどに切ったテリーヌをのせる。一部のタマネギを抜き取り、そこにキャヴィアを詰める。周りにアサリのジュレと、レフォールのすりおろしを混ぜたサワークリームをのせ、サワークリームにシブレットのシズレを添える。

軽さのポイント

● タマネギ⇒19頁・塩にのせて焼く

トリュフと帆立貝柱のダミエ
Damier à la truffe et aux noix de coquille St-Jacques

【材料】（1皿分）

ホタテ貝柱	4個	ヴィネグレット・ド・トリュフ	
塩	適量	（下記のうち15cc）	
黒トリュフ	5枚	ピュレ・ド・トリュフ（→92頁）	25g
セロリラヴのピュレ（下記のうち20g）		トリュフオイル	50cc
セロリラヴ	300g	ジュ・ド・トリュフ（→92頁）	50cc
タマネギ	100g	レモン汁	少量
バター	50g	塩、コショウ	各適量
塩、コショウ	各適量		

【作り方】

■ トリュフと帆立貝柱のダミエ

1. ホタテ貝柱を横半分にスライスし、片面にのみ塩をふる。4枚は塩をしていない面を下にして鉄板でグリエする。直径25mmの型で抜く。残りの4枚は焼かずに直径25mmに抜く。
2. 黒トリュフを厚さ1mmにスライスし、ホタテと同様に抜く。

■ セロリラヴのピュレ

　セロリラヴの皮をむき、薄切りにする。タマネギをスライスし、塩をふってバターでスュエする。セロリラヴを加え、柔らかくなったらスムージー用のミキサーにかける。シノワで漉す。塩、コショウで味をととのえる。

■ ヴィネグレット・ド・トリュフ

　ピュレ・ド・トリュフ、トリュフオイル、ジュ・ド・トリュフ、レモン汁を混ぜ合わせ、塩、コショウをする。

■ 仕上げ

皿に、ホタテとトリュフを3列に並べる。両端の例は奥からトリュフ→焼いたホタテ→生のホタテ→トリュフの順に、中央の例は奥から焼いたホタテ→生のホタテ→トリュフ→焼いたホタテ→生のホタテの順に。4ヵ所にセロリラヴのピュレを絞り、中心にヴィネグレット・ド・トリュフをたらす。

軽さのポイント

● ホタテ貝柱⇒59頁・ひとつの素材を異なる食感に仕立てる

桃のヴィシソワーズ、ヴェルション 2006
Vichyssoise à la pêche, version 2006

生、冷凍、ジュレ、ソルベと
さまざまな状態の桃を添えたヴィシソワーズ。
口の中で桃の華やかな香りが弾けて、
下のジャガイモとポワローのスープまでもが
桃の風味に感じるほどだ。

エンドウ豆のミント風味スープ、
トマトが効いたフレッシュチーズとパリパリ生ハム添え
Petits pois en velouté mentholé, fromage frais et tomate, jambon de Parme croustillant

エンドウ豆をブイヨンで煮て、スムージー用のミキサーにかけた
なめらかな冷製スープ。ミントオイルを加えたエンドウ豆のクネルと
ミントの葉を混ぜたフロマージュ・ブランが清々しさを演出。

小粒のムール貝、2種類のショーフロワ風
Marinière de moules de "Bouchot" en chaud-froid

味がぐっと凝縮した小粒のムール貝を、
カリフラワーとマリニエールの2種類のソースで味わう皿。
隠し味に加えたカレー粉やドライトマトが味のアクセント。

桃のヴィシソワーズ、ヴェルション２００６
Vichyssoise à la pêche, version 2006

【材料】（1皿分）

ヴルーテ（下記のうち90g）
ポワロー	150g
タマネギ	150g
ジャガイモ	300g
フォン・ブラン（→90頁）	200cc
バター	適量
水、牛乳	各50cc
塩、コショウ	各適量

桃のジュレ（下記のうち20g）
桃	12個
ゼラチン	6g
クレーム・ド・ペーシュ*	30cc
塩	少量

桃のソルベ（下記のうち20g）
桃	2個
アスコルビン酸（→112頁）	1g

桃（ブリュノワーズ用）……10g
桃（クロッカン用）……1個

*クレーム・ド・ペーシュは桃のリキュール。

【作り方】

■ ヴルーテ

ポワローとタマネギ、ジャガイモをそれぞれエマンセに切る。鍋にポワローとタマネギを入れ、塩、コショウをふる。バターを加えてスュエし、しんなりしたらジャガイモも加えてさらに炒める。充分に火が入ったら、フォン・ブランを注いで約15分間煮る。スムージー用ミキサーにかけてピュレにし、シノワで漉す。急速冷却し、水と牛乳でのばし、塩、コショウで調味する。

■ 桃のジュレ

桃の皮を湯むきし、中の種を取る。果肉をミキサーにかけてピュレにし、鍋に移して火にかける。沸いたらすぐにペーパータオルで漉す。熱いうちにゼラチン（冷水でふやかす）を加え混ぜる。クレーム・ド・ペーシュで香りをつけ、少量の塩で味をととのえる。冷やし固めておく。

■ 桃のソルベ

桃の皮を湯むきし、種を除いて果肉を適宜に切る。アスコルビン酸をまぶし、パコジェットの容器に詰めて冷凍する。凍ったらパコジェットにかけてソルベとする。

■ 桃の果肉

桃の果肉を5mm角のブリュノワーズにし、半分はそのまま、残りは冷凍にする。盛りつける直前に混ぜ合わせる。

■ 桃のクロッカン

桃を水洗いし、電動スライサーで厚さ2mmの輪切りにする（種は取り除く）。シリコンシートに並べ、130℃のオーブンに約20分間入れて乾燥させる。

■ 仕上げ

器にヴルーテを流し、上に桃のジュレ、ソルベ、果肉を盛る。クロッカンを飾る。

軽さのポイント

● ヴルーテ⇒70頁・スムージー用ミキサーを使う
● 桃のクロッカン⇒52頁・野菜のクロッカン
● 皿の構成⇒59頁・ひとつの素材を異なる食感に仕立てる
● 盛りつけ⇒64頁・内容がわかるポイントを設ける

エンドウ豆のミント風味スープ、トマトが効いたフレッシュチーズとパリパリ生ハム添え
Petits pois en velouté mentholé, fromage frais et tomate, jambon de Parme croustillant

【材料】（10皿分）
- エンドウ豆（サヤなし）……350g
- タマネギ……40g
- ニンジン……30g
- フォン・ブラン（→90頁）……500cc
- バター……適量
- 塩、コショウ……各適量

フロマージュ・ブランのクネル
- フロマージュ・ブラン……200g
- ミントの葉……10枚
- セミドライトマト……1個
- 塩、コショウ……各適量

エンドウ豆のクネル
- エンドウ豆（サヤなし）……300g
- ミントオイル（→254頁）……5cc
- 塩、コショウ……各適量
- パルマ産生ハム……10枚
- ピーナッツ油……適量

【作り方】

■ エンドウ豆のスープ

　バターを引いた鍋にタマネギとニンジンのスライスを入れ、軽く塩をふってスュエする。しんなりしたらフォン・ブラン、エンドウ豆を加え、柔らかく煮る。塩、コショウで味をととのえる。スムージー用ミキサーにかけてシノワで漉し、氷水で急冷する。

■ フロマージュ・ブランのクネル

　フロマージュ・ブランをペーパータオルを敷いたザルにあけ、一晩水気をきる。ミントのジュリエンヌとセミドライトマトのアッシェを入れ、混ぜる。塩、コショウで味をととのえる。

■ エンドウ豆のクネル

　エンドウ豆を塩ゆでし、薄皮をむく。一部を取りおき、残りをスムージー用ミキサーでピュレにし、漉す。取りおいたエンドウ豆と合わせ、ミントオイル、塩、コショウで調味する。

■ 仕上げ

　器にスープを流し、フロマージュ・ブランとエンドウ豆のクネルを盛る。間に160℃のピーナッツ油で揚げた生ハムを添える。

軽さのポイント
- エンドウ豆のスープ⇒70頁・スムージー用ミキサーを使う
- エンドウ豆のクネル⇒28頁・ピュレを作る
- ＊クネルに加えたミントやトマトが爽やかな印象を与える

小粒のムール貝、2種類のショーフロア風
Marinière de moules de "Bouchot" en chaud-froid

【材料】（4皿分）
- ムール貝……48個
- ゼラチン……6g

カリフラワーのピュレ
- カリフラワー……350g
- タマネギ……100g
- トピナンブール……100g
- カレー粉……2g
- 牛乳……150cc
- バター、塩、コショウ……各適量

マリニエールのソース
- エシャロット……2個
- 白ワイン……125cc
- アサリのジュ（蒸し汁）……400cc
- セミドライトマト……1/2個
- ニンジンのピュレ（→28頁）……60g
- グレープシード油……30cc
- オリーブ油……適量
- トサカノリ（3色）……適量

【作り方】

■ ムール貝の調理

　ムール貝を洗い、100℃のスチームコンベクションオーブンで約6分間蒸す。殻をはずして身とジュに分ける（ジュは約500ccとれる）。身は掃除し、ジュは沸かしてゼラチンを加える。布漉しし、冷ましてジュレとする。身にジュレをかける。

■ カリフラワーのピュレ

　鍋にバターを引き、タマネギのスライスを入れ、カレー粉、塩、コショウをふってスュエする。スライスしたトピナンブールとカリフラワーを順に加え、炒める。野菜が柔らかくなったら牛乳を加えて煮る。スムージー用ミキサーにかけ、シノワで漉す。

■ マリニエールのソース

　鍋にオリーブ油を引き、エシャロットのアッシェをスュエする。白ワインとアサリのジュを加え、1/2量まで煮詰める。ミキサーに移し、セミドライトマト、ニンジンのピュレを加えて回す。グレープシード油を少しずつ加え、乳化させる。

■ 仕上げ

　ムール貝の殻に身を入れ、カリフラワーのピュレまたはマリニエールのソースをかける。皿に海草を敷き、貝を並べる。

軽さのポイント
- カリフラワーのピュレ⇒70頁・スムージー用ミキサーを使う
- マリニエールのソース⇒49頁・野菜のピュレで油を減らす
- 皿の構成⇒58頁・ひとつの素材をさまざまな味で提供

トマトの帽子をかぶった貝類と小野菜のガトー仕立て、
キャロットソース
Gâteau de coquillages
et petits légumes aux tomates confites

トマトの赤、ポワローの緑、ニンジンソースの黄色の
コントラストが印象的な一皿。
トマトのドームの中身はアサリやツブ貝、ミル貝と
姫ニンジン、プティオニオンなどの野菜。
さまざまな食感を爽やかなソースで味わう。

キャヴィアと
ソーモン・フュメのタルタル、
ポワローのフォンデュの
ガトー仕立て、
パルルド・ソース

Gâteau de caviar, saumon fumé en tartare,
fondue de poireaux,
palourde en sauce

シャキシャキのポワロー、
ねっとりしたスモークサーモン、
プチプチのキャヴィアをガトー仕立てに。
自家製キャヴィアは塩分控えめで、
全体的に穏やかな味わい。味は濃厚だが、
さらりとした濃度のアサリのソースを添えて。

泉のサーモンの
グージョネットとタルタル、
オゼイユの
ドレッシングソース

Saumon de fontaine en goujonnettes et tartare,
vinaigrette à l'oseille

マスの背側はフィレにしてポワレに、
腹身はブリュノワーズにしてタルタルに。
ひとつの魚を二つの調理法で味わう皿。
甘みも風味も強いマスには、
オゼイユのドレッシングソースと
ハーブのサラダを添えて爽やかさをプラス。

トマトの帽子をかぶった貝類と小野菜のガトー仕立て、キャロットソース
Gâteau de coquillages et petits légumes aux tomates confites

【材料】（1皿分）

姫ニンジン	1本
プティオニオン	1個
カブ	1個
セロリ	1/4本
ブール・クラリフィエ	適量
バター	少量
グレックの漬け汁(→169頁)	150cc
アサリのジュ(蒸し汁)	15cc
ミル貝	3枚
ツブ貝	3枚
アサリ	3個
揚げ巻貝	3切れ
ニンジンソース（下記のもの）	少量
塩、コショウ	各適量
若ポワロー	3本
セミドライトマト	2個
ニンジンソース	
ニンジンのピュレ(→28頁)	100g
グラス・ド・オマール*	10cc
レモン汁	15cc
グレープシード油	20cc
塩、コショウ	各適量

＊ジュ・ド・オマール(→90頁)をグラス状に煮詰めたもの。

【作り方】

■ トマトのガトー仕立て

1. 姫ニンジン、プティオニオン、カブの皮をむく。セロリはスジを取って厚さ5mmにスライスする。それぞれブール・クラリフィエと少量のバターで水分をとばすように炒め、味を凝縮させる。グレックの漬け汁とアサリのジュで煮る。

2. ミル貝を軽くブランシールし、掃除をする。薄くスライスし、テフロンのフライパンでさっとソテーする。ツブ貝も薄くスライスし、さっとソテーする。アサリと揚げ巻貝を蒸してから身を取り出し、揚げ巻貝は適宜に切る（そのうち3切れを使用）。以上の野菜と貝を混ぜ合わせ、ニンジンのソース（後述）と塩、コショウで調味する（①）。

3. 若ポワローを1本のまま塩ゆでし、水気をきってセルクルの内側に貼りつける。底にセミドライトマトを敷き、①の野菜と貝類を詰め、上にセミドライトマトをドーム状にかぶせる。

■ ニンジンソース

ニンジンのピュレとグラス・ド・オマール、レモン汁をミキサーにかける。途中でグレープシード油を加え、乳化させる。塩、コショウで味をととのえる。

■ 仕上げ

皿にニンジンのソースを流し、トマトのガトー仕立てをのせてセルクルを抜く。

軽さのポイント

● 姫ニンジン、プティオニオン、カブ、セロリ⇒20頁・水分をとばすように炒める
● セミドライトマト⇒18頁・オーブンで乾燥させる
● ニンジンソース⇒49頁・野菜のピュレで油を減らす

キャヴィアとソーモン・フュメのタルタル、ポワローのフォンデュのガトー仕立て、パルルド・ソース
Gâteau de caviar, saumon fumé en tartare, fondue de poireaux, palourde en sauce

【材料】（1皿分）

ポワロー……………………1本	スモークサーモン…………………30g	アサリ……………………………30個
水……………………………50cc	エシャロット、ディル……………各少量	ポワロー（白い部分）……………30g
重曹…………………………3.5g	生クリーム…………………………少量	アサリのジュ（蒸し汁）…………100cc
アサリのジュレ（下記のうち30g）	塩、コショウ………………………各適量	グレープシード油…………………20cc
┌ アサリのジュ（蒸し汁）……250cc	キャヴィア…………………………12g	バルサミコ酢（25年物）…………少量
└ ゼラチン……………………3g	パルルドソース（下記のうち1/4量）	塩、コショウ………………………各適量

【作り方】

■ キャヴィア、ソーモン、ポワローのガトー仕立て

1. ポワローを縦半分に切り、2等分する。重曹を溶かした水とともに真空にかけ、100℃のスチームコンベクションオーブンで約15分間加熱する。パックのまま氷水に落とす。ポワローの水気を拭き、1.5cm幅に切る。セルクルに詰める。
2. アサリのジュを温め、ゼラチンを加えて溶かす。冷やしてジュレにし、1のポワローの上に30gほどのせる。
3. スモークサーモンをブリュノワーズに切る。エシャロットとディルのアッシェ、生クリームを混ぜ、塩、コショウをする。2のセルクルの縁まで詰め、上にキャヴィアを敷き詰める。

■ パルルドソース

アサリを蒸し、身を取り出し、ジュは取りおく。ポワローの白い部分を蒸し、ミキサーでピュレにする。アサリの身とジュを加え、グレープシード油とバルサミコ酢も加えてミキサーで乳化させる。シノワで漉し、塩、コショウをする。

■ 仕上げ

皿一面にパルルドソースを流す。ガトー仕立てのセルクルを置き、はずす。

軽さのポイント
- ポワロー⇒22頁・真空包装を利用する
- ソース⇒49頁・野菜のピュレで油を減らす

泉のサーモンのグージョネットとタルタル、オゼイユのドレッシングソース
Saumon de fontaine en goujonnettes et tartare, vinaigrette à l'oseille

【材料】（1皿分）

マスのフィレ…………2切れ（1切れ20g）	オゼイユのソース（下記のうち30g）	シブレット………………………2本
オリーブ油…………………適量	┌ オゼイユ（生）……………………20g	ヴィネグレット（下記のうち15cc）
マスの腹身…………………60g	│ マヨネーズ……………………100g	┌ シェリーヴィネガー……………15cc
エシャロット………………1/2個	└ レモン汁………………………10cc	│ 赤ワインヴィネガー……………15cc
シブレット…………………適量	ツル菜、セルフィユ………………各5本	│ 塩、コショウ……………………各適量
E.V.オリーブ油……………適量	ミント………………………………3本	└ ノワゼット油……………………90cc
塩、コショウ………………各適量	エストラゴン………………………1本	

【作り方】

■ マスのグージョネットとタルタル

1. マスのフィレに塩、コショウをする。オリーブ油を引いた鍋に皮目を下にして入れ、皮をパリッと焼き上げる。
2. マスの腹身をブリュノワーズに切る。エシャロットとシブレットのアッシェ、E.V.オリーブ油を加え混ぜ、塩、コショウをする。

■ オゼイユのソース

オゼイユ、マヨネーズ、レモン汁をハンドミキサーにかけ、シノワで漉す。

■ ハーブのサラダ

ツル菜、セルフイユ、ミント、エストラゴンを細かくちぎり、シブレットを1cm幅に切る。シェリーヴィネガーと赤ワインヴィネガー、塩、コショウを混ぜ、ノワゼット油を少しずつ加えて乳化させる。このヴィネグレットでサラダを和える。

■ 仕上げ

皿にオゼイユのソースを流す。タルタルをクネル型にとって3ヵ所に置き、間にマスのフィレを盛る。サラダを添える。

軽さのポイント
- ヴィネグレット⇒48頁・オイルをヴィネグレットの主役に
- 皿の構成⇒59頁・ひとつの素材を異なる食感に仕立てる
- 盛りつけ⇒62頁・盛りつけで作り手の意図を伝える

鮑の蒸し煮と
アーティチョーク・ポワヴラード、
菊芋のサラダ、
鮑の肝ソースと酸味ソース

Lamelles d'ormeau "Étouffé"
aux artichauts poivrade et topinambours,
foie en sauce et vinaigrette acidulée

旨みが凝縮したアワビを、
そのコライユのソースで味わう濃厚な皿。
トピナンブールの甘みとアーティチョーク
の苦みを添えてさらに複雑な味わいに。
ブリュノワーズに切ったトマトとレモンが
食感と味のアクセント。

サザエとソラマメのフランス風、
ミント風味のソラマメのクーリ

Sazaé en salade aux fèves,
jambon cru et échalotes frites, coulis de
fèves au jus de crustacés et à l'huile de menthe

サザエとソラマメは春ならではの組合せ。
シコシコのサザエとホクホクのソラマメに、
揚げたエシャロットや生ハム、
ミントを混ぜてバラエティ豊かな味と食感に。
ソラマメのクーリには甲殻類のジュとミント
オイルを加えて旨みと爽やかさをプラス。

ブルターニュ産オマールのサラダ仕立て、
粒々キュウリと自家製キャヴィア添え、海老味噌のドレッシングソース

Homard bleu de Bretagne en médaillons,
pinces poêlées, caviar "Maison" et vinaigrette de corail

火を入れたオマールの身の赤と
コライユを使ったソースの赤、
キャヴィアの黒が印象的な一皿。
コライユのソースには仕上げに
ヴィネグレットを加えて濃厚な中にもキレをプラスしている。

鮑の蒸し煮とアーティチョーク・ポワヴラード、菊芋のサラダ、鮑の肝ソースと酸味ソース
Lamelles d'ormeau "Étouffé" aux artichauts poivrade et topinambours, foie en sauce et vinaigrette acidulée

【材料】（1皿分）

アワビ……1個(300g)	アスコルビン酸(→112頁)……1g	サラダ油(チップ用)……適量
グレスドワ……適量	A [タイム、ローリエ、クローヴ……各1本	塩、コショウ……各適量
バルサミコ酢(25年物)……少量	コリアンダー……4粒	トピナンブール(菊芋)……1個
E.V.オリーブ油……20cc	ジュニエーヴル……2粒	ブール・クラリフィエ……適量
レモンのヴィネグレット(→46頁)……少量	黒粒コショウ……3粒	塩、コショウ……各適量
塩、コショウ……各適量	フルール・ド・セル……適量	レモン……1/4個
アーティチョーク……3個	オリーブ油……50cc	フルーツトマト……1個
水……1ℓ	ブール・クラリフィエ(ソテー用)……適量	ディル……1本

【作り方】

■ アワビの蒸し煮とソース

1. アワビの殻をはずし、掃除して身と肝に分ける。身の表面に格子状に包丁を入れ、塩、コショウをする。包丁を入れた面をグレスドワで焼き、すぐに裏返して鍋を火からはずし、蓋をして5分間蒸らす。厚さ5mmにスライスする。
2. アワビの肝とバルサミコ酢をミキサーにかける。E.V.オリーブ油を加え、乳化させる。シノワで漉し、塩、コショウをする。軽く温め、レモンのヴィネグレットを加えてソースとする。

■ アーティチョークと菊芋のサラダ

1. アーティチョークの皮をむき、掃除する。アスコルビン酸を溶かした水にしばらく浸け、水で洗う。2個は水気をきり、Aの材料とともに真空包装にし、95℃のスチームコンベクションオーブンで1時間加熱する。自然に冷まし、4等分にする。ブール・クラリフィエで切り口がキツネ色になるまでソテーする。
2. 残りのアーティチョークはそのまま真空にかけ、15分間ほど蒸す。パックごと氷水につけ、冷めたら薄切りにする。サラダ油でパリッと揚げ、塩、コショウをふってチップとする。
3. トピナンブールの皮をむき、厚さ5mmに切る。塩、コショウをふり、ブール・クラリフィエでキツネ色にソテーする。
4. レモンの果肉をブリュノワーズに切る。フルーツトマトは湯むきして種を取り、ブリュノワーズに切る。

■ 仕上げ

皿に肝のソースを流す。アワビ、アーティチョーク、トピナンブール、レモン、トマト、ディルをざっと混ぜ、盛る。アーティチョークのチップを添える。

軽さのポイント

● アーティチョーク⇒22頁・真空包装を利用する

サザエとソラマメのフランス風、ミント風味のソラマメのクーリ
Sazaé en salade aux fèves, jambon cru et échalotes frites, coulis de fèves au jus de crustacés et à l'huile de menthe

【材料】（1皿分）

サザエ……2個	生ハム(スライス)……4枚	ソラマメのクーリ
オリーブ油……適量	揚げ油……適量	[ソラマメ……30g
ソラマメ……10粒	タマネギのピュレ(→29頁)……10g	ジュ・ド・クリュスタッセ(→90頁)……10cc
エシャロット……50g	塩、コショウ……各適量	ミントオイル(→254頁)……3〜5cc
ベーコン……20g	ミントの葉……適量	塩、コショウ……各適量

【作り方】

■ サザエとソラマメのフランス風

1. サザエを約3分間蒸し、殻をはずして掃除し、身を薄くスライスする。オリーブ油でさっと炒める。
2. ソラマメを塩ゆでし、薄皮をむく。エシャロットはスライスし、塩ゆでして140℃の油で揚げる。ベーコンは細切りにし、さっとゆでて160℃の油で揚げる。生ハムも同様に揚げる。
3. サザエ、ソラマメ、タマネギのピュレを混ぜ、塩、コショウをする。エシャロット、ベーコン、生ハム、ミントも加え混ぜる。

■ ソラマメのクーリ

ソラマメを塩ゆでし、薄皮をむいてフードプロセッサーにかける。シノワで漉す。ジュ・ド・クリュスタッセを加えてのばし、ミントオイル、塩、コショウで調味する。

■ 仕上げ

皿にソラマメのクーリを流し、サラダを盛る。

軽さのポイント

＊サザエ、ソラマメなど多彩な食感が軽さにつながる。

ブルターニュ産オマールのサラダ仕立て、粒々キュウリと自家製キャヴィア添え、海老味噌のドレッシングソース
Homard bleu de Bretagne en médaillons, pinces poêlées, caviar "Maison" et vinaigrette de corail

【材料】（1皿分）

オマール	1尾
オリーブ油	30cc

海老味噌のドレッシングソース
オマールの殻	1尾分
オリーブ油	適量
水	300cc
オマールのコライユ	1尾分
ノワゼットのヴィネグレット（→48頁）	5cc
塩、コショウ	各適量

キャヴィア	18g
キュウリ	3g
セルフイユ	ごく少量

ハーブのサラダ
セルフイユ	2本
イタリアンパセリ	1本
ディル	1本
エストラゴン	1本
ミントの葉	3本分
レモンのヴィネグレット	5cc
塩、コショウ	各適量

シブレット	2本

【作り方】

■ **オマールの調理**

オマールを殻付きのまま頭、爪、卵をはずし、身には尾から串を打つ。爪と身を100℃のスチームコンベクションオーブンで約6分間加熱する。少し冷ましてから殻をはずし、9等分のメダイヨンにする。爪と腕の部分は塩をふり、オリーブ油でソテーする。卵はさっと塩ゆでし、ほぐしておく。頭からコライユ（ミソ）を取り出し、殻は細かく砕く。

■ **海老味噌のドレッシングソース**

オマールの殻をオリーブ油で強火で炒め、水を注いで約1時間煮出す。シノワで漉し、さらに60cc量まで煮詰めてジュとする。コライユはミキサーにかけ、ジュの半量とともに火にかける。コライユが真っ赤になったら冷まし、ノワゼットのヴィネグレット、塩、コショウで調味してソースとする。残りのジュはグラス状になるまで煮詰め、少量のノワゼットのヴィネグレットを混ぜてオマールの断面にぬる。

■ **キュウリとキャヴィア**

キュウリをブリュノワーズに、セルフイユはちぎる。以上をキャヴィアと和える。

■ **ハーブのサラダ**

セルフイユ、イタリアンパセリ、ディル、エストラゴン、ミントはちぎり、レモンのヴィネグレット、塩、コショウで和える。

■ **仕上げ**

皿にソースを流し、オマールのメダイヨンを2列に並べる。キャヴィアをクネルに取り、オマールの間に盛る。身に卵とシブレットのシズレを散らす。周りにオマールの腕と爪を盛り、腕にはサラダを添える。

軽さのポイント

● オマール⇒41頁・オリーブ油で甲殻類をポワレする
● ドレッシングソース⇒48頁・オイルをヴィネグレットの主役に
＊コライユのソースにノワゼットのヴィネグレットを加えることで、濃厚な中にキレを加える。
＊キャヴィアとキュウリの食感が皿のアクセントになる。

蟹とアーティチョークのバヴァロワ、
蟹味噌ソース
Bavarois d'artichaut à l'éffiloché de crabe, sauce corail

甲殻類とアーティチョークは相性のいい組合せ。
ホクホクしたアーティチョークはムースにして
口当たりを軽くし、毛ガニの身とともにセルクルに
詰め、カニミソをナッペした。ソースにも
カニミソを使うため、全体にコクのある印象。
食感のアクセントにアーティチョークのチップを添えて。

蟹のミルフイユ仕立て、
蟹味噌ソース
Mille-feuille de crabe à la sauce corail de crabe

ごくごく薄く焼き上げた米のテュイルで
ほぐした毛ガニの身とトマトを挟んだミルフイユ。
カニの身にはセロリラヴとリンゴのジュリエンヌを
混ぜて、爽やかさと歯切れのよさをプラス。
カニミソのソースでコクを補っている。

マグロのミ・キュイ、ポテトと小野菜のミルフイユ、
黒オリーブとトマトのコンフィ添え
Mille-feuilles de pommes de terre au thon mi-cuit,
fine ratatouille, olives noires et tomates confites

ミ・キュイ(半生)に仕上げたマグロに
ラタトュイユ、タプナード、トマトを組み合わせた
南仏風の前菜。カリカリに焼いたジャガイモで
マグロを挟み、口の中にリズムを作り出す。
ユニークな盛りつけと鮮やかな色合いも印象的な皿。

鴨のフォワグラと仔鳩とホロホロ鳥の胸肉のテリーヌ、
トリュフとパンデピス風味のホウレン草詰め、家禽のジュレ
Terrine de foie-gras de canard, suprêmes de pigeonneau et pintade,
épinards au pain d'épices et à la truffe, gelée de volaille

濃厚なフォワグラに、鳩とホロホロ鳥という
タイプの違う2種類の胸肉を組み合わせたテリーヌ。
フォワグラを中心に詰めることで、フォワグラは
ふっくら、胸肉はジューシーに仕上げる。
間に挟んだパンデピスの甘みがフォワグラと好相性。

マグロのミ・キュイ、ポテトと小野菜のミルフイユ、黒オリーブとトマトのコンフィ添え
Mille-feuilles de pommes de terre au thon mi-cuit, fine ratatouille, olives noires et tomates confites

【材料】（1皿分）

- マグロ（1.5×3×5cmの切り身）……………… 1切れ
- オリーブ油 ……………………………………… 適量
- ラタトゥイユ（下記のうち1/4量）
  - タマネギ …………………………………… 40g
  - バター ……………………………………… 10g
  - 赤・黄ピーマン …………………………… 各50g
  - 揚げ油 ……………………………………… 適量
  - ナス ………………………………………… 70g
  - クールジェット …………………………… 70g
  - オリーブ油 ………………………………… 適量
  - トマト ……………………………………… 30g
  - 塩、コショウ ……………………………… 各適量
  - ニンニクのピュレ ………………………… 15g
- ジャガイモ ……………………………………… 大1個
- タプナード（下記のうち30g）
  - 黒オリーブ ………………………………… 150g
  - E.V.オリーブ油 …………………………… 50cc
  - バジル ……………………………………… 3枚
  - アンチョビー ……………………………… 3枚
  - ツナ ………………………………………… 30g
  - ジュ・ド・クリュスタッセ（→90頁）…… 100〜150cc
- トマトのフォンデュ（下記のうち30g）
  - トマト ……………………………………… 3個
  - タマネギ …………………………………… 1/2個
  - アニス（ホール） ………………………… 1/2個
  - オリーブ油 ………………………………… 適量
- フルール・ド・セル …………………………… 少量
- タイムの葉 ……………………………………… 少量

【作り方】

■ マグロのミ・キュイ
マグロをオリーブ油でソテーし、中は半生に仕上げる。

■ ラタトゥイユ
タマネギを5mm角に切り、甘みを引き出すようにバターでゆっくり炒める。赤・黄ピーマンを180℃の油で揚げ、ビニール袋に入れて蒸らしてから薄皮をむく。5mm角に切る。ナス、クールジェットも5mm角に切り、オリーブ油で強火で炒め、塩、コショウをする。以上を鍋に入れて火にかけ、8mm角に切ったトマトも加えてざっと混ぜる。つなぎとしてニンニクのピュレを加え、塩、コショウで味をととのえる。

■ ジャガイモのチップ
ジャガイモを厚さ1mmにスライスし、1.5cm×5cmの短冊形に切る。オーブンシートに並べ、反らないように上からオーブンシートと天板をのせて140℃のオーブンで10分間焼く。

■ タプナード
黒オリーブの種を取り、ジュ・ド・クリュスタッセ以外の材料とともにミキサーにかける。固さを加減しながらジュ・ド・クリュスタッセを加える。

■ トマトのフォンデュ
タマネギをアッシェにし、オリーブ油で充分に炒める。トマトを湯むきし、種を取り除いて適宜にきざむ。タマネギを炒めたところにトマトとアニスを加え、水分をとばすように煮詰める。

■ 仕上げ
皿の中央に、ジャガイモのチップ→マグロ→ラタトゥイユ→ジャガイモのチップ→マグロ→ラタトゥイユ→ジャガイモのチップの順に並べる（ジャガイモは5枚ずつ束にする）。マグロの断面にフルール・ド・セルとタイムをふる。両側にタプナードとトマトのフォンデュをクネル型にすくい、盛る。

軽さのポイント
- ラタトゥイユ⇒34頁・ピュレを複数の素材のつなぎに
- ジャガイモのチップ⇒52頁・野菜のクロッカン

鴨のフォワグラと仔鳩とホロホロ鳥の胸肉のテリーヌ、トリュフとパンデピス風味のホウレン草詰め、家禽のジュレ
Terrine de foie-gras de canard, suprêmes de pigeonneau et pintade, épinards au pain d'épices et à la truffe, gelée de volaille

【材料】（8×10×15cmのテリーヌ型1台分）

鴨のフォワグラ	600g
仔鳩胸肉	3羽分
ホロホロ鳥胸肉	120g
ジュ・ド・トリュフ	100cc
ジュ・ド・プーレ（→89頁）	200cc
ホウレン草の葉	1/2束分
トリュフ	30g
パンデピス	50g
ミニョネット（白・黒）	適量
フルール・ド・セル	適量
仔鳩のレバー	3羽分
塩、コショウ	各適量
グレスドワ	適量
仔鳩のモモ肉	3羽分
フルール・ド・セル	適量
タイム（生）	3本
グレスドワ	適量
セルフイユ、エストラゴン、ディル、イタリアンパセリ	各少量
ノワゼットのヴィネグレット（→48頁）	少量
塩、コショウ	各適量

【作り方】

■ フォワグラと仔鳩とホロホロ鳥のテリーヌ

1. フォワグラを適宜にばらし、大きな血の塊を取り除く。仔鳩の胸肉の皮とスジを除き、ジュ・ド・トリュフとジュ・ド・プーレで一晩マリネする。ホロホロ鳥の胸肉も皮とスジを取り除き、ジュ・ド・トリュフとジュ・ド・プーレで一晩マリネする。

2. 仔鳩とホロホロ鳥の胸肉の水分を充分に拭き、ラップ紙を敷いたテリーヌ型に2列に並べる。ブランシールしたホウレン草を広げてのせ、トリュフのスライス、パンデピス（厚さ1mmに切る）の順に重ねる。その上に1のフォワグラをのせ、パンデピス→トリュフ→ホウレン草の順に重ねる。その上に仔鳩とホロホロ鳥の胸肉を、テリーヌを切った時に底に並べたものと左右が逆になるよう、2列に並べる。表面もラップ紙で覆い、真空包装にかけて70℃のスチームコンベクションオーブンで1時間半ほど加熱する。フォワグラの芯温が54℃になったらパックごと氷水に浸け、急冷する。

■ 付合せ

1. 仔鳩のレバーは、塩、コショウをし、グレスドワを引いたフライパンでソテーする。

2. 仔鳩のモモ肉はタイム、フルール・ド・セルで一晩中マリネし、水洗い後、グレスドワでコンフィにする。その後、グレスドワで皮目をパリッと焼き上げる。

3. セルフイユ、エストラゴン、ディル、イタリアンパセリはちぎり、ノワゼットのヴィネグレットで和え、塩、コショウをする。

■ 仕上げ

テリーヌを厚さ1.2cmに切り出し、皿に盛る。フォワグラに白と黒のミニョネット、フルール・ド・セルをのせる。胸肉をマリネした液体は、いったん沸かしてペーパータオルで漉し、冷蔵庫で冷やし固めてジュレとする。これをテリーヌの周りに盛る。仔鳩のレバーとモモ肉、サラダを添える。

軽さのポイント

● テリーヌ（フォワグラ、トリュフ、パンデピス）⇒56頁・相性のいいものを組み合わせる

● 仔鳩とホロホロ鳥⇒60頁・同じ状態に調理した素材を一皿に

＊フォワグラをテリーヌの中心に、胸肉を外側に詰めることで素材に応じた加熱ができ、胸肉にはしっかり火が入り、フォワグラはふっくら仕上がる。

温前菜

Hors-d'œuvre chauds

二皿目となる温前菜で意識するのは味わい深さやコク。
一皿目で呼び起こした味覚が、
クライマックスに向けて徐々に階段を上がっていくように、
旨みを積み重ねていくのがこの段階。
冷前菜で重視した酸味や爽やかさに代わり、
素材の持ち味を凝縮させ、旨みを高めることで
じんわりと味わうようなおいしさを心がける。

小さな詰めもの——ラタトゥイユを詰めた野菜の花、
貝類を詰めた赤ピーマン、リゾットを詰めたトマト
Petits farcis :
Courgette en fleur-ratatouille, poivron rouge-coquillage risoni, tomate-risotto, sauce au Chablis

異なる詰めものをした3種類の野菜に、3種類のソースを添えて。
ソースはそれぞれ赤ピーマン、ニンジン、トマトをベースに甲殻類の旨みを
持たせてコクをプラスした。詰めものはひとつずつガルニチュールにもなる。

ジロール茸、トランペット茸、セープ茸の盛合せ
Assiette de champignons des bois

3種類のキノコのソテーとそのピュレを盛り合わせた、シンプルだが
インパクトの強い一皿。ピュレを添えることで、それぞれのキノコの個性が
ぐっと引き立つ。色のグラデーションも印象的。

小さな詰めもの──ラタトゥイユを詰めた野菜の花、貝類を詰めた赤ピーマン、リゾットを詰めたトマト

Petits farcis: Courgette en fleur-ratatouille, poivron rouge-coquillage risoni, tomate-risotto, sauce au Chablis

【材料】（1皿分）

花付きクールジェット ……… 1本

クールジェットのファルス
- ラタトゥイユ（→136頁） ……… 20g
- ラングスティーヌ ……… 1尾
- 塩、コショウ ……… 各適量
- オリーブ油 ……… 適量

赤ピーマン ……… 1個
- 揚げ油 ……… 適量

赤ピーマンのファルス
- リゾーニ（米粒状のパスタ） ……… 20g
- ホッキ貝、ツブ貝、ミル貝 ……… 各2枚
- オリーブ油 ……… 少量
- 塩、コショウ ……… 各適量
- アサリ ……… 2個
- エシャロットのピュレ ……… 15g
  - エシャロット ……… 200g
  - 白ワイン（シャブリ） ……… 200cc
  - バター ……… 適量

トマト ……… 1個

トマトのファルス
- カルナローニ米* ……… 25g
- タマネギ ……… 5g
- ジュ・ド・レギューム（→90頁） ……… 45cc
- バター ……… 少量
- 塩、コショウ ……… 各適量
- ハーブ* ……… 2g
- パルミジャーノ ……… 5g

クールジェット用ソース
- 赤ピーマン ……… 2個
- ジュ・ド・クリュスタッセ（→90頁） ……… 30cc
- グレープシード油 ……… 30cc
- 塩、コショウ ……… 各適量

赤ピーマン用ソース
- ラングスティーヌ ……… 30g
- オリーブ油 ……… 適量
- ニンジンのピュレ（→28頁） ……… 50g
- タマネギのキャラメリゼ* ……… 5g
- ジュ・ド・クリュスタッセ（→90頁） ……… 30cc
- レモン汁 ……… 適量
- グレープシード油 ……… 20cc
- 塩、コショウ ……… 各適量

トマト用ソース
- ニンジンのピュレ（→28頁） ……… 50g
- セミドライトマト ……… 1個
- ラングスティーヌのポワレ ……… 30g
- ジュ・ド・ラングスティーヌ（→90頁） ……… 30cc
- グレープシード油 ……… 20cc
- バルサミコ酢（25年物） ……… 適量
- 塩、コショウ ……… 各適量

*カルナローニ米はイタリア産の米。
*セルフイユ、イタリアンパセリ、ディル、エストラゴンのアッシェを混ぜたもの。
*24頁「野菜のピュレを炒める」の要領でタマネギを粉末状になるまで炒めたもの。

【作り方】

■ クールジェット

クールジェットの花のめしべを取り、実は先の皮をむく。軽く塩をふり、100℃のスチームコンベクションオーブンで5分間加熱する。ファルス（詰めもの）は、ラングスティーヌに塩、コショウをしてオリーブ油でポワレする。コンカッセに切り、ラタトゥイユに混ぜる。これを、花の部分に詰める。

■ 赤ピーマン

1. 赤ピーマンを180℃の油で揚げ、ビニール袋に入れてしばらく蒸らす。薄皮をむき、ヘタを落として種を取り除く。
2. ファルスを作る。リゾーニを塩湯でゆでる。ホッキ貝、ツブ貝はスチームコンベクションオーブンで3分間蒸し、ミル貝は身を殻から取り出し、さっと塩ゆでして冷水に落とす。それぞれ薄切りにする。テフロンのフライパンに少量のオリーブ油を引き、強火でさっと貝類を炒め、塩、コショウをする。アサリは蒸して、冷ましてから身をはずす。蒸した時に出たジュで身を温める。以上をエシャロットのピュレ（エシャロットをバターでスュエし、シャブリで柔らかく煮てミキサーにかけたもの）と一緒に混ぜ合わせる。赤ピーマンに詰める。

■ トマト

1. トマトは湯むきし、ヘタを落として中をくり抜く。
2. ファルス。鍋に少量のバターを引き、タマネギのアッシェをよく炒める。カルナローニ米を入れて炒め、ジュ・ド・レギューム（25cc）を注いで炊く。別鍋に少量のバターを引き、炊き上がったリゾットを入れてジュ・ド・レギューム（20cc）を加え、塩、コショウで味をととのえ、仕上げにハーブのアッシェとパルミジャーノを混ぜる。トマトに詰め、オーブンで温める。

■ クールジェット用ソース

赤ピーマンを岩塩（材料外）にのせ、180℃のオーブンで30分間焼く。薄皮をむき、種をとる。ミキサーにかけ、ジュ・ド・クリュスタッセ、塩、コショウ、グレープシード油を加えて乳化させる。

■ 赤ピーマン用ソース

ラングスティーヌの殻をむき、塩、コショウをしてオリーブ油でポワレする。これとニンジンのピュレ、タマネギのキャラメリゼ、ジュ・ド・クリュスタッセをミキサーにかける。塩、コショウ、レモン汁、グレープシード油を加え、乳化させる。

■ トマト用ソース

ニンジンのピュレ、セミドライトマト、ポワレしたラングスティーヌ、ジュ・ド・ラングスティーヌをミキサーにかける。塩、コショウをし、グレープシード油を少しずつ加えて乳化させる。仕上げにバルサミコ酢を加える。

■ 仕上げ

皿に3種類のソースを流し、それぞれにクールジェット、赤ピーマン、トマトを盛る。

軽さのポイント

- 赤ピーマン⇒19頁・塩にのせて焼く
- 盛りつけ⇒62頁・盛りつけで作り手の意図を伝える

ジロール茸、トランペット茸、セープ茸の盛合せ
Assiette de champignons des bois

【材料】（1皿分）

ジロール茸	30g
バター	少量
塩、コショウ	各適量

ジロール茸のピュレ
ジロール茸	50g
バター	10g
水	50cc
ジュ・ド・プーレ（→89頁）	10cc
塩、コショウ	各適量

トランペット茸	30g
バター	少量
塩、コショウ	各適量
ジュ・ド・ヴォー（→87頁）	適量
ニンニクのピュレ（→29頁）	少量

トランペット茸のピュレ
トランペット茸	50g
ジュ・ド・ヴォー（→87頁）	30cc
生クリーム	10cc
バター	15g
塩、コショウ	各適量

セープ茸	1/2個
バター	少量
塩、コショウ	各適量

セープ茸のピュレ
セープ茸	50g
バター	10g
水	50cc
牛乳	10cc
ニンニクのピュレ（→29頁）	5g
塩、コショウ	各適量

【作り方】

■ ジロール茸のソテーとピュレ

1. ジロール茸を掃除し、水洗いして少し乾燥させる。テフロンのフライパンにバターを引き、ジロール茸を入れて塩、コショウをし、強火でソテーする。

2. ジロール茸のピュレを作る。鍋にバターを引き、ジロール茸を入れて軽く塩、コショウをして炒める。火が入ったら水を加えて軽く煮込む。フードプロセッサーにかけてピュレにし、ジュ・ド・プーレを加えて塩、コショウで味をととのえる。

■ トランペット茸のソテーとピュレ

1. トランペット茸を掃除し、さっと水洗いして少し乾燥させる。テフロンのフライパンにバターを引き、トランペット茸を入れる。塩、コショウをふり、強火でソテーする。仕上げにジュ・ド・ヴォーとニンニクのピュレを加え、ざっと混ぜる。

2. トランペット茸のピュレを作る。鍋にバターを引き、トランペット茸を入れて軽く塩、コショウをして炒める。火が入ったらジュ・ド・ヴォーを加え、軽く煮る。フードプロセッサーにかけてピュレにし、仕上げに生クリームとバターを加え、塩、コショウで味をととのえる。

■ セープ茸のソテーとピュレ

1. セープ茸を掃除する（水洗いはしない）。食べやすく、縦にスライスする。テフロンのフライパンにバターを引き、セープ茸を入れて塩、コショウし、強火でソテーする。

2. セープ茸のピュレを作る。セープ茸を適宜に切り、バターを引いた鍋に入れて軽く塩をふる。色づけるように炒めて火が入ったら、水を加えて軽く煮る。フードプロセッサーにかけてピュレにし、牛乳、ニンニクのピュレを加え、塩、コショウで味をととのえる。

■ 仕上げ

皿に3種類のピュレを敷き、ソテーしたキノコを同じ素材のピュレと対角線上になるように盛る。

軽さのポイント

● キノコのソテー⇒43頁・生のバターで加熱する
● 皿の構成⇒60頁・同じ状態に調理した素材を一皿に

野菜のピュレの
ヴァリエーション、
トリュフ風味のジュ・ド・プーレ

Variation de purées légumières,
jus de poulet et huile
de truffe en cappuccino

シャンピニョン・ド・パリ、ポワロー、栗、
ソラマメを同じ状態に調理することで、
個性を際立たせるのが狙い。ソースは
すべてのピュレとよく合うトリュフ風味。
カプチーノ仕立てにしてピュレと一緒に
すくって食べてもらう、スープのような一皿。

ポワローのクリームとブレゼ、
コロレした真鯛の白子と
トリュフ風味のジュ・ド・プーレ

Crème de poireaux et poireau braisé,
laitances de dorade colorées,
jus de poulet truffé

ポワローとジャガイモ、タマネギを炒めて
フォン・ブランで柔らかく煮たスープは、
素朴な中にもコクがあり、ほっとする味。
表面をカリッと焼いた真鯛の白子と
しっかり焼いてブレゼしたポワローを添えて。
白子の食感がスープのなめらかさによく合う。

ポワローとポテト、トリュフのスープ
Soupe truffée aux poireaux, pommes de terre

柔らかくスュエしたポワローを
ジュ・ド・プーレで煮た、シンプルだが
誰もがおいしいと感じる滋味深いスープ。
ジャガイモのピュレでなめらかさを出し、
仕上げにジュ・ド・トリュフとトリュフの
ジュリエンヌを加えてコクと香りをプラス。

フランス産栗のヴルーテ、
黒トリュフのラヴィオリと白トリュフ添え
Velouté de châtaignes, ravioli à la truffe noire et lamelles de truffe blanches

しっかりキャラメリゼして味を凝縮させた栗で作るスープは、油脂をしっかり排除する
ことでキレがよく、後口も軽やか。黒トリュフのピュレを包んだラヴィオリと
白トリュフのスライスを添えて豊かな香りと季節感を演出する。

モリーユ茸と半熟卵
Œuf cassé aux morilles dans
un jus de poulet à la crème d'ail

フレッシュのモリーユ茸が手に入る
時季にだけ作る、香り豊かな一皿。
モリーユ茸はバターでソテーし、
ジュ・ド・プーレでさっと煮て
シンプルに風味を引き出す。
ポーチ・ド・エッグを添えて
まろやかさをプラスしている。

アスパラガスとトリュフ、
トリュフのヴィネグレットソース
Asperges, truffes, lardons en vinaigrette de truffe

王道の組合せであるアスパラガスとトリュフを、シンプルに盛り合わせた。
野菜同士のもともと軽い皿を印象深くするのが、アスパラガスのピュレ。
クリームや牛乳を使わなくても、なめらかな食感が軽さを演出してくれる。

トリュフのブランマンジェ
Blanc-manger "Truffier"

ブランマンジェは柔らかめに立てたメレンゲで卵黄を包み、
ラップ紙で包んで加熱したもの。
この白とトリュフの黒とのコントラストが鮮烈な一皿。
トリュフと卵の相性は言わずもがな。
間に挟んだタマネギのピュレが味と食感のアクセント。

モリーユ茸と半熟卵
Œuf cassé aux morilles dans un jus de poulet à la crème d'ail

【材料】（1皿分）

モリーユ茸	50g	塩、コショウ	各適量
バター	10g	卵	1個
ジュ・ド・プーレ（→89頁）	60cc	酢	少量
ニンニクのピュレ（→29頁）	15g		

【作り方】

■ モリーユ茸の調理
　モリーユ茸をブラシで掃除し、さっと水洗いをして水気をよく拭き取る。バターを引いた鍋に入れ、水分をとばすように炒める。ジュ・ド・プーレを加え、軽く煮る。ニンニクのピュレを溶き入れ、塩、コショウをする。

■ ポーチ・ド・エッグ
　沸騰湯に酢を入れ、卵をそっと落としてポーチ・ド・エッグを作る。

■ 仕上げ
　器にモリーユ茸と煮汁、ポーチ・ド・エッグを盛る。

軽さのポイント
- モリーユ茸⇒43頁・生のバターで加熱する
- ニンニクのピュレ⇒34頁・ピュレを調味料・風味づけに

アスパラガスとトリュフ、トリュフのヴィネグレットソース
Asperges, truffes, lardons en vinaigrette de truffe

【材料】（1皿分）

グリーンアスパラガス	3本	ジュ・ド・トリュフ	適量
バター	適量	塩、コショウ	各適量
塩、コショウ	各適量	ヴィネグレット・ド・トリュフ（→92頁）	30cc
アスパラガスのピュレ		ベーコン	15g
グリーンアスパラガスの軸	3本	トリュフ	8g
トリュフオイル	適量		

【作り方】

■ アスパラガスの調理
　グリーンアスパラガスを掃除し、根元のほうは皮をむく。塩ゆでし、バターでさっと炒めて塩、コショウをする。

■ アスパラガスのピュレ
　グリーンアスパラガスの軸の部分を柔らかく塩ゆでし、フードプロセッサーでピュレにする。シノワで漉し、ペーパータオルを敷いたザルにあけてしばらく水気をきる。この時に出た水は火にかけてグラス状になるまで煮詰めて風味を凝縮させ、ピュレに混ぜる。トリュフオイル、ジュ・ド・トリュフも加え、塩、コショウで調味する。

■ 仕上げ
　皿の中央にアスパラガスのピュレを敷き、塩ゆでしたグリーンアスパラガスを盛る。バトネに切ったベーコンと黒トリュフを添え、皿の周囲にヴィネグレット・ド・トリュフを流す。

軽さのポイント
- アスパラガスのピュレ⇒71頁・フードプロセッサーを使う
- 皿の構成⇒56頁・相性のいいものを組み合わせる

＊アスパラガス、ピュレ、生のトリュフの食感が皿にメリハリを与え、軽さにつながる。

トリュフのブランマンジェ
Blanc-manger "Truffier"

【材料】（1皿分）
ブランマンジェ
- 卵白‥‥‥‥‥‥‥‥‥‥‥‥‥‥‥‥2個分
- 塩‥‥‥‥‥‥‥‥‥‥‥‥‥‥‥‥‥‥1g
- 酒石酸*‥‥‥‥‥‥‥‥‥‥‥‥‥ごく少量
- 卵黄‥‥‥‥‥‥‥‥‥‥‥‥‥‥‥‥‥1個

ピュレ・ド・トリュフ（→92頁）‥‥‥‥30g
タマネギのフォンデュ（→23頁）‥‥‥‥20g
　塩、コショウ‥‥‥‥‥‥‥‥‥‥‥各適量
トリュフ（スライス）‥‥‥‥‥‥‥‥‥15枚
フルール・ド・セル‥‥‥‥‥‥‥‥‥‥少量

*酒石酸を使うことで、卵白のキメが細かくなり、しっかり泡立つ。

【作り方】
■ ブランマンジェ
　ボウルに卵白、塩、酒石酸を入れてふんわりと角が立つまで泡立てる（メレンゲの少し手前くらいまで）。ラップ紙に泡立てた卵白を広げ、卵黄をのせて茶巾状に包む。100℃のスチームコンベクションオーブンで4分間ほど加熱する。

■ タマネギのフォンデュのピュレ
　タマネギのフォンデュをフードプロセッサーでピュレにする。火にかけ、塩、コショウで味をととのえる。

■ 仕上げ
　皿の中央に温めたピュレ・ド・トリュフを敷き、その中心にタマネギのピュレをのせる。ブランマンジェのラップ紙をはがしてのせ、上に直径2cmの円形に抜いたトリュフを、少しずつずらしながらバラの形のように並べたものをのせる。フルール・ド・セルを添える。

軽さのポイント
- タマネギのフォンデュ⇒23頁・煮溶かすように炒める
- 皿の構成⇒56頁・相性のいいものを組み合わせる

テーマ 「牡蠣」
Thème sur l'huître de "Matoya"

カキを4種類のソースで味わう一皿。
爽やかなレモンとレモングラスのグラニテ、
コクのある卵黄ソース、旨みたっぷりのカキのソース、
ほろ苦いクレソンのピュレ……と異なる味を添えて
カキの個性を多面的に表現する。

帆立貝柱のオーブン焼き、小野菜と酸味の効いた白ワインソース

Noix de St-Jacques cuite dans
sa coquille, légumes glacés,
sauce acidulée au vin blanc,
herbes vertes

旨みと甘みが詰まったホタテ貝柱は、
肉厚で一粒でも存在感がある。
ここではバターをのせて焼き上げ、
シンプルにおいしさを引き出した。
白ワインをぐっと煮詰めたキレと凝縮感
のあるソースでさっぱりと味わう。

タイラギ貝とムール貝の取合せ、貝風味のレンズ豆のピュレ

Taïlagi et moules au céleri,
purée de lentilles au jus de coquillages

タイラギ、ムール貝、ホッキ貝の盛合せ。
レンズ豆のピュレはアサリのジュで
のばして口当たりの軽いソースに仕上げ、
セロリの香りと食感で爽やかさをプラス。
タイラギの殻を器に使い、
視覚的なボリュームもアピール。

テーマ「牡蠣」
Thème sur l'huîtres de "Matoya"

【材料】（1皿分）
カキ（殻付き）································ 4個

クレソンのピュレ
- クレソン································ 5束
- カキのジュ······························ 適量
- シェリーヴィネガー···················· 少量
- E.V.オリーブ油························ 少量
- 塩、コショウ···························· 各適量
- エシャロット···························· 少量

カキのソース
- カキの身································ 3個
- カキのジュ······························ 適量
- バルサミコ酢（25年物）·············· 適量
- E.V.オリーブ油························ 20cc
- 塩、コショウ···························· 各適量
- 赤タマネギのマリネ
  - 赤タマネギ··························· 1個
  - オリーブ油··························· 適量
  - 赤ワイン······························ 300cc
  - 赤ワインヴィネガー················ 100cc

レモングラスのグラニテ
- レモン汁································ 70cc
- 砂糖······································ 25g
- 水·· 1ℓ
- レモンの皮······························ 1/2個
- 塩·· 適量
- レモングラス···························· 1本
- タマネギのフォンデュ（→23頁）······ 8g

卵黄ソース
- 卵黄······································ 2個
- グレープシード油······················ 10cc
- シェリーヴィネガー···················· 少量
- 塩、コショウ···························· 各適量
- キャヴィア······························ 10g

【作り方】

■ カキの処理
カキの身を殻からはずす。カキのジュで身を洗い、このジュはペーパータオルで漉して取りおく。

■ クレソンのピュレ
クレソンの葉をちぎり、塩ゆでする。冷水にとって急冷し、水気を絞る。取りおいたカキのジュ、シェリーヴィネガーとともにスムージー用ミキサーにかける。ピュレ状になったらE.V.オリーブ油を加え、乳化させる。塩、コショウで味をととのえる。

■ カキのソース
カキのジュとカキの身をミキサーにかけ、バルサミコ酢も加えてさらに撹拌する。なめらかになったらE.V.オリーブ油を少しずつ加え、乳化させる。シノワで漉し、塩、コショウをする。赤タマネギはコンカッセに切り、塩をふってオリーブ油で炒める。赤ワインと赤ワインヴィネガーを加え、形が崩れない程度に煮る。

■ レモングラスのグラニテ
レモン汁、砂糖、水、レモンの皮、塩を火にかける。沸いたら細かくきざんだレモングラスを加え、蓋をして火を止めて15分間アンフュゼする。バットに流し、冷凍庫で冷やし固める。

■ 卵黄ソース
卵黄を裏漉しし、少量の塩を加える。銅鍋に入れて弱火にかけ、泡立てないように混ぜながら加熱する。卵黄に火が入ったらグレープシード油、シェリーヴィネガーを加え混ぜ、塩、コショウで味をととのえる。

■ 仕上げ
下処理したカキのうち、3個はカキのジュとともに軽く火にかけ、ティエド（人肌程度）に温める。残り1個はひと口大にきざむ（レモンのグラニテ用）。これらをひとつぶんずつ殻にのせ、それぞれクレソンのピュレ、カキのソース、卵黄ソース、レモングラスのグラニテをかける。クレソンのピュレにはブリュノワーズに切ったエシャロットを、カキのソースには赤タマネギのマリネを、卵黄ソースにはキャヴィアを、レモングラスにはタマネギのフォンデュをのせる。岩塩（材料外）を敷き詰めた皿に盛る。

軽さのポイント
- 皿の構成⇒58頁・ひとつの素材をさまざまな味で提供
- クレソンのピュレ⇒70頁・スムージー用ミキサーを使う
- タマネギのフォンデュ⇒23頁・煮溶かすように炒める

帆立貝柱のオーブン焼き、小野菜と酸味の効いた白ワインソース
Noix de St-Jacques cuite dans sa coquille, légumes glacés, sauce acidulée au vin blanc, herbes vertes

【材料】（1皿分）

ホタテ貝柱(殻付き)……1個	水……500cc	ポワロー(青い部分)……1本
塩、コショウ……各適量	タマネギ、ニンジン、ポワロー……各40g	塩……少量
バター……1カケ	フルール・ド・セル……適量	バター……少量
白ワインソース(下記のうち20cc)	ニンジン……5g	イタリアンパセリの葉……3枚
白ワイン……6ℓ	セロリラヴ……8g	

【作り方】

■ ホタテ貝柱の調理
　ホタテの上の殻をはずし、貝柱を下の殻につけたままヒモとワタを取り除き、水気を拭く。塩、コショウをふり、バターをのせて200℃のオーブンで約5分間焼く。

■ 白ワインソース
　白ワインのうち4ℓを火にかけて1/4量まで煮詰める。残りの2ℓと水、タマネギ、ニンジン、ポワロー、フルール・ド・セルを鍋に入れて火にかけ、半量まで煮詰める。二つを合わせ、さらに1ℓになるまで煮詰める。

■ 小野菜
　ニンジンとセロリラヴを直径1cmの抜き型で抜く。厚さ2mmにスライスし、塩ゆでする。ポワローを下ゆでし、1cm角のペイザンヌに切る。塩と少量のバターを加えた湯でさっと温める。イタリアンパセリをジュリエンヌに切る。

■ 仕上げ
　皿に岩塩(材料外)を敷き、殻付きのままホタテ貝柱を置く。小野菜をこんもりと盛り、白ワインソースをかける。

軽さのポイント
● ホタテと白ワインソース⇒57頁・対照的な味を組み合わせる

タイラギ貝とムール貝の取合せ、貝風味のレンズ豆のピュレ
Taïlagi et moules au céleri, purée de lentilles au jus de coquillages

【材料】（1皿分）

タイラギ……1個	ニンジン……1/2本	ムール貝のジュ(蒸し汁)……30cc
ムール貝……5個	タマネギ……1/3個	セロリのピュレ(下記のうち15g使用)
ホッキ貝……1個	セロリ……1/3本	セロリの軸……200g
塩、コショウ……各適量	ポワロー……1/5本	セロリの葉……70g
オリーブ油……適量	ローリエ……1枚	セロリ……1/2本
レンズ豆のピュレ(下記のうち40g)	タイム……1本	セロリの葉……4枚
レンズ豆……250g	クローヴ……2本	塩、コショウ……各適量

【作り方】

■ タイラギ、ムール貝、ホッキ貝の調理
　タイラギを殻からはずし、塩、コショウをする。オリーブ油を引いたテフロンのフライパンでソテーし、3等分にする。ムール貝は蒸し、殻をはずして掃除する。ホッキ貝も蒸して殻をはずし、ワタを取り除く。身を半分に切り、さらに4等分にする。塩、コショウをしてさっとソテーする。

■ レンズ豆のピュレ
　レンズ豆を一晩水に浸けてもどす。鍋にレンズ豆、ニンジン、タマネギ(クローヴを挿す)、ざく切りにしたセロリとポワロー、ローリエ、タイムを入れ、レンズ豆が柔らかくなるまで煮る。野菜ごとスムージー用ミキサーにかけて、シノワで漉す。ムール貝のジュ、塩、コショウで味をととのえる。

■ セロリのピュレ
　セロリの軸と葉を別にゆでて、一緒にスムージー用ミキサーでピュレにし、シノワで漉す。塩、コショウで調味する。

■ 仕上げ
　タイラギの殻にレンズ豆のピュレを敷き、貝類を盛る。さっとソテーしたセロリと油(材料外)で揚げたセロリの葉を添え、セロリのピュレをところどころにたらす。

軽さのポイント
● レンズ豆とセロリのピュレ⇒70頁・スムージー用ミキサーを使う

川津海老のラヴィオリ、
色よく焼いたクールジェットとそのスパゲッティ
Ravioli aux crevettes de "Kawatsu",
courgettes dorées et ses spaghettis, sauce légère au curry tomaté

川津エビを煮込んだ野菜とともにラヴィオリにし、
ゆでてから片面だけ焼いて香ばしく仕上げた。
オマールの脚を殻ごとつぶしたソースには、
カレー粉を加えて心地よい刺激に。
クールジェットの皮が食感と彩りのアクセント。

渡り蟹のヴルーテ、蟹身添え、
ふんわりユリ根のピュレ

Velouté de crabe et ses pattes,
purée de bulbes de lis

ワタリガニのスープを殻ごとパコジェットにかけて
旨みを抽出しきった濃厚なヴルーテに、
ワタリガニの脚の身を添えて。
ユリ根のピュレをサイフォンで絞り出した
ムースのふんわり感が、軽やかさを演出。

車海老とアスペルジュ・ソヴァージュ、雲丹のサラダ

Poêlée de crevettes aux langues d'oursin et aux asperges sauvages,
vinaigrette à l'huile de pépins de raisin-balsamique

車エビとウニを組み合わせた、
海の香りたっぷりの豪華なサラダ。
独特のぬめりを持つアスペルジュ・ソヴァージュは
軽く結んで食べやすく。
パリパリに焼いたエビの殻が食感のアクセント。

赤爪エクルヴィスのジュレ仕立て、ギリシャ風野菜添え
Queue et pinces d'écrevisses pattes rouges en gelée,
légumes dans un jus de "Grecque", crème de corail au balsamique

フリカッセにしたエクルヴィスの旨みをシンプルに味わう一皿。
下に敷いたのは、エクルヴィスのジュレ。ふんわり軽いコライユのクリームと
ギリシャ風野菜のマリネを添えて、淡白な味にメリハリを出す。

赤爪エクルヴィスのソテー、エストラゴン風味
Écrevisses pattes rouges sautées à l'estragon, jus d'écrevisses échaloté

高温でソテーすることで出てくる、
エクルヴィスの香ばしさや凝縮した旨みを全面に打ち出した一品。
エシャロットやエストラゴンで風味をプラス。
手づかみで口に運び、コライユまで堪能してもらう。

車海老とアスペルジュ・ソヴァージュ、雲丹のサラダ
Poêlée de crevettes aux langues d'oursin et aux asperges sauvages, vinaigrette à l'huile de pépins de raisin-balsamique

【材料】（1皿分）

車エビ	3尾
塩、コショウ	各適量
オリーブ油	適量
アスペルジュ・ソヴァージュ*	8本
バター	適量
塩、コショウ	各少量

ウニのソース
ウニ	100g
ジュ・ド・クリュスタッセ（→90頁）	50cc
塩、コショウ	各適量

甲殻類のソース
ジュ・ド・クリュスタッセ（→90頁）	50cc
エシャロット	10g
エストラゴン	1本
塩、コショウ	各適量
バター	適量

ウニ　2個

*アスパラガスの野生種ではなく、5〜6月に自生する植物。フランス産。

【作り方】

■ 車エビの調理
　車エビは尾をつけたまま殻をはずす。殻は頭の固い部分を除き、広げてフライパンにのせる。上から銅鍋を2枚のせて重しとし、カリカリに焼く。身は背ワタを取り、塩、コショウをする。オリーブ油を引いた鍋に背を下に入れ、その面だけ強火で2分間ソテーする。

■ アスペルジュ・ソヴァージュの調理
　アスペルジュ・ソヴァージュを塩ゆでし、バターでソテーする。ごく軽く塩、コショウをする。食べやすく結う。

■ ウニのソース
　ウニをミキサーにかけ、シノワで漉す。ジュ・ド・クリュスタッセを加え、一度火にかける。塩、コショウで味をととのえる（塩の量はウニの塩気によって加減する）。

■ 甲殻類のソース
　鍋にバターを引き、エシャロットのアッシェを炒める。ジュ・ド・クリュスタッセを加え、半量程度まで煮詰めたら塩、コショウで味をととのえる。エストラゴンのアッシェを加える。

■ 仕上げ
　皿にウニのソースを引き、車エビとアスペルジュ・ソヴァージュを盛る。車エビには甲殻類のソースをのせる。カリカリに焼いた車エビの殻と生ウニを添える。

▍軽さのポイント
● 車エビ⇒41頁・オリーブ油で甲殻類をポワレする

赤爪エクルヴィスのジュレ仕立て、ギリシャ風野菜添え
Queue et pinces d'écrevisses pattes rouges en gelée, légumes dans un jus de "Grecque", crème de corail au balsamique

【材料】（1皿分）

エクルヴィス* ……………… 6尾	プティオニオン ……………… 2個	コライユのクリーム
ブール・クラリフィエ ……… 適量	セロリ（スライス） ………… 4切れ	┌ エクルヴィスのコライユ …… 6尾分
レモンのヴィネグレット（→46頁）…10cc	ジロール茸 …………………… 4本	│ 生クリーム（6分立て）……… 20cc
エクルヴィスの殻 …………… 6尾分	オリーブ油 …………………… 適量	│ バルサミコ酢 ……………… ごく少量
水 …………………………… 180cc	グレックの漬け汁（→169頁）… 300cc	└ 塩、コショウ ……………… 各適量
ゼラチン …………………… 3g	ポワロー（青い部分）………… 1/2本	*「パット・ルージュ」といわれる赤い爪のものを使用。濃厚な味が特徴。
ギリシャ風野菜	キヌサヤ ……………………… 3枚	
┌ 姫ニンジン ………………… 1/2本	└ コリアンダー（生） ………… 4枚	

【作り方】

■ エクルヴィスのジュレ仕立て

1. 銅鍋にブール・クラリフィエを入れ、殻付きのエクルヴィスを背から入れて赤くなるまで炒める。裏側も軽く炒め、火が通った順に取り出す。爪は軽く叩いて殻をはずし、身も殻をはずす。どちらもレモンのヴィネグレットをからめる。頭からコライユ（ミソ）と砂袋を取り出し、コライユは取りおく。
2. はずした殻をきざみ、強火で炒める。水を注ぎ、約15分間煮出してジュをとる。シノワで漉し、味が出るまで煮詰める。水でもどしたゼラチンを加え、皿に流して冷蔵庫で固める。

■ ギリシャ風野菜

姫ニンジンの皮をむき、プティオニオン、セロリとともに蒸す。ジロール茸はオリーブ油でソテーする。すべてグレックの漬け汁に漬ける。ポワローとキヌサヤは適宜に切って下ゆでし、コリアンダーはジュリエンヌに切る。全部をざっと混ぜる。

■ コライユのクリーム

取りおいたエクルヴィスのコライユを加熱し、シノワで漉す。6分立ての生クリーム、バルサミコ酢と混ぜる。塩、コショウをする。

■ 仕上げ

皿に流したジュレの中心部をくり抜き、コライユのクリームを絞る。ここにギリシャ風野菜をのせ、周りにエクルヴィスの爪と身を交互に並べる。

🍴 軽さのポイント

● レモンのヴィネグレット⇒46頁・基本のヴィネグレット
● 皿の構成⇒57頁・対照的な味を組み合わせる
● 皿の構成⇒61頁・異なる温度を一皿に盛り込む

赤爪エクルヴィスのソテー、エストラゴン風味
Écrevisses pattes rouges sautées à l'estragon, jus d'écrevisses échaloté

【材料】（1皿分）

エクルヴィス ………………… 5尾	塩、コショウ ……………… 各適量
ブール・クラリフィエ ……… 15g	エストラゴン ……………… 1本
エシャロット ………………… 5g	*ジュ・ド・オマールやジュ・ド・クリュスタッセで代用可。
ジュ・ド・エクルヴィス*（→90頁）…… 60cc	

【作り方】

■ エクルヴィスのソテー

銅鍋にブール・クラリフィエを引き、殻付きのエクルヴィスを背から入れて炒める。殻が赤くなったら裏返し、軽く火を入れる。余分な油を捨て、エシャロットのアッシェとジュ・ド・エクルヴィスを加えて火にかける。火が通った順に取り出し、殻付きのまま縦に2等分して砂袋と背ワタを取り除く。鍋に残ったジュは煮詰め、塩、コショウで味をととのえる。

■ 仕上げ

皿にエクルヴィスを並べ、煮詰めたジュをかける。アッシェにしたエストラゴンを散らす。

🍴 軽さのポイント

● エクルヴィスのソテー⇒45頁・余分な油脂を排除する（ザルにあける、ペーパータオルで拭く）

グルヌイユのパン粉付け焼き、セロリラヴのピュレとパセリのジュース

**Jambonnettes de grenouilles panées
à la purée de céleri-rave
et au jus de persil**

ベルナール・ロワゾー氏のスペシャリテをアレンジした一品。
パン粉をつけたグルヌイユを
ピーナッツ油で食感よく揚げ、
色も味も鮮烈なパセリのピュレと一緒に
味わってもらう。穏やかなセロリラヴの
ピュレを添えて味のバランスをとる。

ムースロン茸のラグー、グルヌイユのモモ肉添え

**Cuisses de grenouille sautées aux mousserons,
jus de mousseron à la purée d'ail**

ムースロン茸とグルヌイユという繊細な素材同士の組合せ。
ムースロン茸をソテーした時に出たジュを生かしてスープ仕立てに。
キノコともグルヌイユとも相性がいいニンニクのピュレを隠し味に加えて。

ラパンのスープ仕立て、ローズマリー風味、ニンジンのコンフィと背肉のレバー詰めメダイヨン添え

Lapin et romarin en soupe aux carottes confites,
foie et épinards en branches, épaule compotée

ラパン (家ウサギ) を丸ごと使い、
スープ仕立てにして誰にも食べやすく仕上げた。
軽さのポイントはラパンの味をピュアに引き出したジュ。
ガラを炒める時にクルミ油を使い、淡白な中にコクを補っている。
じっくりカラメリゼして甘みを引き出したニンジンを添えて。

ほんのり温めた牡蠣、バルサミコのドレッシングソースと
オリーブ油を加えた海のジュース、ポテトのエカゼとキャヴィア添え
Huîtes raidies, jus de mer en vinaigrette de balsamique et huile d'olive, écrasé de pommes de terre et caviar

どちらとも相性のいいキャヴィアを仲介役にすることで、
カキとジャガイモを出会わせた一品。カキの旨みをジャガイモが受け止め、
口の中でゆっくり広がる。ドレッシング風のソースでさっぱり食べやすく。

ブルターニュ産オマールのロティ、
西洋ゴボウとセロリラヴのバルサミコ風味のキャラメリゼ
Homard rôti à cru, salsifis et céleri-rave caramélisés, vinaigre balsamique

オマールをシンプルにロティし、濃厚なコライユのソースを添えた一皿。
西洋ゴボウとセロリラヴはじっくり加熱して味を凝縮させているが、
ドライトマトとバルサミコ酢を加えてキレよく仕上げる。

コチとカサゴの霜降り焼き、
ニース風リゾットとブイヤベースのジュ

Kochi et kasago persillés, risotto aux condiments niçois,
jus de bouillabaisse

クールジェットや松ノ実、ケイパーが入ったリゾットを、野菜たっぷりの
ブイヤベースのソースで味わう南仏風の料理。個性の違う2種類の魚をのせ、
バーナーであぶって脂がじわっと出てきたところを味わう。

ほんのり温めた牡蠣、バルサミコのドレッシングソースとオリーブ油を加えた海のジュース、ポテトのエカゼとキャヴィア添え
Huîtes raidies, jus de mer en vinaigrette de balsamique et huile d'olive, écrasé de pommes de terre et caviar

【材料】（1皿分）
- カキ……………………………… 5粒
- ジャガイモ ………………… 1個(150g)
- 岩塩 …………………………… 適量
- バター ………………………… 30g
- 塩、コショウ ………………… 各適量
- キャヴィア …………………… 12g
- カキのドレッシングソース
  - カキ ………………………… 3粒
  - カキのジュ ………… 3粒分（約20cc）
  - バルサミコ酢（25年物）……… 2滴
- E.V.オリーブ油 ……………… 20cc
- 塩、コショウ ………………… 各適量

【作り方】
■ カキの調理

　カキの殻をはずし、殻に入っていたジュで身を洗う。ジュはペーパータオルで漉し、提供時にこのジュでカキを温める。

■ ジャガイモのエカゼとキャヴィア

　皿に岩塩を敷き詰め、ジャガイモを皮付きのままのせる。160℃のオーブンで約40分間焼く（途中で上下を返す）。皮をむき、フォークでつぶしてバターと塩、コショウを混ぜる。直径6.5cmのセルクルに詰め、上にキャヴィアをのせる。

■ カキのドレッシングソース

　カキの殻をはずし、殻に入っていたジュを漉す。身とジュをミキサーにかけ、バルサミコ酢を加え、E.V.オリーブ油を少しずつ加えて乳化させる。シノワで漉し、カキの塩加減に応じて塩、コショウをする。

■ 仕上げ

　皿にドレッシングソースを流し、中央にジャガイモを詰めたセルクルを置いてはずす。周囲に温めたカキを盛る。

▍軽さのポイント
- ジャガイモ⇒19頁・塩にのせて焼く
- 皿の構成⇒56頁・相性のいいものを組み合わせる

ブルターニュ産オマールのロティ、西洋ゴボウとセロリラヴのバルサミコ風味のキャラメリゼ
Homard rôti à cru, salsifis et céleri-rave caramélisés, vinaigre balsamique

【材料】（1皿分）
- ブルターニュ産オマール ……… 1尾
- カレー塩* ……………………… ひとつまみ
- オリーブ油 …………………… 30cc
- ブール・クラリフィエ ……… 30g
- ソース（下記のうち30cc）
  - オマールの殻 ……………… 1尾分
  - オマールのコライユ ……… 1尾分
- オリーブ油 …………………… 20cc
- 水 …………………………… 360cc
- 塩、コショウ ………………… 各適量
- 西洋ゴボウ …………………… 1本
- ジュ・ド・プーレ（→89頁）……… 30cc
- セミドライトマト ………… 1/2枚
- セロリラヴ …………………… 1個
- バルサミコ酢 ………………… 10cc
- ブール・クラリフィエ ……… 適量
- エストラゴン ………………… 1本

＊カレー粉と塩（乾燥させて水分をとばしたもの）を3対1で合わせたもの。

【作り方】
■ オマールのロティ

　オマールの頭と爪を切り落とす。尾の先を切り、胴を殻ごと縦に2等分する。爪は100℃のスチームコンベクションオーブンで約6分間加熱し、殻をはずす。はずした爪の身は腕と爪先に分け、カレー塩をまぶしてオリーブ油でソテーする。胴にもカレー塩をまぶし、ブール・クラリフィエを引いた鍋で、殻を強火でソテーする。180℃のオーブンで約2分間加熱する。

■ オマールのソース

　切り落とした頭からコライユを取り出し、殻は細かく砕く。鍋にオリーブ油を引き、殻を強火で炒める。水を注ぎ、弱火で約1時間煮出す。シノワで漉し、60cc前後まで煮詰める。コライユはミキサーにかけてなめらかにし、煮詰めたジュとともに火にかける（ジュの量は味をみて調整）。鮮やかな色になったら塩、コショウをする。

■ 西洋ゴボウとセロリラヴのキャラメリゼ

　西洋ゴボウの皮をむき、5cm幅に切る。さっとブランシールし、ブール・クラリフィエで味を凝縮させるようにソテーする。火が通ったらジュ・ド・プーレとセミドライトマトのアッシェを加え、西洋ゴボウにからめる。セロリラヴは直径1cmの抜き型で抜き、幅5cmに切る。ブール・クラリフィエで味を凝縮させるようにソテーし、バルサミコ酢を加えてキャラメリゼする。

■ 仕上げ

　皿にオマールの胴と腕、爪をのせ、ソースをかける。西洋ゴボウとセロリラヴを交互に並べ、エストラゴンをふる。

▍軽さのポイント
- オマール⇒41頁・オリーブ油で甲殻類をソテーする
- 西洋ゴボウとセロリラヴ⇒20頁・水分をとばすように炒める

コチとカサゴの霜降り焼き、ニース風リゾットとブイヤベースのジュ
Kochi et kasago persillés, risotto aux condiments niçois, jus de bouillabaisse

【材料】（1皿分）

コチ	30g
カサゴ	30g

ニース風リゾット
- カルナローニ米 25g
- タマネギ 5g
- ジュ・ド・レギューム（→90頁） 50cc
- バター 少量
- 塩、コショウ 各適量

リゾットのアパレイユ（1皿10g）
- A
  - ニンニク 3カケ
  - タマネギ 80g
  - クールジェット 80g
  - ドライレーズン 80g
  - 松ノ実 80g
  - 白ワインヴィネガー 少量
  - ケイパー（塩漬け） 40g
  - バジル、イタリアンパセリ 各適量
  - オリーブ油 適量

ブイヤベースのジュ（1皿40cc）
- タマネギ 200g
- ニンジン 200g
- セロリ 200g
- ダイコン 200g
- クールジェット 200g
- 生ハム（またはベーコン） 250g
- ニンニク 1カケ
- ローリエ 2枚
- タイム 1本
- バジル 1枚
- ジャガイモ 200g
- ゆで白インゲン豆* 200g
- トマト 300g
- フュメ・ド・ポワソン（→90頁） 2ℓ
- 塩、コショウ 各適量

チンゲン菜* 2本

＊白インゲン豆は、水でもどした豆を水、ミルポワ、ベーコン、ブーケガルニ、クローヴで柔らかく煮たもの。

＊チンゲン菜（な）というチンゲン菜と菜花をかけ合わせた野菜を使用。

【作り方】

■ コチとカサゴの準備

　コチとカサゴは3枚におろし、皮を引いて薄くスライスする。

■ ニース風リゾット

1. アパレイユを作る。ニンニクとタマネギ（80g）はアッシェに、クールジェットはブリュノワーズに切る。松ノ実はローストする。鍋にオリーブ油を引き、ニンニクを色づかないように炒める。タマネギを加えて炒め、クールジェット、ドライレーズン、松ノ実も加える。火が入ったら、少量の白ワインヴィネガーでデグラッセし、きざんだケイパー、バジル、イタリアンパセリを加えて仕上げる。

2. 別鍋に少量のバターを入れ、タマネギ（5g）のアッシェをよく炒める。カルナローニ米を加えてさらに炒め、ジュ・ド・レギューム（25cc）を加えて炊く。別鍋に少量のバターを入れ、炊き上がったリゾットを移し、残りのジュ・ド・レギュームを加えて混ぜる。塩、コショウをし、1のアパレイユを加え混ぜる。

■ ブイヤベースのジュ

　タマネギ、ニンジン、セロリ、ダイコン、クールジェットをペイザンヌに切る。鍋に生ハム（またはベーコン）とニンニクを入れ、軽く炒める。先の野菜を加え、ローリエ、タイム、バジルも加えてさらに炒める。火が入ったらスライスしたジャガイモ、ゆで白インゲン豆、トマトを加え、フュメ・ド・ポワソンを注いで約1時間煮込む。煮汁を漉し、野菜はスムージー用ミキサーにかけてピュレにする。煮汁は軽く煮詰め、ピュレにした野菜を加えて濃度を調整する。塩、コショウで調味する。

■ 仕上げ

　リゾットをセルクルに詰め、皿の中央に置いて抜く。上にコチとカサゴをのせ、バーナーで焼き目をつける。ブイヤベースのジュを流し、塩ゆでしたチンゲン菜を添える。

軽さのポイント

● ブイヤベースのジュ⇒30頁・野菜のピュレでモンテする
● ブイヤベースのジュ⇒70頁・スムージー用ミキサーを使う

＊リゾットにタマネギやレーズン、松ノ実、ケイパーなどのアパレイユを加えることで、さまざまな食感が混ざり、軽さや食べやすさにつながる。

いろいろ近海魚のロティ、高菜ソース
Fins filets de poisson rôti sur la peau sauce aux "Takana"

ジェノヴァソース、ナスのピュレ、オリーブのチップを
組み合わせた、南仏を意識した一皿。
皮目をパリッと焼き上げた4種類の魚を、
2種類のソースとナスのピュレで味わってもらう。
食べるごとに味がどんどん変わっていく一品。

皮をパリパリに焼いた真鯛とバジルの乳化ソース
Dorade à la peau croquante, tapenade d'olive, tomate, oignon et carotte de nage, l'émulsion de basilic

フュメ・ド・ポワソンとジュ・ド・オマールをベースにした
旨みたっぷりのソースに、バジルを加えて清々しさをプラス。
たっぷりのソースで味わうナージュ仕立てを意識し、
真鯛の付合せには定番であるタマネギとニンジンを添えた。

平目の香味コンフィ、
アスパラガスのロティ添え、卵黄ソース
Pavé de turbot confit aux aromates, asperges rôties, sauce aux jaunes d'œufs

ブール・クラリフィエにローズマリー、フヌイユ、ニンニクを入れ、
その中で魚をゆっくり加熱することで穏やかに香りをまとわせた。
濃厚でキレのいい卵黄ソースが、ヒラメの淡白な旨みを引き立てる。

平目の香草オイルポシェ、
フヌイユのスービーズソースと
ペルノー酒風味の乳化ソース

**Turbot confit aux aromates,
peau croquante, soubise de fenouil,
réduction de turbot
et "Pernod" émulsionné**

175頁の皿と同様に、ローズマリー、
フヌイユ、ニンニクが入った
ブール・クラリフィエでヒラメをポシェ。
フヌイユのピュレと付合せ、
ペルノーを香らせたソースと、
香りをフヌイユで統一した一皿。

ドーバー産舌平目のムニエル、
ポテトのドレッシングソース

**Sole exceptionnelle au plat meunière
ses filets à la purée
de pommes de terre citronnée**

ドーバー産の舌ビラメは、
シンプルにブール・クラリフィエで
ムニエルにし、ふっくら仕上げた。
レモンのヴィネグレットでのばした
なめらかなジャガイモのピュレを、
ガルニチュール兼ソースとして添えた。

軽さの料理　　Les Menus Légers

ヒメジのポワレ、野菜のクネル、肝のソース

Filets de rouget poêleés, quenelles de pommes de terre au basilic et de navet-carotte, sauce foie de rouget

甲殻類のような独特の香りを持つヒメジ（ルージェ）は、オリーブ油で皮をパリッと焼き上げてその風味を強調する。
ニンジンとカブ、ジャガイモとバジルの2種類の野菜のクネルを付合せに。

スズキのロティと煮溶けたエシャロット、赤ワインソース

Bar rôti à la fondue d'échalotes, sauce au vin rouge

ふっくら香ばしいスズキに、あえて赤ワインとエシャロットで作るシャープなソースを合わせて互いを引き立たせる。エシャロットのフォンデュは魚とソースの仲介役であり、味に複雑さをもたらす重要な存在。

フグの白子包みポテト巻き、
ゴボウのキャラメリゼと野菜のジュース美味

Laitances et "Fugu" en pommes de terre,
salsifis caramélisés jus de légumes agrémenté

カリカリに焼いたジャガイモの歯切れと
中のとろりとした白子の食感の対比がユニークな一皿。
フグに巻いたジャガイモが湿らないよう、
ソースとの間にはゴボウのキャラメリゼを挟んで。
ソースのドライトマトとイタリアンパセリが爽やかさをプラス。

アンコウのローストと緑レンズ豆の取合せ、肝のソース

Lotte rôtie aux lentilles vertes du Puy,
croustillant de jambon cru, sauce foie de lotte

アンコウのローストとそのレバーで仕立てたソース。
少しクセのあるアンキモは、焼き色がつくまで
香ばしく焼いてから使うことで、おいしいソースに。
レンズ豆の付合せにはアサリのジュを加え、
風味と口当たりに軽やかさを加えた。

フグの白子包みポテト巻き、ゴボウのキャラメリゼと野菜のジュース美味
Laitances et Fugu en pomme de terre, salsifis caramélisés jus de légumes agrémenté

【材料】（1皿分）

フグの切り身	1/2切れ（50g）
塩、コショウ	各適量
黒トリュフ（スライス）	10枚
フグの白子	30g
ジャガイモ	1個
グレスドワ	30g
バター	10g

ソース（下記のうち40cc）

フグの骨	1尾分
フグの切り身	1/2切れ
タマネギ	100g
ポワロー	100g
オリーブ油	適量
水	300cc
ジュ・ド・レギューム（→90頁）	50cc
セミドライトマト	1個
黒トリュフ	5g
イタリアンパセリ	1本
塩、コショウ	適量

西洋ゴボウ	2本
塩、コショウ	各少量
バター	適量
ジュ・ド・プーレ（→89頁）	20cc

【作り方】

■ フグの白子包みポテト巻き

1. フグを三枚におろし、切り身1枚を縦に2等分にする。そのうち1枚をポテト巻きに用いる。骨は適宜の大きさに切り、水にさらしておく。白子はスジを取り、水にさらして血抜きをする。

2. ポテト巻き用のフグを縦に持ち、桂むきのように包丁を使って薄く開く。広げて塩、コショウをし、黒トリュフのスライスを隙間なく並べる。白子をのせ、白子が中心にくるように巻き込む。ジャガイモを1cm幅の桂むきにし、フグの中身が出てこないように十字に巻く。グレスドワとバターを熱した鍋で、全体に焼き色がつくように香ばしく焼く。

■ ソース

タマネギとポワローをスライスし、オリーブ油でよく炒める。水を注ぎ、さらしておいたフグの骨を加えて約1時間煮出す。シノワで漉し、100cc前後まで煮詰める。ジュ・ド・レギュームとアッシェにしたセミドライトマトと黒トリュフ、イタリアンパセリのジュリエンヌを加え、塩、コショウで味をととのえる。

■ ゴボウのキャラメリゼ

西洋ゴボウの皮をむき、ブランシールする。塩、コショウをふり、水分を外に出すようにバターで炒める。ジュ・ド・プーレを加え、煮る。

■ 仕上げ

器にソースを流し、中央に西洋ゴボウを並べる。その上にフグのポテト巻きをのせる。

軽さのポイント

- ゴボウのキャラメリゼ⇒20頁・水分をとばすように炒める
- 盛りつけ⇒67頁・付合せをクッションとする

アンコウのローストと緑レンズ豆の取合せ、肝のソース
Lotte rôtie aux lentilles vertes du Puy, croustillant de jambon cru, sauce foie de lotte

【材料】（1皿分）

アンコウ	1切れ（80g）
塩、コショウ	各適量
強力粉	少量
グレスドワ	適量
バター	少量

肝のソース（下記のうち30g）
- アンコウの肝 …… 1尾分
- ブール・クラリフィエ …… 適量
- ジュ・ド・ヴォー（→87頁） …… 30cc
- ニンジンのピュレ（→28頁） …… 5g
- 塩、コショウ …… 各適量

レンズ豆の付合せ（下記のうち25g）
- 緑レンズ豆 …… 250g
- ニンジン …… 1/2本
- タマネギ …… 1/3個
- セロリ …… 1/3本
- ポワロー …… 1/5本
- ブーケガルニ* …… 1束
- クローヴ …… 2本
- 水 …… 750cc
- アサリのジュ（蒸し汁） …… 30cc
- 塩、コショウ …… 各適量

生ハム …… 2枚
揚げ油 …… 適量

*タイム、ローリエ、パセリ、ポワローを束ねたもの。

【作り方】

■ アンコウのロースト

　アンコウの切り身に塩、コショウをふり、強力粉をまぶす。鍋にグレスドワを引き、皮がついていた面を下にして入れる。香ばしく色づいたら少量のバターを加え、すぐに蓋をして蒸し焼きにする（焼くのは片面のみ）。焼き上がったらペーパータオルで余分な油を拭き取る。

■ 肝のソース

1. アンコウの肝は血管を取り除き、流水にさらして血抜きする。ひと口大に切る。テフロンのフライパンにブール・クラリフィエを引き、肝を入れて水分をとばすように焼いてキャラメリゼする。ペーパータオルで余分な脂を拭き取る。

2. 肝とジュ・ド・ヴォーをミキサーにかけ、シノワで漉す。少量のニンジンのピュレを加えてモンテシ、塩、コショウで味をととのえる。

■ レンズ豆の付合せ

　緑レンズ豆を一晩水に浸けてもどす。鍋にレンズ豆、ニンジン、クローヴを刺したタマネギ、セロリ、ポワロー、ブーケガルニを入れ、かぶるくらいの水を注いで煮る。柔らかくなったら野菜やハーブを取り除き、アサリのジュを加えて塩、コショウで味をととのえる。

■ 仕上げ

　皿の半分にアンコウの肝のソースを敷き、残り半分にレンズ豆を敷く。アンコウのローストをのせる。160℃の油でカリカリに揚げた生ハムをアンコウに挿す。

軽さのポイント

● アンコウのロースト⇒37頁・グレスドワで魚をポワレする
● アンコウのロースト⇒45頁・余分な油脂を排除する（ペーパータオルで拭く）

肉料理

Viandes

肉料理は、コースのクライマックス。
力のある素材に装飾は不要。無駄を排し、
本質に近づこうとすれば、おのずと調理はシンプルになる。
素材の持つ旨みをぐっと凝縮させることで、
皿に存在感を持たせること。それでも重くなりがちな肉料理では、
極力バターやクリームを排除したい。
そのぶん、問われるのがソースのキレ。
クリアーなベース作りが重要である。

キジ胸肉のソテーと
モモ肉のコンフィとフォワグラ、
トリュフ入りミルフイユと
豚足入りファルス添え

Poule faisanne sautée,
confite, farce au foie gras
truffée, salade d'herbes
sauce au sang

脂が少なく、淡白なキジの胸肉は、
クリームやバターで仕立てるのが一般的。
ここでは豚足のファルスのゼラチン質と
キジの血を使ったソースでなめらかさと
コクを補いつつ、キレよく仕上げた。
ロメインレタスとハーブで爽やかさを表現。

丹波地鶏のパナシェ

Panache de volaille Tamba et ses abats,
rôtis, confits, au jus, panés frits,
à la purée de pommes de terre truffée

力強い味わいの丹波地鶏の魅力を、
胸肉、モモ肉、レバー、手羽、砂肝を
それぞれ別に調理することで表現。
付合せのジャガイモのピュレはそのまま
食べるもよし、ソースに混ぜて
なめらかさとまろやかさを補うのもよし。
食べ手の口の中で初めて完成する一皿。

ブレス産肥育鶏の壺蒸し焼き "ベルナール・ロワゾー風"、
トリュフ風味ライス添え
Poularde de Bresse à la vapeur "Bernard Loiseau"
au riz truffé

ジュ・ド・ヴォー、ジュ・ド・プーレ、
ジュ・ド・クー・ド・ブフを合わせたジュで
プーラルドを蒸した、ベルナール・ロワゾー氏の
スペシャリテ。継ぎ足して使うことで出てくる
ジュの凝縮した味わいが、鶏にコクを与えてくれる。

ホロホロ鳥の胸肉とフォワグラの取合せ、
トリュフ風味のポテトと若ポワロー
Blanc de pintade et le foie gras chaud, poireaux nains raidis,
purée de pommes de terre truffée, jus de pintade

淡白な味と身質を持つパンタード(ホロホロ鳥)の胸肉を、
ジャガイモのピュレでモンテしたなめらかなソースで味わう一品。
付合せにも、コクのあるフォワグラとジャガイモのピュレを添えて。

仔鳩のローストのサラダ仕立て、モモ肉のクルスティヤン添え、
ノワゼット風味のソース・オ・ソン
Pigeonneau rôti en salade d'herves vertes, cuisse croustillantes et sauce aux noisettes

仔鳩をシンプルにローストし、力強さをストレートに表現。
血やレバーを使ったソースには、鳩と相性がいいノワゼットのピュレを
加えて風味をプラス。サラダのヴィネグレットにもノワゼット油を使っている。

ブレス産肥育鶏の壺蒸し焼き "ベルナール・ロワゾー風"、トリュフ風味ライス添え
Poularde de Bresse à la vapeur "Bernard Loiseau" au riz truffé

【材料】（4皿分）

ブレス産プーラルド（肥育鶏）	1羽（約2.5kg）
トリュフ（スライス）	4枚
コニャック	80cc
ポルト酒	80cc
ジュ・ド・トリュフ	80cc
ポワロー	50g
カブ	50g
ニンジン	25g
トリュフ	10g
フォワグラ	50g
プーラルドのレバー	1羽分
ジュ・ド・トリュフ	適量
トリュフオイル	適量
塩、コショウ	各適量
ジュ・ド・プーラルド*	2ℓ

トリュフ風味ライス
バスマティ米（長粒種の米）	100g
水	100cc
ジュ・ド・プーラルド	80cc
バター	20g
トリュフオイル	適量
塩、コショウ	各適量
トリュフ（アッシェ）	5g

＊ジュ・ド・プーラルドは同量のジュ・ド・クー・ド・ブフ、ジュ・ド・ヴォー、ジュ・ド・プーレを合わせたもの。継ぎ足しながら使用する。

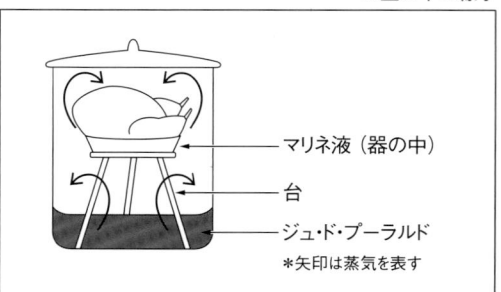

【作り方】

■ プーラルドの壺蒸し焼き

1. プーラルドのモモのスジを取り除き、脚先を落とす。内臓を取り出し、腹の内側をペーパータオルで拭く。内臓はレバーのみ取りおく。モモ肉と胸肉のそれぞれ肉と皮の間に、トリュフのスライスを2枚ずつ挟み込む。形が崩れないように脚先を揃えて糸で縛る。これを、コニャックとポルト酒のアルコールをとばし、ジュ・ド・トリュフと合わせた液体とともに真空包装にかける。冷蔵庫で4〜5日間マリネする。このマリネ液は取りおく（①）。

2. ポワロー、カブ、ニンジン、トリュフをそれぞれジュリエンヌに切る。フォワグラには塩、コショウをしてソテーし、冷めたらブリュノワーズに切る。取りおいたレバーも同様にソテーし、ブリュノワーズに切る。以上にジュ・ド・トリュフ、トリュフオイル、①のプーラルドのマリネ液30ccを加え、混ぜ合わせる。強めに塩、コショウをし、マリネしたプーラルドの腹に詰める。プーラルドの表面にも塩、コショウをする。

3. 壺（底の直径25cm×高さ24cm）にジュ・ド・プーラルドを注ぎ、プーラルドが直接この液体に触れないように台を置く。そこに深めの器をのせ、①のマリネ液を多めに注ぐ。プーラルドを入れて蓋をし、中の蒸気が逃げないように湿らせた布巾を蓋に巻きつける。強火で15分間ほど加熱し、火を弱めて1時間15分ほど加熱する。

■ トリュフ風味のライス

　バスマティ米を洗わずに炊く。炊き上がったらジュ・ド・プーラルドを混ぜて火にかけ、バターとトリュフオイルも加えて混ぜる。塩、コショウで調味し、トリュフのアッシェを混ぜる。

■ 仕上げ

　提供の際は、まず壺ごと客席に運び、蓋をあけて中を見せ、トリュフの香りを楽しんでもらう。そこでプーラルドをデクパージュして皿に盛り、中に詰めた野菜とバスマティ米を添える。器にたまったジュ（マリネ液）と壺に張ったジュ・ド・プーラルドを1対1の割合で合わせ、塩、コショウで味をととのえたものをソースとして流す（蒸す時に壺に張るジュ・ド・プーラルドは、デクパージュした後のプーラルドの骨と一緒にひと煮立ちさせ、ベースとして保存する）。

軽さのポイント

＊ジュで蒸すことで、ジュやトリュフの香りをプーラルドにまとわせつつ、しっとりジューシーに仕上げる。

※壺の中の様子
- マリネ液（器の中）
- 台
- ジュ・ド・プーラルド
＊矢印は蒸気を表す

ホロホロ鳥の胸肉とフォワグラの取合せ、トリュフ風味のポテトと若ポワロー
Blanc de pintade et le foie gras chaud, poireaux nains raidis, purée de pommes de terre truffée, jus de pintade

【材料】（1皿分）

ホロホロ鳥の胸肉……………………1枚	ジャガイモのピュレ（→29頁）……300g	ジュ・ド・トリュフ……………………適量
トリュフ…………………………………2g	フォワグラ（真空加熱したもの）…50g	トリュフオイル…………………………適量
ソース（下記のうち30cc）	トリュフ………………………………20g	フォワグラ……………………………50g
ジュ・ド・クー・ド・ブフ（→89頁）……1ℓ	塩、コショウ…………………各適量	塩、コショウ…………………各適量
ジュ・ド・プーレ（→89頁）………1ℓ	ジャガイモのピュレ（→29頁）……40g	若ポワロー……………………………3本
ジュ・ド・ヴォー（→87頁）………1ℓ	トリュフ…………………………………2g	

【作り方】

■ ホロホロ鳥の調理

ホロホロ鳥の胸肉の皮とスジを除き、トリュフをピケする。真空包装し、70℃の湯に12分間ほど入れる。袋から取り出し、食べやすい大きさに切る。

■ ソース

3種類のジュを合わせて約2ℓまで煮詰める。ジャガイモのピュレで濃度をつけ、フォワグラを加えて軽く煮る。ハンドミキサーにかけてなめらかにし、シノワで漉す。トリュフのアッシェを加え、塩、コショウをする。

■ 付合せ

ジャガイモのピュレにトリュフのアッシェ、ジュ・ド・トリュフ、トリュフオイルを混ぜる。フォワグラは塩、コショウをして強火でソテーし、若ポワローは柔らかく塩ゆでする。

■ 仕上げ

皿を2等分するようにポワローを置き、右側にホロホロ鳥とソースを、左側にフォワグラとジャガイモのピュレを盛る。

🍴 軽さのポイント

● ソース⇒30頁・野菜のピュレでソースをモンテする
● 皿の構成⇒56頁・相性のいいものを組み合わせる

仔鳩のローストのサラダ仕立て、モモ肉のクルスティヤン添え、ノワゼット風味のソース・オ・ソン
Pigeonneau rôti en salade d'herbes vertes, cuisses croustillantes et sauce aux noisettes

【材料】（4皿分）

仔鳩………………………………………4羽	仔鳩の血……………………………4羽分	ハーブ（セルフイユ、ディル、イタリアンパセリ、エストラゴンなど）………各適量
塩、コショウ……………………各適量	仔鳩のレバー………………………4羽分	ノワゼットのヴィネグレット（→48頁）…適量
グレスドワ、バター……………各適量	グレスドワ…………………………30cc	*バター3とパン粉2を火にかけてブール・ノワゼットを作り、粗熱をとってパルミジャーノ2と合わせたもの（数字は割合）。
チーズ風味のパン粉*………………60g	水………………………………………500cc	
ノワゼット風味のソース（下記のうち30cc）	ノワゼットのピュレ（→71頁）………8g	
仔鳩のガラ、首つる、手羽………4羽分	塩、コショウ……………………各適量	

【作り方】

■ 仔鳩のロースト

仔鳩を94頁の要領で胸肉とモモ肉をつけたままさばき、首つる、手羽、レバーのみを取り出す。肉に塩、コショウをし、皮目を軽く焼いてから胸肉とモモ肉に分け、ガラは取りおく。仔鳩の胸肉とモモ肉にそれぞれ塩、コショウをする。ともにグレスドワと少量のバターでポワレし、皮をパリパリに焼き上げる。モモ肉の皮にはチーズ風味のパン粉をのせ、サラマンドルで香ばしく焼く。

■ ノワゼット風味のソース

取りおいたガラを少量の水（材料外）と砕いて血を絞る。絞った後のガラと首つる、手羽をグレスドワで炒め、水を注いで約3時間煮出す。シノワで漉し、さらに半量まで煮詰める。再度漉して約150ccまで煮詰め、絞った血を加える。ここに取りおいたレバー（塩、コショウをしてソテーしておく）を入れ、ミキサーにかける。シノワで漉し、火にかけてノワゼットのピュレでモンテし、塩、コショウをする。

■ ハーブのサラダ

ハーブ類を適宜にちぎり、ノワゼットのヴィネグレットで調味する。

■ 仕上げ

皿にソースを敷き、仔鳩の胸肉をのせる。モモ肉のチーズパン粉焼きをサラダとともに盛る。

🍴 軽さのポイント

● 仔鳩⇒39頁・グレスドワで肉をリソレする

ウズラのスープ仕立て、
モモ肉のファルスを
詰めたチリメンキャベツ添え

Caille saisie, bouillon "Poule au pot",
chou vert frisé farci au gras,
œuf poché au fumet de truffe

しっかり焼くことで独特の香りと
おいしさが出てくるウズラを、
その澄んだ味わいのスープで食す一皿。
フォワグラとモモ肉を包んだチリメン
キャベツが、ウズラの香ばしさを強調する

ウズラ胸肉のキャラメリゼ、
ポワローとフォワグラの
キャラメリゼ添え

Suprêmes de caille caramélisés,
poireaux et foie gras glacés,
sauce aux sucs de carcasses

モモ肉やレバー、フォワグラを混ぜた
ファルスとフォワグラのソテーを添えて、
ウズラの淡白さを補い、
力強さを打ち出した一品。
キャラメリゼして甘みを引き出した
ポワローは、鳥類と相性のいい組合せ。

ラパンの取合せ──
ゴボウとニンジンのキャラメリゼの付合せ、マスタードの効いたソース
Panaché de lapin de garenne,
carottes caramélisées, salsifis au jus, sauce moutardée

ラパン・ガレンヌ（穴ウサギ）を骨付き背肉はロースト、
淡白な背肉は内臓を包んで真空調理、
モモ肉はパン粉焼き……と異なる仕立てにして
一皿に盛り込んだ。ソースに加えたマスタードが味のアクセント。
ソテーした葉ゴボウとニンジンを添えて。

ウズラのスープ仕立て、モモ肉のファルスを詰めたチリメンキャベツ添え
Caille saisie, bouillon "Poule au pot", chou vert frisé farci au gras, œuf poché au fumet de truffe

【材料】（20皿分）

ウズラのスープ仕立て
- ウズラ·············20羽
- タマネギ（半分に切り、断面を焦がす）··1個
- 水·············5ℓ
- 塩、コショウ·············各適量

- グレスドワ·············100g
- バター·············50g
- トリュフ（スライス）·············80枚

ファルスを詰めたチリメンキャベツ
- チリメンキャベツ·············1個
- ウズラのモモ肉*·············20羽分
- フォワグラ·············100g
- グレスドワ·············100g
- ウズラの卵·············40個

＊モモ肉はスープ仕立てで使ったもの。

【作り方】

■ ウズラのスープ仕立て

1. ウズラは94頁の要領で胸肉とモモ肉をつけたままさばき、内臓を取り出す。胸身に塩、コショウをし、皮に焼き色をつけてから胸肉とモモ肉に分ける。ガラを砕き、モモ肉とともにグレスドワでソテーする。水を注ぎ、沸いたら焦がしたタマネギを加えて約3時間煮る。シノワで漉し、モモ肉は皮と骨を除いて身をほぐしておく（①）。ジュは半量まで煮詰め、塩、コショウをしてスープとする。

2. 胸肉に塩、コショウをし、グレスドワのバターで皮をパリパリに焼く。皮に切り込みを2ヵ所入れ、トリュフを挿し込む。

■ ファルスを詰めたチリメンキャベツ

チリメンキャベツの葉を柔らかく塩ゆでする。芯の部分はジュリエンヌに切り、グレスドワで炒める。①のほぐしたウズラのモモ肉、ブリュノワーズに切ったフォワグラを加え、さっと炒める。急速冷却し、チリメンキャベツの葉で茶巾に包み、温めなおす。

■ 仕上げ

器に温めたスープを流し、チリメンキャベツとウズラの胸肉を盛る。ウズラのポーチ・ド・エッグを添える。

軽さのポイント
- ウズラ胸肉⇒39頁・グレスドワで肉をリソレする

ウズラ胸肉のキャラメリゼ、ポワローとフォワグラのキャラメリゼ添え
Suprêmes de caille caramélisés, poireaux et foie gras glacés, sauce aux sucs de carcasses

【材料】（20皿分）
- ウズラ·············20羽
- タマネギ（半分に切り、断面を焦がす）··1個
- 水·············5ℓ
- 塩、コショウ·············各適量
- グレスドワ·············100g
- バター·············50g
- トリュフ（スライス）·············80枚

ファルス
- エシャロット（アッシェ）·············200g
- ウズラのレバー·············10羽分
- ウズラのモモ肉（ほぐしたもの）··20羽分
- フォワグラ（ブリュノワーズ）·······100g

- 塩、コショウ·············各適量
- グレスドワ·············100cc
- フォワグラ·············800g
- ポワロー（青い部分）·············10本
- ブール・クラリフィエ·············100cc
- ヴェルジュ（未完熟のブドウ汁）·······50cc

【作り方】

■ ウズラ胸肉のキャラメリゼとソース

1. ウズラを上の「ウズラのスープ仕立て」と同様にさばく。胸身に塩、コショウをし、皮に焼き色をつけてから胸肉とモモ肉に分ける。胸肉に塩、コショウをし、グレスドワとバターで皮をパリパリに焼く。皮に切り込みを入れ、トリュフを挿す。

2. ソース。ガラを砕き、モモ肉をグレスドワで炒める。水を注ぎ、焦がしたタマネギを加えて約3時間煮出す。シノワで漉し、モモ肉は皮と骨を除き、身をほぐしておく（①）。ジュは半量程度まで煮詰めてから漉し、さらに1.5ℓまで煮詰める。取りおいたレバーに塩、コショウしてソテーする。濃度を見ながらジュに最大10羽分ほど加え、軽く煮る。ミキサーにかけてシノワで漉し、なめらかになるまで加熱する。

■ ファルスと付合せ

1. ファルス。エシャロットに塩、コショウをふり、グレスドワで炒める。①のモモ肉、残りのレバーを加え、ソースを少量加え混ぜる。仕上げにフォワグラを加え、塩、コショウをする。

2. フォワグラをソテーする。ポワローは幅5cmに切り、縦半分に切る。糸で縛り、ブール・クラリフィエで断面をカラメリゼする。余分な油を拭き、ヴェルジュでデグラッセする。

■ 仕上げ

皿にソースを流し、手前にファルスを敷いてウズラの胸肉をのせる。フォワグラとポワローを添える。

軽さのポイント
- ウズラ胸肉⇒39頁・グレスドワで肉をリソレする
- ポワロー⇒26頁・カラメリゼで甘みを引き出す

ラパンの取合せ——ゴボウとニンジンのキャラメリゼの付合せ、マスタードの効いたソース
Panaché de lapin de garenne, carottes caramélisées, salsifis au jus, sauce moutardée

【材料】（4皿分）

ラパン・ガレンヌ*の骨付きロース肉 …………… 1羽分
- 塩、コショウ ……………………………………… 各適量
- グレスドワ、バター ……………………………… 適量

背肉のロール
- ラパン・ガレンヌの背肉 ………………………… 1羽分
- 黒キャベツ ………………………………………… 4枚
- ラパン・ガレンヌのフィレ肉 …………………… 1羽分
- ラパン・ガレンヌのロニョン …………………… 1羽分
- ラパン・ガレンヌのレバー ……………………… 1羽分

モモ肉のパン粉焼き
- ラパン・ガレンヌのモモ肉 ……………………… 1羽分
- ニンニク（スライス） …………………………… 40g
- 生ハム ……………………………………………… 100g
- パセリ ……………………………………………… 40g
- パン粉（乾燥） …………………………………… 150g
- オレンジの皮 ……………………………………… 60g
- ジュニエーヴル …………………………………… 5粒
- グレスドワ ………………………………………… 適量

ラパン・ガレンヌのソース
- ラパン・ガレンヌのガラ、スジ、スネ肉 ……… 1羽分
- クルミ油 …………………………………………… 適量
- ニンジン …………………………………………… 50g
- タマネギ、ポワロー ……………………………… 各20g
- 水 …………………………………………………… 1ℓ
- 塩、コショウ ……………………………………… 各適量

マスタードのソース
- マスタード ………………………………………… 10g
- ローズマリー（生） ……………………………… 1/2本
- ラパン・ガレンヌのソースのジュ ……………… 75cc
- 塩、コショウ ……………………………………… 各適量
- ピーナッツ油 ……………………………………… 適量

葉ゴボウ ……………………………………………… 8本
バター ………………………………………………… 適量
姫ニンジン …………………………………………… 6本
ブール・クラリフィエ ……………………………… 適量
塩、コショウ ………………………………………… 各適量

*ラパン・ガレンヌは穴ウサギ。

【作り方】

■ ラパン・ガレンヌの下処理
　ラパン・ガレンヌをさばき、骨付きロース肉、背肉、フィレ肉、モモ肉、ロニョン（腎臓）、レバー、ガラ、スジ、スネ肉を取り出す。

■ 骨付きロース肉のロティ
　骨付きロース肉は塩、コショウし、グレスドワとバターでロティする。

■ 背肉のロール
　背肉を開き、ブランシールした黒キャベツを広げて、フィレ肉、ロニョン、さっとソテーしたレバーものせて包む。真空包装し、68℃のスチームコンベクションオーブンで約15分間加熱する。取り出して表面を強火でソテーする。

■ モモ肉のパン粉焼き
　ニンニクは泊で揚げ、生ハム、パセリ、パン粉、オレンジの皮はオーブンで乾燥させる。以上とジュニエーヴルをミキサーで粉砕し、モモ肉の片面に貼る。グレスドワで焼く。

■ ラパン・ガレンヌのソース
　ラパン・ガレンヌのガラ、スジ、スネ肉を2cmほどにきざみ、クルミ油でよく炒める。ブリュノワーズに切ったニンジン、タマネギ、ポワローと水を加え、約3時間煮出す。シノワで漉し、スネ肉とニンジンを取り出す。スネ肉は骨を除いておく。ジュは150ccになるまで煮詰め、その半量を取りおいたスネ肉、ニンジンとともにミキサーにかけて漉す（残りのジュはマスタードのソースに使用）。塩、コショウをする。

■ マスタードのソース
　ピーナッツ油でマスタードを炒める。ローズマリーとラパンのソースで取りおいたジュを加え、軽く煮詰める。塩、コショウで味をととのえる。

■ ゴボウとニンジンのキャラメリゼ
　葉ゴボウと姫ニンジンはそれぞれ皮をむき、蒸す。葉ゴボウはバターで、ニンジンは縦半分にしてブール・クラリフィエで香ばしく焼き色がつくようにカラメリゼする。塩、コショウで味をととのえる。

■ 仕上げ
　皿に2種類のソースを流す。ラパンのソースの上に骨付きロース肉、モモ肉、葉ゴボウとニンジンを盛る。マスタードのソースの上に食べやすく切った背肉のロールを盛る。

🍴 軽さのポイント
- 骨付きロース肉⇒39頁・グレスドワで肉をリソレする
- 葉ゴボウとニンジン⇒20頁・水分をとばすように炒める

脂をじっくり焼いたイベリコ豚のコートとバラ肉のブレゼ、
香辛料風味のソース
Côte de porc Ibérico grillée lard fondu et travers braisé,
sauce aux épices douces

しっかりついた脂にこそおいしさがあるイベリコ豚。
鍋には油を引かず、豚の脂を外に出すように
じっくりじっくり加熱して、香ばしく、
心地よいカリカリの食感に仕上げる。
余分な脂を除きながらブレゼしたバラ肉を添えて。

ポテトでシュミゼした豚足の煮込み、フォワグラ添え、
トリュフのドレッシングソース
Pied de cochon braisé et chemisé à la pomme de terre,
escalope de foie gras chaud, sauce au vinaigre de truffe

ゼラチン質たっぷりの豚足に
薄くスライスしたジャガイモを巻きつけ、
パリパリに焼き上げることで心地よく食べさせる。
トリュフのヴィネグレットとフルール・ド・セル、
ミニョネットが味と食感のアクセント。

脂をじっくり焼いたイベリコ豚のコートとバラ肉のブレゼ、香辛料風味のソース
Côte de porc Ibérico grillée lard fondu et travers braisé, sauce aux épices douces

【材料】（肉・ソースは15皿分、付合せは1皿分）

イベリコ豚の骨付きロース肉　……………1/2頭分
バラ肉のブレゼ
　┌ イベリコ豚のバラ肉　………………1/2頭分
　│ イベリコ豚の骨　……………………1/2頭分
　│ 水　……………………………………3ℓ
　│ タマネギ（半分に切り、断面を焦がす）…1個
　│ アニス　………………………………3個
　│ グレスドワ　…………………………30cc
　└ 塩、コショウ　………………………各適量
ソース（下記のうち30cc）
　┌ フランス産栗　………………………125g
　│ バター　………………………………125g
　│ バラ肉の煮汁　………………………300cc
　└ 塩、コショウ　………………………各適量
ルタバカ*　……………………………………1個
　┌ ジュ・ド・プーレ（→89頁）…………50cc
　│ ブール・クラリフィエ　……………20g
　└ バター　………………………………10g
フランス産栗　………………………………3個
　┌ バター　………………………………20g
　│ ジュ・ド・プーレ（→89頁）…………50cc
　└ 塩、コショウ　………………………各適量
グリーンアスパラガス　……………………2本
　┌ バター　………………………………10g
　└ 塩、コショウ　………………………各適量
フルール・ド・セル　………………………適量

*ルタバカはカブの仲間。

【作り方】

■ 骨付きロース肉のグリエ

骨付きロース肉の脂に、均等間隔に包丁で深く切り込みを入れる。脂を下にして鍋に入れ、脂を外に出すようにじっくり焼く。充分に脂が出て焼き色がついたら、他の面も焼く。休ませてから骨ごとに切り分ける。

■ バラ肉のブレゼ

バラ肉を掃除し、糸で縛る。骨とともにグレスドワでリソレし、水を注いで沸かす。焦がしたタマネギを入れて約3時間煮る。バラ肉を取り出し、冷ます。ジュと骨はいったん漉してからさらに煮詰める。この煮汁は、半分はそのまま取りおき（①）、残りはアニスを加えて香りを移して塩、コショウをし、冷ましたバラ肉と合わせる。

■ ソース

鍋にバターを入れ、泡立ったら栗を入れて柔らかくなるまでゆっくり炒める。油をきり、取りおいた①のバラ肉の煮汁と合わせる。ミキサーにかけてピュレにし、塩、コショウで味をととのえる。

■ 付合せ

1. 鍋にブール・クラリフィエと少量のバターを引き、ルタバカを入れ、水分を外に出すように炒める。ジュ・ド・プーレを注ぎ、味を含ませる。
2. 栗を前述のソースと同様にバターでじっくり炒める。油をきり、別鍋に移して少量のバター、ジュ・ド・プーレ、塩、コショウで軽く煮る。
3. グリーンアスパラガスを塩ゆでし、バターで炒め、塩、コショウで味をととのえる。

■ 仕上げ

皿にソースを流し、付合せとバラ肉のブレゼを盛る。ロース肉をのせ、フルール・ド・セルを添える。

🍴 軽さのポイント

- 骨付きロース肉⇒44頁・素材自身の脂で加熱する
- バラ肉⇒39頁・グレスドワで肉をリソレする
- フランス産栗⇒43頁・生のバターで加熱する
- ルタバカ⇒20頁・水分をとばすように炒める

ポテトでシュミゼした豚足の煮込み、フォワグラ添え、トリュフのドレッシングソース
Pied de cochon braisé et chemisé à la pomme de terre, escalope de foie gras chaud, sauce au vinaigre de truffe

【材料】(豚足・ファルスは60皿分、付合せは1皿分)

豚足	15本
塩	1kg
砂糖	250g
水	適量

ミルポワ
- タマネギ、ニンジン、セロリ ……… 各1個
- ニンニク ……………………………… 2片
- クローヴ ……………………………… 3個
- ブーケガルニ ………………………… 1束

ファルス
- 豚の首肉 …………………………… 400g
- シャンピニョン・ド・パリ ………… 400g
- エシャロット ………………………… 80g
- 卵白 ………………………………… 2個分
- 生クリーム ………………………… 330cc
- 塩 ……………………………………… 9g
- コショウ ……………………………… 適量
- キャトルエピス ……………………… 適量
- ジュ・ド・トリュフ ………………… 適量
- コニャック …………………………… 適量

クレピネット(網脂) ……………………… 1束
フォン・ド・ヴォー ……………………… 4ℓ
ジャガイモ ………………………………… 1個
ブール・クラリフィエ …………………… 適量
フォワグラ ………………………………… 40g
ミニョネット ……………………………… 適量
フルール・ド・セル ……………………… 適量
ヴィネグレット・ド・トリュフ(→92頁) … 20cc

【作り方】

■ ポテトでシュミゼした豚足の煮込み

1. 豚足を縦半分に切り、丸1日水にさらす。水気をきり、塩と砂糖を合わせたものを揉み込む。そのまま3日間マリネし、水にさらして塩を抜く。鍋に豚足を並べ、網をのせて重しをする。ひたひたの水を注いで沸かし、ざく切りにしたタマネギ、ニンジン、セロリ、ニンニク、クローヴ、ブーケガルニを加えて3〜4時間煮る。水は随時足す。煮上がったら形が崩れないように骨と軟骨、血管を取り除く。残った身を一枚に広げ、長方形に形を整える(①)。切り落とした部分はブリュノワーズに切る(②)。

2. ファルスを作る。豚の首肉をミンチにする。シャンピニョン・ド・パリとエシャロットをアッシェにし、バター(材料外)で炒めてデュクセルを作る。②のブリュノワーズに6分立ての生クリームを加え、混ぜる。塩、コショウ、キャトルエピス、ジュ・ド・トリュフ、コニャックを加え合わせる。

3. ファルスを30gずつとり、①の豚足で包む。これをクレピネットで包み、フライパンで焼き色をつける。フォン・ド・ヴォーとともに鍋に入れ、200℃のオーブンで約1時間煮る。取り出して食べやすい大きさに切り、帯状にスライスしたジャガイモを巻きつける。ブール・クラリフィエでジャガイモがパリパリになるように焼く。

■ 仕上げ

皿にパリパリに焼いた豚足を立て、香ばしくソテーしたフォワグラをのせる。ミニョネットとフルール・ド・セルを添え、周りにヴィネグレット・ド・トリュフを流す。

軽さのポイント

● 皿の構成⇒57頁・対照的な味を組み合わせる

＊豚足とフォワグラの濃厚な味を、豚足に巻いたジャガイモのパリパリ感とヴィネグレットの酸味が和らげ、食べやすくする。

海老芋、トリュフと豚バラ肉の壺蒸し焼き
Pommes de terre truffée,
poitrine de porc en marinade façon "poularde vapeur"

「肥育鶏の壺蒸し焼き」（190頁）と同じジュで
トリュフとイベリコ豚のバラ肉、エビイモを
蒸し上げた、トリュフの季節限定の贅沢な料理。
エビイモはトリュフとイベリコ豚のエッセンスを
受けとめ、口に留まらせてくれる重要な存在。

乳飲み仔羊のパナシェ──
ロース肉のロティ・モモ肉の煮込み・鞍下肉の低温調理
Panaché d'agneau de lait élevé sous la mère

仔羊のロース肉、モモ肉、鞍下肉を、
個々の味を引き出すように別々の調理法で仕立て、
一皿に盛り込んだ。くたくたに煮込まずに
仕上げたラタトゥイユのシャキシャキ感が、
皿に心地よいリズムをもたらしている。

海老芋、トリュフと豚バラ肉の壺蒸し焼き
Pommes de terre truffée, poitrine de porc en marinade façon "poularde vapeur"

【材料】（2皿分）
- トリュフ……………………………………100g
- エビイモ……………………………………120g
- 岩塩…………………………………………適量
- イベリコ豚のバラ肉………………………120g
- 香草塩*………………………………………1.8g
- ポルト酒……………………………………30cc
- コニャック…………………………………30cc
- ジュ・ド・トリュフ………………………30cc
- 塩、コショウ………………………………適量
- ジュ・ド・プーラルド
  - ［ ジュ・ド・クー・ド・ブフ（→89頁）………500cc
  - 　 ジュ・ド・ヴォー（→87頁）………………500cc
  - 　 ジュ・ド・プーレ（→89頁）………………500cc
  - ］ ジュ・ド・トリュフ…………………………適量
- フルール・ド・セル………………………適量

＊香草塩は水分をとばした塩1kgにフレッシュのローズマリー、セージ、タイム、バジル、ミント、エストラゴン、イタリアンパセリ、ディル、セルフイユ、オレガノを各4gずつ加え、混ぜたもの（分量は作りやすい量）。

【作り方】
■ エビイモ、トリュフ、豚バラ肉の壺蒸し焼き

1. エビイモを皮付きのまま、岩塩を敷いた皿にのせて160℃のオーブンで約40分間焼く（途中で上下を返す）。皮をむき、冷めたら厚さ1cmに切る。

2. イベリコ豚のバラ肉を香草塩、ポルト酒とコニャック（アルコールをとばしておく）、ジュ・ド・トリュフとともに真空にかけ、3日間マリネする。そのまま70℃のスチームコンベクションオーブンで3時間加熱する。冷めたら厚さ1cmに切る。マリネ液は塩、コショウで味をととのえる。

3. ジュ・ド・クー・ド・ブフ、ジュ・ド・ヴォー、ジュ・ド・プーレ、ジュ・ド・トリュフを混ぜ合わせ、ジュ・ド・プーラルドとする。壺（底の直径17cm×高さ16cm）にジュ・ド・プーラルドを注ぎ、台を置いて器をのせる（→192頁参照）。器に丸ごとのトリュフ、厚さ1cmに切ったバラ肉、エビイモを並べ、調味したマリネ液を注ぐ。蓋をして40分間ほど蒸す。

■ 仕上げ

提供の際は、壺ごと客席に運び、蓋をあけてまずトリュフの香りを楽しんでもらう。デクパージュして皿に盛り、トリュフにフルール・ド・セルを添える。器にたまったジュと壺に張ったジュ・ド・プーラルドを1対1で合わせ、塩、コショウで味をととのえたものをソースとして流す。

軽さのポイント
- エビイモ⇒19頁・塩にのせて焼く
- 皿の構成⇒56頁・相性のいいものを組み合わせる

＊壺蒸し焼きは加熱に油脂を使わず、蒸すことで素材がしっとりと仕上がり、軽さにつながる。

乳飲み仔羊のパナシェ──ロース肉のロティ・モモ肉の煮込み・鞍下肉の低温調理
Panaché d'agneau de lait élevé sous la mère

【材料】（4皿分）

仔羊の骨付きロース肉	骨4本分
┌ 塩、コショウ	各適量
│ グレスドワ	25g
│ バター	10g
│ ジュ・ド・ヴォー（→87頁）	80cc
│ ニンジンのピュレ（→28頁）	40cc
└ ニンニクのピュレ（→29頁）	15g
仔羊モモ肉	150g
┌ 塩、コショウ	各適量
│ グレスドワ	25g
│ バター	少量
│ タマネギ	30g
│ ニンジン	20g
│ セロリ	20g
│ ニンニク	1カケ
└ ジュ・ド・ヴォー（→87頁）	180cc
仔羊鞍下肉	120g
┌ 塩、コショウ	各適量
│ ニンニク（スライス）	10g
│ タイム、ローズマリー	各適量
│ E.V.オリーブ油	20cc
└ グレスドワ	25g
ラタトゥイユ	
┌ タマネギ	40g
│ ナス	70g
│ クールジェット	70g
│ 赤・黄ピーマン	各50g
│ トマト	30g
│ ニンニクのピュレ（→29頁）	15g
│ バター	適量
│ オリーブ油	適量
└ 塩、コショウ	各適量
フルール・ド・セル	適量
ミニョネット	適量

【作り方】

■ ロース肉のロティ

1. 仔羊の骨付きロース肉に塩、コショウをする。鍋にグレスドワを引き、ロース肉を入れてリソレする。焼き色がついたらバターを加えて水分を補い、じっくりローストする。

2. 鍋に残った余分な油を拭き、少量の水（材料外）を加えてデグラッセする。しばらく煮詰めてジュ・ド・ヴォーを加える。ニンジンのピュレを加えてソースのつなぎとし、ニンニクのピュレで風味をつける。塩、コショウで味をととのえる。

■ モモ肉の煮込み

仔羊のモモ肉に塩、コショウをする。グレスドワで表面をリソレし、途中でバターを加えて焼き色がつくまでローストする。モモ肉を取り出し、鍋に残った余分な油を捨てる。ここにペイザンヌに切ったタマネギ、ニンジン、セロリ、半分に切ったニンニクを入れ、ゆっくりと炒める。鍋にモモ肉を戻し入れ、ジュ・ド・ヴォーを加えて弱火で3時間ほど煮る。肉を取り出し、煮汁は野菜ごとミキサーにかけ、シノワで漉す。塩、コショウで調味し、ソースとする（甘みが出すぎないよう、野菜の量は調整する）。

■ 鞍下肉の低温調理

仔羊の鞍下肉を掃除し、切り取った脂を薄く叩く。肉に塩、コショウをし、叩いた脂で包む。ニンニク、タイム、ローズマリー、E.V.オリーブ油とともに真空包装にかけ、70℃のスチームコンベクションオーブンで15分間加熱する。肉を袋から取り出し、グレスドワで表面を焼く。厚さ2cmに切り分ける。

■ ラタトゥイユ

タマネギを5mm角に切り、バターで甘みを引き出すように炒める。ナス、クールジェットも5mm角に切り、オリーブ油で炒める。赤・黄ピーマンは、それぞれ180℃の油（材料外）で揚げてビニールなどに入れて密閉し、薄皮をむく。5mm角に切る。以上を鍋に入れて火にかけ、全体をざっと合わせたら、8mm角に切ったトマトを加える。ニンニクのピュレを加えてつなぎとし、塩、コショウで味をととのえる。

■ 仕上げ

モモ肉は、モモ肉を煮込んだソースで温める。皿にロース肉のソースを流し、ロース肉、モモ肉、鞍下肉を盛る。ラタトゥイユをセルクルに詰めてのせ、丸く抜く。ロース肉にフルール・ド・セルを、鞍下肉にミニョネットを添える。

🍴 軽さのポイント

- ● ロース肉、モモ肉⇒39頁・グレスドワで肉をリソレする
- ● ロース肉のソース⇒30頁・ピュレでソースをモンテする
- ● ロース肉のソース⇒34頁・ピュレを調味料・風味づけに
- ● ラタトゥイユ⇒34頁・ピュレを複数の素材のつなぎに

乳飲み仔牛のコート、
田舎風野菜の
ポワレとジュ・ド・ヴォー

Côte de veau de lait élevé sous la mère,
poêlée de légumes paysanne,
jus de veau

乳飲み仔牛の骨付き肉をシンプルにローストし、
その穏やかでミルキーな味を引き出した。
真空調理で色と旨みを閉じ込めた
アーティチョークやニンジン、カブ、タマネギ
など、たっぷりの野菜を付け合わせて。

牛フィレ肉のポワレ、フォワグラ添え、
ニンジンのコロレ

Filet de bœuf poêlé aux champignons en duxelles,
foie gras chaud, carottes colorées confites, jus de queue de bœuf

牛フィレ肉をグレスドワとバターでふっくら焼き上げ、
シャンピニョン・デュクセルとフォワグラを添えた王道の一皿。
牛肉の旨みに負けないクー・ド・ブフのジュはタマネギのピュレでつなぎ、まろやかなソースに。

真鴨胸肉のロースト、キャベツ、エシャロット、ファルスのガトー仕立てとカリン添え

Col-vert et foie gras chaud, embeurré de chou vert,
coing rôti, sauce au sang

真鴨は脂をしっかり焼ききってローストに。
血とレバーでモンテしたソースと、レバーとエシャロットのファルスを添えて、
ジビエらしい力強さを表現している。カリンのソテーで甘みをプラスした。

乳飲み仔牛のコート、田舎風野菜のポワレとジュ・ド・ヴォー
Côte de veau de lait élevé sous la mère, poêlée de légumes paysanne, jus de veau

【材料】（1皿分）

乳飲み仔牛の骨付きロース肉‥1本(450g)	タイム、ローリエ……………各1枚	バター……………………………10g
塩、コショウ………………………各適量	コリアンダーシード………………4粒	ジュ・ド・プーレ(→89頁)………50cc
グレスドワ………………………………50g	ジュニエーヴル……………………2粒	小ジャガイモ……………………1個
バター……………………………………30g	クローヴ……………………………1本	ブール・クラリフィエ…………150cc
水（デグラッセ用）………………50cc	黒コショウ…………………………3粒	ローズマリー………………………1本
ジュ・ド・ヴォー(→87頁)……120cc	フルール・ド・セル……………ひとつまみ	ニンニク……………………………1カケ
ニンジンのピュレ(→28頁)………15g	ブール・クラリフィエ……………適量	ジュ・ド・ヴォー(→87頁)………30cc
アーティチョーク…………………1個	プティオニオン、小カブ、姫ニンジン‥3個	セルフイユ、イタリアンパセリ、ディル、
「オリーブ油……………………………50cc	「ブール・クラリフィエ……………20g	エストラゴン……………………適量

【作り方】

■ 乳飲み仔牛のロース肉とソース

1. 仔牛の骨付きロース肉を掃除し、骨ごとに切り分ける。強めに塩、コショウをし、グレスドワで表面をリソレする。途中でバターを加えて香ばしく焼き上げる。
2. ソース。ロース肉を焼いた鍋の油を拭き、少量の水でデグラッセする。ジュ・ド・ヴォーを加えて煮詰め、ニンジンのピュレでモンテする。塩、コショウで味をととのえる。

■ 田舎風野菜のポワレ

アーティチョークを掃除し、オリーブ油、タイム、ローリエ、コリアンダーシード、ジュニエーヴル、クローヴ、黒コショウ、フルール・ド・セルとともに真空包装にする。100℃のスチームコンベクションオーブンで加熱し、冷めたら6等分にし、ブール・クラリフィエで焼き色をつける。プティオニオン、小カブ、姫ニンジンの皮をむき、ブール・クラリフィエとバターで水分をとばすようにソテーする。味が凝縮したら余分な油を拭き、ジュ・ド・プーレを加え、煮る。小ジャガイモは皮をむき、ハーブを入れたブール・クラリフィエでコンフィにする。すべての野菜を鍋に入れ、ジュ・ド・ヴォーとハーブ類のアッシェを加えてからめる。

■ 仕上げ

皿にソースを流し、ロース肉を盛る。野菜のポワレを添える。

軽さのポイント

● 仔牛ロース肉⇒39頁・グレスドワで肉をリソレする
● ソース⇒30頁・ピュレでソースをモンテする
● プティオニオン、小カブ、姫ニンジン⇒20頁・水分をとばすように炒める

牛フィレ肉のポワレ、フォワグラ添え、ニンジンのコロレ
Filet de bœuf poêlé aux champignons en duxelles, foie gras chaud, carottes colorées confites, jus de queue de bœuf

【材料】（1皿分）

牛フィレ肉………………………100g	ジュ・ド・クー・ド・ブフ(→89頁)……120cc	塩、コショウ……………………各適量
グレスドワ、バター……………各適量	タマネギのピュレ(→29頁)………20g	フォワグラ………………………40g
シャンピニオン・デュクセル*…25g	塩、コショウ……………………各適量	ニンジンの葉……………………適量
エシャロット………………………5g	ニンジン…………………………1本	*きざんだシャンピニオン・ド・パリとタマネギをバターでじっくり炒めたもの。
水…………………………………50cc	「ブール・クラリフィエ、バター……各適量	

【作り方】

■ 牛フィレ肉のポワレとソース

銅鍋にグレスドワとバターを引き、牛フィレ肉をポワレする。片面にシャンピニオン・デュクセルを塗る。鍋の油を拭き、エシャロットのアッシェを加えて炒める。水を注いでデグラッセし、ジュ・ド・クー・ド・ブフを注いで煮詰める。タマネギのピュレでつなぎ、塩、コショウで味をととのえてソースとする。

■ ニンジンのコロレ

ニンジンの皮をむき、丸ごと蒸す。冷めたら薄くスライスし、ブール・クラリフィエとバターを引いたフライパンに入れ、塩、コショウをふって強火でキャラメリゼする。

■ 仕上げ

皿にソースを流し、牛フィレ肉を盛り、ソテーしたフォワグラをのせる。ニンジンのコロレをバラのように丸く重ね、油（材料外）で揚げて塩、コショウをしたニンジンの葉を添える。

軽さのポイント

● 牛フィレ肉⇒39頁・グレスドワで肉をリソレする
● ソース⇒30頁・野菜のピュレでソースをモンテする

真鴨胸肉のロースト、キャベツ、エシャロット、ファルスのガトー仕立てとカリン添え
Col-vert et foie gras chaud, embeurré de chou vert, coing rôti, sauce au sang

【材料】（2皿分）
真鴨（青首）の胸肉 …………………………… 1羽分
├ グレスドワ ………………………………………… 少量
└ 栗のハチミツ ……………………………………… 少量
ソース（下記のうち20cc）
├ 真鴨のガラ、手羽、首つる ………………… 各1羽分
│ グレスドワ ………………………………………… 少量
│ タマネギ、ニンジン、ポワロー ……………… 各20g
│ 水 ……………………………………………… 800cc
│ 真鴨のレバー ………………………………… 1/3羽分
└ 塩、コショウ …………………………………… 各適量
ファルスのガトー仕立て
├┌ 真鴨のレバー …………………………………… 2/3羽分
││ エシャロット（アッシェ）………………………… 80g
││ バター ……………………………………………… 適量
││ ジュ・ド・プーレ（→89頁）…………………… 40cc
││ フォワグラ ………………………………………… 20g
│└ 塩、コショウ …………………………………… 各適量
│┌ 真鴨の砂肝、モモ肉 ………………………… 各1羽分
││ フルール・ド・セル ……………………………… 適量
││ タイム ……………………………………………… 1本
│└ グレスドワ ………………………………………… 適量
│ エシャロット ……………………………………… 5個
│ ブール・クラリフィエ ………………………… 適量
│ バター ……………………………………………… 少量
│ ジュ・ド・プーレ（→89頁）…………………… 100cc
│ チリメンキャベツの葉 …………………………… 3枚
│ グレスドワ ………………………………………… 適量
└ 塩、コショウ …………………………………… 各適量
カリン ………………………………………… 1/5個
├ シロップ ………………………………………… 30cc
└ バター ……………………………………………… 少量
フォワグラ …………………………………………… 20g
└ 塩、コショウ …………………………………… 各適量

【作り方】
■ 真鴨胸肉のロースト
　真鴨を94頁の要領でさばき、胸身、モモ肉、砂肝、レバー、手羽、首つるに分ける。胸身の皮に格子に包丁を入れ、少量のグレスドワで全体をリソレする。粗熱をとってから胸肉とガラに分ける。胸肉には塩、コショウをふり、油を引かずに皮目から脂を出すようにじっくり焼く。仕上げに皮にハチミツをぬる。

■ ソース
　真鴨のガラを砕き、血を絞る（血は取りおく）。ガラと細かく切った手羽、首つるをグレスドワでよく炒める。きざんだタマネギ、ニンジン、ポワローと水を加え、約3時間煮出す。シノワで漉し、ジュはさらに煮詰める。このジュとレバー、血を火にかけ、塩、コショウで味をととのえる。ミキサーにかけてなめらかにし、シノワで漉す。

■ ファルスのガトー仕立て
1. ファルスを作る。エシャロットのアッシェをバターでよく炒め、きざんだ真鴨のレバーを加える。ジュ・ド・プーレを加え、煮詰めて塩、コショウで味をととのえる。仕上げにフォワグラのブリュノワーズを加え、軽く温める。
2. 砂肝とモモ肉はフルール・ド・セルとタイムで一晩マリネする。水洗いし、70〜80℃のグレスドワで4時間コンフィにする。
3. エシャロットを粒のまま、ブール・クラリフィエとバターで水分を外に出すように炒める。ジュ・ド・プーレを加えて煮る。
4. チリメンキャベツはジュリエンヌに切り、2のモモ肉のコンフィ（身をほぐす）と一緒に炒める。塩、コショウで味をととのえる。セルクルにエシャロット→チリメンキャベツ→ファルスの順に詰める。

■ 付合せ
　カリンの皮をむき、2等分して芯を抜く。シロップとともに真空包装にし、100℃のスチームコンベクションオーブンで15〜20分間加熱する。そのまま冷まし、くし型に切る。少量のバターで香ばしく焼き、シロップを加えて表面をカラメリゼする。
　フォワグラに塩、コショウをし、強火でソテーする。

■ 仕上げ
　皿にソースを流し、真鴨の胸肉とフォワグラ、カリンを盛る。ガトー仕立てのセルクルを置いて抜き、軽くジュ・ド・プーレ（材料外）で温めた砂肝のコンフィを添える。

軽さのポイント
● 真鴨胸肉⇒44頁・素材自身の脂で加熱する
● カリン⇒84頁・真空包装機を利用する

ペルドロー・グリの雛、イチジクのマルムラードとクラピオ、フォワグラのコロッケ添え

Perdreau gris au four, crapiau et figue,
foie gras, sauce au sang

繊細で火が入りやすいペルドロー（山ウズラ）は、
胸肉はグレスドワとバターでしっとり焼き上げ、モモ肉はコンフィにして食べやすく。
血を充分に絞ってソースに加え、比較的淡白なペルドローのジュに濃厚さを補う。

ベカスのロティ、内臓のカナッペ添え

Bécasse rôtie, farce foie gras et truffe,
champignons et betteraves rouges, jus à la presse

ジビエの王様といわれるベカス（山シギ）を
一羽ごと味わいつくす一皿。
濃厚な素材をキレよく仕上げるポイントは、
クリアーなソース。ガラを充分に色づけることで、
コンソメのように繊細でクリアーなジュに仕上げる。

仔猪ロース肉のローストとバラ肉の煮込み、
芽キャベツとリンゴの付合せとクレーム・ド・マロン
Côte et travers de marcassin aux choux de Bruxlles,
marrons et pommes fruits, jus de marcassin au foie gras

仔イノシシはジビエ初心者にも食べやすい素材。
ロース肉はシンプルにローストし、バラ肉は煮込みに。
若いイノシシは味も身質も繊細なため、
ローストのソースにはフォワグラを使い、
付合せには栗のクリームを添えてコクとなめらかさを補っている。

鹿ロース肉、洋梨の赤ワイン煮とセロリラヴ添え、
クルミ入りファルスの取合せ
Côte de chevreuil rôtie, concassé de chair et noix,
céleri, poire vin rouge, sauce grand-veneur

脂が少なく、繊細な肉質の鹿のローストには、
コクのあるファルスを添えるのが定番。
きざんだ鹿肉に洋梨の赤ワイン煮とクルミを混ぜ、
バターを加えたファルスでロース肉に油となめらかさを補う。
ソースにもクルミのピュレを加えて、風味豊かに。

仔猪ロース肉のローストとバラ肉の煮込み、芽キャベツとリンゴの付合せとクレーム・ド・マロン
Côte et travers de marcassin aux choux de Bruxlles, marrons et pommes fruits, jus de marcassin au foie gras

【材料】（付合せは1皿分、それ以外は15皿分）
仔イノシシの骨付きロース肉 ………………………… 半頭分
仔イノシシのバラ肉 ………………………… 半頭分（1.5kg）
 塩 ………………………… 15g
 タイム ………………………… 3本
 仔イノシシの骨、スジ、端肉 ………………………… 各半頭分
 グレスドワ ………………………… 適量
 水 ………………………… 3ℓ
 タマネギ（半分に切り、断面を焦がす） ………………………… 1個
ソース
 バラ肉のジュ ………………………… 250cc
 フォワグラ ………………………… 100g
 塩、コショウ ………………………… 各適量
芽キャベツ ………………………… 1.5個
リンゴ ………………………… 1/3個
フランス産栗 ………………………… 6個
ジュ・ド・プーレ（→89頁） ………………………… 20cc
バター ………………………… 適量
塩、コショウ ………………………… 各適量
フルール・ド・セル ………………………… 適量
ミニョネット ………………………… 適量

【作り方】
■ ロース肉のロースト
 仔イノシシの骨付きロース肉は、塊のまま脂に5mm間隔で切り込みを入れる。鍋に油を引かず、脂を下にして入れて脂を出しきるように焼く。他の面も焼き、充分に休ませてから骨1本ごとに切る。

■ バラ肉の煮込み
 バラ肉を掃除し、塩とタイムで2日間マリネする。鍋にグレスドワを引き、バラ肉、仔イノシシの骨、スジ、端肉を入れてよく炒める。水と焦がしたタマネギを加え、約4時間煮出す。バラ肉を取り出し、残った煮汁をいったんシノワで漉す。ジュはさらに600cc程度まで煮詰める。このジュの半分はソース用に取りおき、残りのジュは提供時にバラ肉を温めるのに用いる。

■ ソース
 バラ肉の煮込みで取りおいたジュ300ccを、ソテーしたフォワグラとともにミキサーにかける。塩、コショウで味をととのえる。

■ 芽キャベツとリンゴの付合せ
 芽キャベツを半分に切り、塩、コショウをしてバターで香ばしくソテーする。リンゴは皮をむいて芯を抜き、輪切りにする。塩、コショウをし、バターでソテーする。栗はバターでじっくりソテーして火を入れ、半分は取り出す（丸のまま取りおく）。残りはジュ・ド・プーレを加えて蓋をし、蒸し焼きにしてからフードプロセッサーでピュレにする。2枚のリンゴで取りおいた栗と栗のピュレを挟む。

■ 仕上げ
 皿にソースを流し、切り分けた骨付きロース肉をのせてフルール・ド・セル、ミニョネットを添える。バラ肉は食べやすく切り、取りおいたジュで温めて盛る。芽キャベツと栗を挟んだリンゴを添える。

軽さのポイント
● 骨付きロース肉⇒44頁・素材自身の脂で加熱する
● バラ肉⇒グレスドワで肉をリソレする
● 栗⇒43頁・生のバターで加熱する

鹿ロース肉、洋梨の赤ワイン煮とセロリラヴ添え、クルミ入りファルスの取合せ
Côte de chevreuil rôtie, concassé de chair et noix, céleri, poire vin rouge, sauce grand-veneur

【材料】（1皿分）

鹿の骨付きロース肉	骨1本分
塩、コショウ	各適量
グレスドワ	適量

ソース（下記のうち50cc）
- 鹿ロースの骨、スジ……1本分
- 赤ワイン……5ℓ
- タマネギ……1個
- ニンジン……2本
- セロリ……1本
- ポワロー……1本
- 水……5ℓ
- クルミのピュレ*……ソース50ccに2～3g
- グレスドワ……適量
- 塩、コショウ……各少量

鹿肉のファルス
- 鹿ロース肉の端肉……30g
- 塩、コショウ……各少量
- グレスドワ……適量
- 洋梨の赤ワイン煮……1/2個分
- バター……少量
- クルミ……3g
- 鹿肉のソース……少量

洋梨の赤ワイン煮
- 洋梨……1個
- 赤ワイン……750cc
- バター……適量

セロリラヴ……50g
ブール・クラリフィエ、バター……各適量
塩、コショウ……各適量
ジュ・ド・プーレ（→89頁）……30cc

＊クルミをオーブンでローストし、フードプロセッサーでピュレにしてからシノワで漉したもの。

【作り方】

■ ロース肉のロースト
骨付きの鹿ロース肉の骨をはずし、肉を掃除してスジや端肉を取り除く。塩、コショウをふり、グレスドワでローストする。休ませておく。

■ ソース
鹿の骨を細かく砕き、スジ肉は4cm角に切る。赤ワインはアルコールをとばし、コンカッセに切ったタマネギ、ニンジン、セロリ、ポワロー（ミルポワ）で2日間マリネする。マリネ液、骨とスジ肉、ミルポワに分け、骨とスジ肉は150℃のオーブンでじっくり焼く。ミルポワはグレスドワでソテーする。鍋に骨、スジ肉、マリネ液と水を入れ、火にかける。沸いたらアクを除き、ミルポワを加えて弱火で3～4時間煮出す。シノワで漉し、ニンジンだけ取り出してミキサーにかけてピュレにする。煮汁はさらに煮詰め、ニンジンのピュレとクルミのピュレを加えてモンテし、塩、コショウをする。

■ 鹿肉のファルス
鹿の端肉に塩、コショウしてグレスドワでソテーし、細かく切る。洋梨の赤ワイン煮（後述）はアッシェに、クルミはローストしてコンカッセにする。洋梨をバターで水分をとばすように炒め、鹿肉とクルミを加える。少量のソースを加え、軽く煮詰める。

■ 洋梨の赤ワイン煮とセロリラヴ
1. 洋梨の皮をむき、半分に切って種を除く。赤ワインを100ccまで煮詰める。洋梨と赤ワインを真空包装にかけ、95℃のスチームコンベクションオーブンで約10分間加熱してそのまま冷ます。洋梨に切り込みを入れ、バターでソテーする。いったん油を拭き、赤ワインの煮汁を加えて洋梨をキャラメリゼする。

2. セロリラヴを1.5cm角に切り、ブール・クラリフィエとバターを引いた鍋に入れ、塩、コショウをふってソテーする。油を拭き、ジュ・ド・プーレを加えて煮含める。

■ 仕上げ
皿にソースを流し、鹿肉のファルスをのせて半分に切ったロース肉を盛る。洋梨の赤ワイン煮、セロリラヴを添える。

軽さのポイント
- 鹿ロース肉⇒39頁・グレスドワで肉をポワレする
- ソース⇒30頁・ピュレでソースをモンテする
- 洋梨⇒84頁・真空包装機を利用
- セロリラヴ⇒20頁・水分をとばすようにソテーする
- 皿の構成⇒56頁・相性のいいものを組み合わせる

デザート

Desserts

コースの最後を締めくくるデザートでは、
味はもちろん、視覚的にも印象に残るものに仕上げたい。
砂糖や粉を使うデザートは、手を加えてもおいしさが
損なわれないという点で、私にとって料理とは別もの。
驚きを与えるような形のおもしろさ、華やかさを意識する。
とはいえ、食事が終わりほっとしているところでもある。
素材の組合せや味自体はあえてオーソドックスに徹している。

フルーツのパフェ、3種類の香り
Parfait fruité

チョコレートのカップに3種類のソルベを絞り、
パフェ仕立てにした見た目も楽しいデザート。
さっぱりと仕立てたソルベに
3種類のチップを添えて視覚的なボリュームをプラス。
見た目よりもずっと軽く食べられる一皿。

フルーツのパフェ、3種類の香り
Parfait fruité

【材料】（1皿分）

バナナのパフェ
クーベルチュール
（56%・ヴァローナ社のカラク）……適量
ノワゼットのアイスクリーム（下記のうち30g）
| ノワゼット……150g
| 牛乳……1ℓ
| 卵黄……120g
| グラニュー糖……120g
キャラメルのポップコーン（下記のうち10g）
| コーン（ポップコーン用）……50g
| サラダ油……30cc
| グラニュー糖……100g
| 水……30cc
| バター……20g
| 白コショウ……適量
バナナ（チップ用）……1本
ノワゼットの飴がけ……1個
| ノワゼット……1個
| 水……60cc
| グラニュー糖……150g
| 水飴……30g

イチゴのパフェ
クーベルチュール
（40%・ヴァローナ社のジヴァラクテ）適量
ココナッツのソルベ（下記のうち30g）
| ココナッツミルク……400g
| 牛乳……400cc
| グラニュー糖……100g
アプリコットと栗の花のジャム（下記のうち10g）
| アプリコット……1kg
| グラニュー糖……650g
| 栗の花のハチミツ……100g
| ハチミツ（アカシアなど）……100g
| レモン汁……1個分
| オレンジ果汁……2個分
| オレンジの皮のすりおろし……1/2個分
| アーモンドスライス……100g
| ピスタチオ……100g
イチゴ……2粒
イチゴのチップ（下記のうち2粒分）
| イチゴ……10粒
| グラニュー糖……100g
| 水……200cc
| イチゴ（飾り用）……適量
ピスタチオ（飾り用）……適量

マンゴーのパフェ
ホワイトクーベルチュール
（ヴァローナ社のイヴォワール）……適量
ヨーグルトのソルベ（下記のうち30g）
| ヨーグルト（プレーン）……1kg
| 牛乳……250cc
| グラニュー糖……120g
| レモン汁……2個分
マンゴーとオレンジのクーリ（下記のうち20g）
| マンゴー……1/2個
| オレンジ……1個
| オレンジの皮……1/2個分
| グラニュー糖……20g
マンゴーのチップ（下記のうち2枚）
| マンゴー……1個
| グラニュー糖……100g
| 水……200cc
| マンゴー（飾り用）……適量

【作り方】
■ バナナのパフェ
1．カップを作る。クーベルテュール（カラク）をテンパリングし、フィルムに薄く伸ばして円錐形のカップを作る。
2．ノワゼットのアイスクリーム。ノワゼット（ヘーゼルナッツ）を強めにローストし、皮をむいてフードプロセッサーで粉末にする。牛乳と一緒に温める。別に卵黄とグラニュー糖をすり混ぜ、ここに温めた牛乳を加えて混ぜる。火にかけ、85℃まで混ぜながら加熱し、シノワで漉す。氷水にあてて急冷し、アイスクリームマシンにかける。
3．キャラメルのポップコーンを作る。鍋にサラダ油を引き、コーンを入れてたえず鍋を揺すり、ポップコーンを作る。別鍋でグラニュー糖と水を火にかけ、沸いて泡が細かくなったらポップコーンを加えてからめる。そのまま加熱し、砂糖がキャラメル色になったらバターを加え、白コショウを軽くふる。
4．バナナのチップ。バナナを皮付きのまま縦に薄くスライスし、シリコンシートに並べる。皮をはがし、90℃のオーブンで約1時間乾燥させる。
5．ノワゼットの飴がけ。ノワゼットを軽くローストし、皮をむいて竹串に刺す。鍋に水、グラニュー糖、水飴を入れてキャラメルを作り、ノワゼットをくぐらせる。
6．カップにポップコーンを入れ、アイスクリームを絞る。バナナのチップとノワゼットの飴がけを飾る。

■ イチゴのパフェ
1．カップを作る。クーベルテュール（ジヴァラクテ）をテンパリングし、フィルムに薄く伸ばして円錐形のカップを作る。
2．ココナッツのソルベ。ココナッツミルク、牛乳、グラニュー糖を火にかけて沸騰させる。シノワで漉し、冷やしてからアイスクリームマシンにかける。
3．アプリコットと栗の花のジャム。アプリコットとグラニュー糖（325g）、2種類のハチミツ、レモン汁、オレンジ果汁、オレンジの皮のすりおろしを銅鍋に入れ、火にかける。沸騰したら火からおろし、ボウルに移してラップ紙をかぶせ、一晩おく。翌日、まず水分のみを銅鍋に移し、グラニュー糖（325g）を加えてアクを取りながら火にかける。105℃になったら果肉を加え、再度沸騰させる。アーモンドスライス（オーブンで水分をとばしておく）ときざんだピスタチオ（100℃のオーブンで15分間乾燥させておく）を加え、再度煮詰める。イチゴ2粒を4等分にし、このジャムにからめる。
4．イチゴのチップ。グラニュー糖と水を沸かしてシロップを作り、熱いうちにスライスしたイチゴにかける。90℃のオーブンで約1時間乾燥させる。
5．ジャムをからめたイチゴをカップに入れ、ココナッツのソルベを絞る。イチゴのチップと生のイチゴのスライス、ピスタチオを飾る。

■ マンゴーのパフェ
1．カップを作る。ホワイトクーベルテュール（イヴォワール）をテンパリングし、フィルムに薄く伸ばして円錐形のカップを作る。
2．ヨーグルトのソルベ。シノワにペーパータオルを敷き、ヨーグルトを入れて一晩かけて水気をきる。これに牛乳、グラニュー糖、レモン汁を加えて混ぜ合わせ、アイスクリームマシンにかける。
3．マンゴーとオレンジのクーリ。マンゴーの皮をむき、ひと口大に切る。オレンジは房をむき、果肉だけにする。オレンジの皮をジュリエンヌにし、3回ゆでこぼす。テフロンのフライパンにグラニュー糖を入れ、キャラメルを作る。ここにマンゴー、オレンジ、オレンジの皮を入れてソテーし、軽く煮詰めたら火からおろし、冷ます。
4．マンゴーのチップ。マンゴーを薄くスライスし、グラニュー糖と水のシロップに30分間ほど浸ける。90℃のオーブンで約1時間乾燥させる。
5．カップにマンゴーとオレンジのクーリを詰め、生のマンゴーを切って挿す。ヨーグルトのソルベを絞り、マンゴーのチップを飾る。

■ 仕上げ
器にあられ糖（材料外）を詰め、3種類のパフェを盛る。

軽さのポイント
● バナナ、イチゴ、マンゴーのチップ⇒52頁・野菜のクロッカン
● ノワゼットのアイスクリーム⇒78頁・香りのインパクトで甘さと油脂を控える

白と黒、二つのオレンジの塔
Les tours d'orange

すっくと立った白と黒の二つのタワーが
食べ手に強烈なインパクトを与える。
チョコレートとオレンジはフランス菓子の王道の組合せ。
オレンジを皮ごと使ったソルベの鮮烈な香りと
チョコレートのコクで、見た目に負けない力強さを出す。

レモンのタルト

Tarte au citron

目が覚めるような酸味のレモンクリームに、
水気をきって風味を凝縮させたヨーグルトの
ソルベをたっぷり絞った、ひたすら爽やかなデザート。
すーっとのばしたピスタチオのアメがけを立て、
視覚的なボリューム感を出している。

サクランボのスープ
Soupe de ceries

砂糖でマリネしただけのサクランボとそのジュが
主役のデザート。キルシュで香りをつけた
軽いアイスクリームを味わいのアクセントに。
柑橘の香りとシャキシャキの姫ニンジン、
パリパリとして香ばしいソバ粉のテュイルを添えて。

桃のロティとソルベの取合せ、アーモンドソース
Pêche rôtie et sorbet pêche à la sauce amande

桃のロティ、桃のソルベ、桃のグラニテを
一皿に盛り込んだ、桃づくしのデザート。
アーモンド風味のソースのコクとまろやかさが、
桃の爽やかさをいっそう強調する。
赤ワインのテュイルの香りと食感がアクセント。

サクランボのスープ
Soupe de ceries

【材料】（5皿分）

サクランボのスープ
- サクランボ……………………………… 1kg
- グラニュー糖…………………………… 200g

ガルニテュール
- レモン…………………………………… 2個
- オレンジ………………………………… 2個
- 姫ニンジン……………………………… 3本
- 水………………………………………… 1ℓ
- グラニュー糖…………………………… 350g
- ヴァニラビーンズ……………………… 4本

キルシュのアイスクリーム
- 牛乳……………………………………… 1ℓ
- 卵黄……………………………………… 160g
- 粉糖……………………………………… 125g
- キルシュ*……………………………… 80cc

ソバ粉のテュイル
- ソバ粉…………………………………… 150g
- 卵白……………………………………… 150g
- 溶かしバター…………………………… 100g
- 粉糖……………………………………… 200g
- ピスタチオ……………………………… 適量

ピスタチオ………………………………… 適量
レモングラス……………………………… 適量

＊キルシュはサクランボのリキュール。

【作り方】

■ サクランボのスープ
　サクランボとグラニュー糖を混ぜ合わせ、真空包装にかける。冷蔵庫で3日間マリネする。

■ スープのガルニテュール
　レモンとオレンジの皮に、7mm間隔で筋状に切り込みを入れる。皮ごと厚さ2mmにスライスする。姫ニンジンの皮をむき、厚さ2mmにスライスする。水、グラニュー糖、ヴァニラビーンズ（切り込みを入れ、種子をしごく）を沸騰させ、熱いうちにレモン、オレンジ、姫ニンジンと合わせる。冷蔵庫で2～3日間マリネする。

■ キルシュのアイスクリーム
1．卵黄とグラニュー糖を白っぽくなるまですり混ぜる。
2．牛乳を火にかけ、沸騰したら1に少しずつ加え、混ぜ合わせる。鍋に戻して火にかけ、混ぜながら85℃まで加熱する。
3．漉して氷水にあてて冷まし、キルシュを加え、よく混ぜ合わせる。パコジェットの容器に入れて冷凍し、提供時にパコジェットにかけて粉砕する。

■ ソバ粉のテュイル
　卵白をほぐし、ソバ粉と粉糖を少しずつ加えながら混ぜ合わせる。すべて混ざったら溶かしバターを加え、天板に葉っぱの形のシェブロン型で薄くのばす。ピスタチオのアッシェを散らし、180℃のオーブンで約4分間焼く。

■ 仕上げ
　器にマリネしたサクランボとスープを注ぎ、レモン、オレンジ、姫ニンジンのガルニテュールとヴァニラビーンズを盛る。キルシュのアイスクリームをのせ、ソバ粉のテュイルを挿す。ピスタチオとレモングラスのアッシェを散らす。

軽さのポイント
- サクランボのスープ⇒84頁・真空包装機を使用
- キルシュのアイスクリーム⇒70頁・パコジェットを使用
- ソバ粉のテュイル⇒54頁・穀物のクロッカン

桃のロティとソルベの取合せ、アーモンドソース
Pêche rôtie et sorbet pêche à la sauce amande

【材料】
桃‥‥‥‥‥‥‥‥‥‥‥‥‥‥‥‥‥‥‥ 1個
ブール・クラリフィエ‥‥‥‥‥‥‥‥‥‥ 少量
桃のソルベ（下記は20皿分）
　┌ 桃‥‥‥‥‥‥‥‥‥‥‥‥‥‥‥‥‥ 4個
　│ アスコルビン酸（→112頁）‥‥‥‥‥‥ 2g
　└ シロップ*‥‥‥‥‥‥‥‥‥‥‥‥‥ 125cc
アーモンドソース（下記は30皿分）
　┌ アーモンドスライス‥‥‥‥‥‥‥‥‥ 400g
　│ 牛乳‥‥‥‥‥‥‥‥‥‥‥‥‥‥‥‥ 1ℓ
　│ 卵黄‥‥‥‥‥‥‥‥‥‥‥‥‥‥‥ 160g
　└ グラニュー糖‥‥‥‥‥‥‥‥‥‥‥ 120g
桃のグラニテ（下記は20皿分）
　┌ 水‥‥‥‥‥‥‥‥‥‥‥‥‥‥‥‥ 1.6ℓ
　│ グラニュー糖‥‥‥‥‥‥‥‥‥‥‥ 320g
　└ クレーム・ド・ペーシュ*‥‥‥‥‥‥ 400cc
赤ワインのテュイル（下記は20枚分）
　┌ 赤ワイン‥‥‥‥‥‥‥‥‥‥‥‥‥ 125cc
　│ 溶かしバター‥‥‥‥‥‥‥‥‥‥‥ 125g
　│ グラニュー糖‥‥‥‥‥‥‥‥‥‥‥ 225g
　└ 薄力粉‥‥‥‥‥‥‥‥‥‥‥‥‥‥ 60g
ミントの葉‥‥‥‥‥‥‥‥‥‥‥‥‥‥ 適量

＊シロップの割合は水1に対してグラニュー糖1.2。
＊クレーム・ド・ペーシュは桃のリキュール。

【作り方】

■ 桃のロティ
桃に縦に切り込みを入れ、半分に割って種を取り除く。テフロンのフライパンにブール・クラリフィエを引き、火にかける。桃を切り口を下にして入れ、焼き色をつける。途中でブール・クラリフィエを皮にかけて皮をむく。

■ 桃のソルベ
桃の皮を湯むきし、果肉を適宜に切る。アスコルビン酸をまぶし、パコジェットの容器に詰める。シロップを流し、冷凍する。提供時にパコジェットにかけて粉砕し、ソルベとする。

■ アーモンドのソース
アーモンドのスライスを200℃のオーブンでグリエする。牛乳とアーモンドを鍋に入れ、沸騰させる。別に卵黄とグラニュー糖を白っぽくなるまですり混ぜ、沸いた牛乳を加え混ぜる。鍋に戻し、かき混ぜながら85℃まで加熱する。シノワで漉し、氷水にあてて急冷する。

■ 桃のグラニテ
水とグラニュー糖を火にかけてシロップを作る。冷まし、クレーム・ド・ペーシュを加え混ぜる。冷凍庫で凍らせ、砕いてグラニテとする。

■ 赤ワインのテュイル
赤ワインを火にかけ、半量まで煮詰める。溶かしバターを加え、混ぜ合わせる。グラニュー糖、薄力粉の順に加え、混ぜ合わせる。冷蔵庫で2時間ほど休ませる。シリコンシートにごくごく薄く伸ばし、170℃のオーブンで5分間ほど焼き、熱いうちに直径10cmの円形に抜く。

■ 仕上げ
器にアーモンドのソースを流し、桃のグラニテを浮かべる。中央に桃のロティをのせ、桃のソルベを盛る。赤ワインのテュイルを挿し、ミントの葉を散らす。

軽さのポイント
● 桃のソルベ⇒70頁・パコジェットを使用
● 赤ワインのテュイル⇒54頁・穀物のクロッカン

洋梨のポシェ、シトロネル風味、
サクサクアーモンドのレグリース風味、
柑橘類の香りのリ・オ・レ
Poire pochée à la citronnelle,
croustillant d'amande à la réglisse, riz au lait à l'infusion d'agrumes

洋梨をポシェ、ジュレ、チップとさまざまな形に仕立て、
一皿に盛り合わせたデザート。レグリース（甘草）のジュレや
チョコレートのフレークを挟んで味と食感に変化をつけて。

パイナップルのサブレ、キャラメルとクルミのソース
Sablé aux ananas à la sauce caramel noix

パイナップルのエキゾチックな
爽やかさとキャラメルのコクは、
相性のいい組合せ。
シロップに浸けた果肉にココナッツの香り
をつけたソルベを重ね、カリカリの
クルミとサクサクのサブレを添えて。

パイナップルのミルフイユ
Mille-feuille d'ananas

さっぱりしたソルベとパリパリのクロッカンを重ねた、
上のデザートよりさらにパイナップルの風味を強調した一皿。
甘しょっぱいキャラメルのソースがどこかほっとさせてくれる。

マンゴーのシブースト、コリアンダーのグラス
Crème Chiboust à la mangue poêlée,
glace à la coriandre

甘く濃厚なイメージのシブーストの
クリームを、砂糖を使わないクレーム・
パティシエールで軽やかに仕立てた。
コリアンダー風味のアイスクリームと
片面だけグリエしたマンゴーを添えて、
フレッシュ感のあるデザートに。

極薄焼きリンゴのタルト
Tarte fine aux pommes à la vanille

タルトタタンをごくごく薄く、香ばしく焼き上げることで
レストランらしいデザートに仕上げた。生クリームを使わず、
ヴァニラの鮮烈な香りでインパクトを持たせたアイスクリームを添えて。

赤ワイン風味のイチジクと
ドライフルーツのキャラメリゼ、
青リンゴのシャーベット添え

Marmelade de figues au vin rouge
et fruits secs caramélisés,
sorbet pomme verte

イチジクとドライフルーツ、ナッツを使った、
秋に提供するデザート。
凝縮したイチジクのおいしさを重視しつつ、
ナッツの食感と酸味を効かせた青リンゴのソルベを
添えて清涼感をプラスした。

マンゴーのシブースト、コリアンダーのグラス
Crème Chiboust à la mangue poêlée, glace à la coriandre

【材料】（1皿分）
クレーム・パティシエール（下記のうち50g）
　牛乳・・・・・・・・・・・・・・・・・・・・・・・・500cc
　卵黄・・・・・・・・・・・・・・・・・・・・・・・・3個
　プードル・ア・クレーム*・・・・・・・・・・35g
イタリアンメレンゲ（下記のうち70g）
　卵白・・・・・・・・・・・・・・・・・・・・・・・・200g
　グラニュー糖・・・・・・・・・・・・・・・・・・180g
　水・・・・・・・・・・・・・・・・・・・・・・・・・・60cc
カルダモンのアイスクリーム（下記のうち30g）
　牛乳・・・・・・・・・・・・・・・・・・・・・・・・1ℓ
　カルダモン（ホール）・・・・・・・・・・20g
　卵黄・・・・・・・・・・・・・・・・・・・・・・・・160g
　グラニュー糖・・・・・・・・・・・・・・・・・・120g
マンゴー・・・・・・・・・・・・・・・・・・・・・・・1/2個
ブール・クラリフィエ・・・・・・・・・・・・適量
＊パティシエール用の粉。

【作り方】
■ シブーストのクリーム
1. クレーム・パティシエール作る。鍋に牛乳を入れて沸かす。卵黄とプードル・ア・クレームを混ぜ、沸かした牛乳を少し加え混ぜる。漉しながら鍋に戻し、しっかり沸騰させる。広げたラップ紙に流し、上からもラップ紙をかぶせて冷ます。
2. メレンゲは、グラニュー糖と水を火にかける。沸いたら別に卵白を泡立て始め、シロップが118℃になったら卵白に加え、そのまま人肌に冷めるまで泡立てる（メレンゲはオーダーごとに泡立てる）。1のクレーム・パティシエールと混ぜ合わせる。

■ カルダモンのアイスクリーム
　牛乳とカルダモンを火にかけ、アンフュゼする。別に卵黄とグラニュー糖をすり混ぜる。ここに温めた牛乳を少し加え、なじませてから鍋に戻す。そのまま火にかけ、85℃になったら漉し、粗熱をとる。パコジェットの容器に入れて冷凍し、提供時にパコジェットにかけて粉砕する。

■ 仕上げ
　マンゴーをくし型に切り、ブール・クラリフィエを引いたフライパンで一面だけ焼く。皿にセルクルを置き、シブーストクリームを詰めて抜く。表面をバーナーであぶる。上にカルダモンのアイスクリームをのせ、周囲にマンゴーを添える。

▍軽さのポイント
● シブーストクリーム⇒80頁・クリームの甘さの控え方
● コリアンダーのグラス⇒78頁・香りのインパクトで甘さを控える

極薄焼きリンゴのタルト
Tarte fine aux pommes à la vanille

【材料】（1皿分）
フイユタージュ生地（→228頁）・・・・・・・・50g
リンゴ・・・・・・・・・・・・・・・・・・・・・・・・1個
ブール・クラリフィエ・・・・・・・・・・・・5g
グラニュー糖・・・・・・・・・・・・・・・・・・10g
ヴァニラアイスクリーム（下記のうち30g）
　牛乳・・・・・・・・・・・・・・・・・・・・・・・・1ℓ
　ヴァニラビーンズ（ブルボン産）・・・・10本
　卵黄・・・・・・・・・・・・・・・・・・・・・・・・160g
　グラニュー糖・・・・・・・・・・・・・・・・・・125g

【作り方】
■ リンゴのタルト
1. フイユタージュ生地を厚さ1mmにのばす。全体をピケし、直径12cmの丸型に抜く。
2. リンゴは皮をむき、半分に切って厚さ3mmにスライスする。のばしたフイユタージュ生地に、縁から中心に向かってずらしながら重ねる。ブール・クラリフィエを刷毛でぬり、グラニュー糖をふる。180℃のオーブンで15分間ほど焼く。底面に焼き色がついたら裏返し、ヘラなどで軽く全体を押さえる。上から天板をのせて重しとし、さらに15分間焼く。リンゴの水分と溶けたグラニュー糖がカラメリゼされ、香ばしい焼き色がつく。オーブンから取り出したらすばやく大理石にのせ、カラメリゼしたリンゴの面を冷やす（カラメルが固まり、つやが出る）。

■ ヴァニラアイスクリーム
　卵黄とグラニュー糖をボウルに入れ、白っぽくなるまで混ぜる。牛乳を火にかけ、切り込みを入れて種子をしごいたヴァニラビーンズを加え、アンフュゼする。これを卵黄とグラニュー糖に加え、混ぜながら85℃まで加熱する。すぐにシノワで漉し、シノワに残ったヴァニラをつぶしてエッセンスを充分に出す。粗熱をとり、パコジェットの容器に入れて冷凍する。提供時にパコジェットにかけてなめらかなアイスクリームにする。

■ 仕上げ
　器に熱いタルトをのせ、ヴァニラアイスクリームを添える。

▍軽さのポイント
● リンゴのタルト⇒76頁・香ばしさと食感で軽さを演出
● ヴァニラアイスクリーム⇒78頁・香りのインパクトで甘さを控える
● 皿の構成⇒61頁・異なる温度を一皿に盛り込む

赤ワイン風味のイチジクとドライフルーツのキャラメリゼ、青リンゴのシャーベット添え
Marmelade de figues au vin rouge et fruits secs caramélisés, soubet pomme verte

【材料】

イチジクのジャム（20皿分）
- イチジク……………………………… 250g
- 赤ワイン……………………………… 50cc
- グラニュー糖………………………… 25g
- 白粒コショウ………………………… 10粒

プラリネ（30皿分）
- アーモンド（ホール）……………… 100g
- ノワゼット（ホール）……………… 100g
- ピスタチオ（ホール）……………… 100g
- クルミ（ホール）…………………… 100g
- グラニュー糖………………………… 125g
- 水……………………………………… 40cc

サブレ生地（40枚分）
- バター………………………………… 250g
- ヴァニラビーンズ…………………… 1本
- 薄力粉………………………………… 500g
- ベーキングパウダー………………… 20g
- 塩……………………………………… 5g
- 卵黄…………………………………… 5個
- グラニュー糖………………………… 200g

青リンゴのソルベ
- 青リンゴのピュレ（市販・加糖）… 1kg
- レモン汁……………………………… 50cc

赤ワインのテュイル（30枚分）
- 赤ワイン……………………………… 125cc
- 溶かしバター………………………… 125g
- グラニュー糖………………………… 225g
- 薄力粉………………………………… 60g

バニュルス*……………………………… 適量

＊赤ワインを酒精強化した甘口ワイン。

【作り方】

■ イチジクのジャム

イチジクのヘタを落とし、皮付きのままざく切りにする。赤ワインを半量まで煮詰める。鍋にイチジク、赤ワイン、グラニュー糖、白粒コショウを入れ、煮詰める。濃度がついたら冷まし、白粒コショウを取り除く。

■ プラリネ

ナッツのうちノワゼットとピスタチオの薄皮をむく。銅鍋にグラニュー糖と水を入れ、火にかける。118℃になったら火を止め、ナッツ類を加えて木杓子でかき混ぜる。均一に砂糖がからまったら、大理石の上に広げてばらす。

■ サブレ生地

ヴァニラビーンズに切り込みを入れ、中の種子をしごき出す。これとバターを柔らかくなるまで混ぜる。薄力粉、ベーキングパウダー、塩を加え混ぜ、すり混ぜておいた卵黄とグラニュー糖も加える。粉気がなくなるまで混ぜ、ビニールに包んで休ませる。厚さ2mmにのばし、170℃のオーブンで約10分間焼く。3cm×9cmの長方形に切る。

■ 青リンゴのソルベ

青リンゴのピュレとレモン汁を混ぜ合わせ、パコジェットの容器に詰めて冷凍する。提供時にパコジェットにかけて粉砕し、なめらかなソルベとする。

■ 赤ワインのテュイル

赤ワインを半量まで煮詰める。鍋に煮詰めた赤ワイン、溶かしバター、グラニュー糖、薄力粉を入れて火にかけ、沸いたら冷蔵庫で一晩冷やす。シリコンシートにごく薄くのばし、170℃のオーブンで焼く。

■ 仕上げ

皿にバニュルスを煮詰めたソースを線を描くように流す。サブレ生地にイチジクのジャムをぬり、プラリネをのせる。青リンゴのソルベを小さなスプーンでクネル型にとってのせ、上に赤ワインのテュイルをかぶせる。これを皿に盛る。

軽さのポイント

● 赤ワインのテュイル⇒54頁・穀物のクロッカン

＊ 青リンゴのソルベが濃厚な皿に爽やかさを与えている。

パリ・ブレスト
Paris-Brest

乾かすように香ばしく焼いた
シュー生地で、パリ・ブレスト風に
ノワゼットのアイスクリームを挟んだ。
クリームを使わず、煎ったノワゼットで
コクをつけたアイスクリームは、
濃厚な風味ながら口どけは爽やか。

パンデピスのミルフイユ
Mille-feuilles au pain d'épice

フイユタージュ生地の代わりに、カラメリゼしたパンデピスで
アイスクリームを挟んだミルフイユ。アングレーズソースにもクローヴを使い、
スパイスの爽やかさでインパクトを打ち出した一皿。

砂漠に咲いたバラの花、
チョコレートのグラスとオレンジのコンフィ
Rose des sables
à la glace chocolat pur et son coulis d'oranges confites

漆黒に焼き上げたチョコレートのテュイルで、
チョコレートのアイスクリームを挟んだ
その名も「砂漠のバラ」。
オレンジを皮ごとピュレにした甘苦いソースが
チョコレートとよく合う、印象的なデザート。

小菓子達
Mignardises "Maison"

写真上：
テュイル・ナチュール
ほおずきの飴がけ
スルタン
マカロン
イチゴのタルトレット
写真下：
ガナッシュ・ショコラ
プラリネ・ショコラ
サブレ・ショコラ
カシューナッツのプラリネ

テュイル・ナチュール
【材料】（150枚分）
卵白	500g
粉糖	800g
薄力粉	400g
ブール・クラリフィエ	500g
アーモンドスライス	適量

【作り方】
1. 卵白に粉糖、薄力粉を加え、泡立て器で混ぜ合わせる。粉気がなくなり、全体が混ざったらブール・クラリフィエを加え、混ぜる。
2. テフロン加工の天板に生地を直径8cmの円形に薄くのばす。アーモンドスライスをたっぷりとまぶし、180℃のオーブンに入れてキツネ色になるまで3分間ほど焼く。
3. 焼き上がったらすぐにテュイル型（とい型）に移し、生地に形をつけつつ冷ます。

ほおずきの飴がけ
【材料】（40個分）
ホオズキ	40個
水	100cc
グラニュー糖	300g
水飴	50g

【作り方】
1. ホオズキの殻を5～6枚に分かれるように開いて実をむき出しにする。殻の根元をねじって広がらないようにする。
2. 鍋に水、グラニュー糖、水飴を入れて火にかける。沸騰し、うっすらとキツネ色になってきたら火からはずす。ホオズキの実を浸し、引き上げて硫酸紙にとって冷ます。

スルタン
【材料】（80枚分）

スルタン生地
バター	360g
粉糖	216g
ヴァニラビーンズ	1/2本
全卵	90g
薄力粉	450g

フロランタン
生クリーム（乳脂肪35%）	250cc
ハチミツ	100g
粉糖	150g
アーモンドスライス	300g
ドレンチェリー	150g

【作り方】
1. スルタン生地を作る。バターをポマード状に柔らかくし、粉糖とヴァニラビーンズ（切り込みを入れ、種子をしごく）を加えて空気を含ませるようによく泡立てる。
2. 全卵をほぐし、1に少しずつ加えながら泡立てる。ふるいにかけた薄力粉も加え、粉気がなくなるまでさっくり混ぜる。
3. フロランタンを作る。鍋に生クリーム、ハチミツ、粉糖を入れて火にかけ、110℃まで加熱する。アーモンドスライスをきざんで加え、混ぜ合わせる。きざんだドレンチェリーも加え、軽く混ぜる。
4. スルタンの口金（花型の口金）で、スルタン生地をシリコンシートに絞る。中央にフロランタンを絞り出し、170℃のオーブンで約8分間焼く。

マカロン

【材料】（80個分）

アーモンドプードル……………500g
粉糖…………………………500g
卵白…………………………180g
食用色素(赤)………………少量

イタリアンメレンゲ
- 水……………………………130cc
- グラニュー糖………………500g
- 卵白…………………………180g

フランボワーズのジャム……………適量

【作り方】
1. アーモンドプードルと粉糖をふるいにかける。ほぐした卵白、食用色素を加えてしっかり混ぜる。
2. イタリアンメレンゲを作る。鍋に水とグラニュー糖を入れ、火にかける。沸いたら卵白を泡立て始める。シロップが118℃になったら卵白に一気に加え、人肌程度になるまで泡立てる。
3. 1にイタリアンメレンゲを加え、ツヤが出て、流れるくらいの固さになるまで混ぜ合わせる。
4. 天板にオーブンシートを敷き、生地を丸く絞る。しばらく放置し、指で触れても生地がつかなくなるまで表面を乾かす。145℃のコンベクションオーブンで約15分間焼く。粗熱をとる。
5. マカロンの生地でフランボワーズのジャムを挟む。

イチゴのタルトレット

【材料】（100個分）

シュクレ生地
- バター………………………150g
- 粉糖…………………………100g
- ヴァニラビーンズ………………1本
- 塩……………………………1g
- 全卵…………………………1個
- 薄力粉………………………250g

クレーム・パティシエール
- 牛乳…………………………500cc
- ヴァニラビーンズ……………1/2本
- 卵黄…………………………100g
- グラニュー糖………………60g
- プードル・ア・クレーム……35g

イチゴ…………………………100粒

【作り方】
1. シュクレ生地を作る。バターを室温にもどし、粉糖、ヴァニラビーンズ（切り込みを入れ、種子をしごく）、塩を加えて混ぜる。ほぐした全卵を少しずつ加え、さらに混ぜる。ふるいにかけた薄力粉を加えてさっくり混ぜ、粉気がなくなったらまとめてラップ紙で包む。冷蔵庫で2時間ほど休ませる。
2. 休ませた生地を厚さ1.5mmにのばし、直径4.5cmのタルトレット型に敷く。その上に同じタルトレット型を重ねて重しとし、170℃のオーブンで8分間ほど空焼きにする。
3. クレーム・パティシエールを作る。ヴァニラビーンズに切り込みを入れ、種子をしごき、牛乳に入れる。この牛乳を火にかける。別に卵黄とグラニュー糖を白っぽくなるまですり混ぜ、プードル・ア・クレームを加えて混ぜる。ここに温めた牛乳を加え、なじませる。漉して鍋に戻し、混ぜながら火にかけてしっかり沸騰させる。クリームがさらりとした状態になったら火からはずし、冷ます。
4. 焼いたタルトレット生地に、なめらかにほぐしたクレーム・パティシエールを絞る。1個を6等分にしたイチゴを飾る。

ガナッシュ・ショコラ

【材料】（40個分）

生クリーム(乳脂肪35%)……………260cc
クーベルチュール*(カカオ70%)……170g
ココアパウダー………………………適量

*ヴァローナ社の「グアナラ」を使用。

【作り方】
1. クーベルチュールをきざんでおく。
2. 生クリームを火にかけ、沸騰したら止める。クーベルチュールを加え、ハンドミキサーにかけてなめらかに乳化させる。冷蔵庫で冷やし、絞れるくらいの固さになったら丸く絞る。手で丸めなおし、ココアパウダーをまぶす。

プラリネ・ショコラ

【材料】（21×21cmの型1台分）
生クリーム（乳脂肪35％）	265cc
クーベルチュール*（カカオ41％）	275g
アーモンドのプラリネ	85g
カカオバター	50g
テンパリング用クーベルチュール*	200g
きな粉	適量

＊クーベルチュールはどちらもヴァローナ社の「グラナラ・ラクテ」を使用。

【作り方】
1. クーベルチュール275gをきざんでおく。
2. 生クリームを火にかけ、沸騰したら止める。1のクーベルチュールとアーモンドのプラリネ、カカオバターを加え、ハンドミキサーにかけてなめらかに乳化させる。キャドル型（底のない正方形の型）に流し、冷蔵庫で冷やし固める。
3. 固まったら型をはずし、片面にテンパリングしたクーベルチュールを薄くぬる。2cm角に切り、きな粉をまぶす。

＊テンパリングは、まず湯煎でクーベルチュールを溶かす（40℃）。これをチョコレートの結晶が始まるまで冷却し、再度湯煎にかけて32℃まで温め、結晶の状態を均一化すること。

サブレ・ショコラ

【材料】（200個分）
バター	450g
粉糖	262g
卵黄	75g
全卵	72g
薄力粉	375g
ココアパウダー	90g
ジャンドゥジャ*	適量
テンパリング用クーベルチュール*	適量
ピスタチオ	適量

＊ジャンドゥジャはプラリネを練り込んだチョコレート。
＊クーベルチュールはヴァローナ社の「カラク」（カカオ56％）を使用。

【作り方】
1. バターと粉糖を白っぽくなるまですり混ぜる。卵黄と全卵を加え、さらに混ぜ合わせる。ふるいにかけた薄力粉とココアパウダーを加え、粉気がなくなるまで混ぜる。
2. 天板に直径2cmの円形に絞り出し、180℃のオーブンで約8分間焼く。粗熱をとる。
3. ジャンドゥジャを湯煎にかけて柔かくし、絞れる固さに調整する。これを2のサブレ生地に絞り、もう1枚で挟む。テンパリングしたクーベルチュールをかけ、ピスタチオのアッシェを散らす。

カシューナッツのプラリネ

【材料】
カシューナッツ	250g
水	30cc
グラニュー糖	100g
バター	10g

【作り方】
1. カシューナッツをオーブンで軽くローストする。
2. 銅鍋に水とグラニュー糖を入れ、火にかける。118℃になったらカシューナッツが温かいうちに加え、木ベラで混ぜ合わせる。全体が糖化したらいったんカシューナッツを取り出し、大きな砂糖の塊を取り除く。再度カシューナッツを鍋に入れ、火にかけて木ベラで混ぜる。砂糖が溶けて全体がキャラメル色のアメになり、ツヤが出てきたらバターを加え混ぜる。
3. 天板にカシューナッツを広げ、1粒ずつばらす。そのまま自然に冷ます。

野菜料理

Menu légumes

今は野菜の時代。
「ヘルシーだから」「カロリーを控えたい」ではなく、
「野菜がおいしいからたくさん食べたい」という声が多い。
野菜を主役にした料理では、シンプルな調理で
素材の個性をピュアに引き出すのが基本。そして、
ベジタリアン向け以外は動物性のだしや乳製品も取り入れ、
野菜だけでも満足できる一皿を仕立てるよう意識している。

野菜のコース
Menu légumes

フランスの「ラ・コート・ドール」で提供していたのをきっかけに「野菜のコース」を始めたのが15年ほど前。野菜をメインとして食べていただくこと以外は、通常のコースと同様、素材の味をピュアに引き出し、流れの中に起承転結をもたせるよう意識する。また、神戸は外国人の方も多く、純粋なベジタリアン料理を求められることも多い。その際は、乳製品は大丈夫かなど、個別に聞いて対応している。

1 皿目 冷前菜
トマトのファルシ、
セロリの葉の軽やかソース

最初に食欲を刺激する爽やかな料理を出すのは、通常のコースと同じ。写真はセロリ、フヌイユ、黒オリーブを詰めたトマトをセロリのピュレで味わう一皿。エピキュリアン・ド・レギューム（→252頁）のようなサラダや詰めものをしたトマトやナスなど、多様な味や食感を盛り込んだ皿を意識。

2 皿目 温前菜
ポテトのロザスとポワローのフォンデュ、
ジュ・ド・ヴォーとトリュフの乳化ソース

2皿目は温かい前菜。写真はシンプルに調理したジャガイモとポワローをまろやかなトリュフ風味のソースで味わうもの。ほかにロメインレタスのブレゼ（→265頁）や若ビーツのヴルーテ、カリフラワーのヴルーテ（→ともに261頁）など、どこかほっとするような優しい印象の料理を提供。

3 皿目 メイン料理
タマネギのフォンデュにのせた
ポーチ・ド・エッグ、トリュフ添え

野菜のコースでも、メインはコクのある味わい深い料理を意識する。いろいろポテトの取合せ（→269頁）のようなジャガイモ料理や、野菜のポトフ（→268頁）などのほか、ベジタリアンの人でなければ、左の写真のように野菜やキノコに卵を組み合わせた料理も提供している。

4 皿目 デザート1
サツマイモのグラスとそのチップス

野菜のコースでもデザートは2皿構成に。1皿目はプレ・デセールとして基本的にアイスクリームを提供しており、サツマイモやニンジンなど野菜をベースにしたものや、旬のフルーツを使ったものを用意。写真のようにチップを添えて、軽やかさを演出。フルーツのスープを出すこともある。

5 皿目 デザート2
ニンジンの薄焼きタルト、
柑橘類のグラス

2皿目のデザートではタルトなどを提供。写真はニンジンを使ったものだが、とくに野菜にはこだわらず、フルーツやナッツも使う。また、女性の中には「デザートだけはしっかり食べたい」という方も多いため、グランドメニューのデザート（→219〜243頁）を提供することも多い。

エピキュリアン・ド・レギューム
Epicurien de légumes

ソテー、マリネ、乾燥させる、油で揚げるなど
それぞれに調理した20種類もの野菜を、
9種類のヴィネグレットやオイルで味わう「21世紀のサラダ」。
野菜はその形を生かすように切り、
視覚的にも「野菜」を表現する。

菜園のハーモニー
Harmonie maraîchère

個々に味わっても充分一品として足りうるものを
組み合わせた、「前菜の盛合せ」的な一皿。
トマトの中身はセミドライトマト。
コクのある卵黄ソースとトリュフのヴィネグレットで、
味わいに奥行きを持たせている。

キュウリのスープ、ミントのシズレ添え、ミントオイルで和えたキュウリのタルタル

Soupe de concombre à la menthe ciselée et son tartare à l'huile de menthe

ミキサーにかけたキュウリのピュレを牛乳、塩、コショウだけで調味したごくごくシンプルなスープ。ブリュノワーズに切ったキュウリをミント風味のオイルで和え、ミントとともに添えて爽やかに仕上げた。

トマトのファルシ、セロリの葉の軽やかソース

Tomates farcies de céleri en branche, olives noires, fenouil, oignon, sauce légère à la feuille de céleri

セロリ、フヌイユ、オリーブなどのブリュノワーズをトマトに詰めた南仏風の爽やかな一皿は、ムニュ・レギュームの前菜の定番。セロリの葉と軸で作る香り豊かなピュレをソース代わりに。

アーティチョーク、新タマネギ、
シャンピニオンなどのサラダ仕立て、
シェリー酢風味のトマトのクーリ
Salade tiède à l'artichaut poêlé, oignons nouveaux et champignons,
herbes vertes, coulis de tomate au vinaigre de Xérès

独特の味わいのアーティチョーク、
シャンピニオン・ド・パリ、オニオンヌーヴォーを
味を凝縮させるように調理した、存在感のあるサラダ。
爽やかさと旨みを併せ持つトマトのクーリに、
シェリーヴィネガーを加えてソースに仕立てた。

キュウリのスープ、ミントのシズレ添え、ミントオイルで和えたキュウリのタルタル
Soupe de concombre à la menthe ciselée et son tartare à l'fhuile de menthe

【材料】（1皿分）
キュウリ ································ 4本
牛乳 ································· 100cc
塩、コショウ ························· 各適量
バジル ································· 6枚
ミントオイル（→254頁） ············· 5cc

【作り方】
　キュウリを縦半分に切り、種を取り除く。4本のうち、1/2本はブリュノワーズに切る。それ以外はスムージー用のミキサーにかけてピュレにする。シノワで漉し、一部を取りおく（①）。それ以外には牛乳を加え、塩、コショウで味をととのえる。冷蔵庫に一晩入れ、味をなじませる。

■ 仕上げ
　ブリュノワーズに切ったキュウリと①のキュウリのピュレ、ミントオイルをからめ、セルクルに詰める。スープを器に注ぎ、中央にセルクルを置いて抜く。ジュリエンヌに切ったバジルを散らす。

軽さのポイント
● キュウリのスープ⇒70頁・スムージー用ミキサーを使う
● 皿の構成⇒59頁・ひとつの素材を異なる食感に仕立てる

トマトのファルシ、セロリの葉の軽やかソース
Tomates farcies de céleri en branche, olives noires, fenouil, oignon, sauce légère à la feuille de céleri

【材料】（1皿分）
フルーツトマト（ヘタ付き） ············ 2個
トマトのファルス
　セロリ ······························ 20g
　フヌイユ ···························· 20g
　タマネギ ···························· 20g
　黒オリーブ ·························· 10g
　トマト ······························ 20g
　セロリのソース ···················· 10cc

セロリのソース（下記のうち40g）
　セロリの軸 ························ 200g
　セロリの葉 ·························· 60g
　レモン汁 ·························· 30cc
　グレープシード油 ················· 30cc
　塩、コショウ ······················ 各適量

【作り方】
■ トマトのファルシ
1. フルーツトマトを湯むきし、ヘタの部分を水平に切る。中の種を取り除く。
2. セロリとフヌイユはスジを取り、ブリュノワーズに切る。タマネギと黒オリーブ、トマト（湯むきして種を除く）もブリュノワーズに切る。セロリ、フヌイユ、タマネギはさっと下ゆでし、トマト、黒オリーブとともにセロリのソース（後述）でからめる。1のトマトに詰める。

■ セロリのソース
　セロリの軸と葉を別に下ゆでする。柔らかくなったらスムージー用ミキサーにかけ、シノワで漉す。レモン汁とグレープシード油を加え、塩、コショウで味をととのえる。

■ 仕上げ
　皿にセロリのソースを流す。トマトのファルシをのせ、ヘタをかぶせる。

軽さのポイント
● セロリのソース⇒70頁・スムージー用ミキサーを使う

アーティチョーク、新タマネギ、シャンピニオンなどのサラダ仕立て、シェリー酢風味のトマトのクーリ
Salade tiède à l'artichaut poêlé, oignons nouveaux et champignons, herbes vertes, coulis de tomate au vinaigre de Xérès

【材料】（1皿分）

アーティチョーク	2個
アスコルビン酸（→112頁）	ごく少量
タイム	1本
ローリエ	1枚
コリアンダー	4粒
ジュニエーヴル	2粒
クローヴ	1本
黒粒コショウ	3粒
フルール・ド・セル	ひとつまみ
E.V. オリーブ油	50cc
オニオンヌーヴォー	6個
ブール・クラリフィエ	適量
バター	少量
シャンピニオン・ド・パリ	1.5個
オリーブ油	適量
黒オリーブ	3個
エストラゴン、セルフイユ	各1本
バジル	1枚
トマトのクーリ	
フルーツトマト	3個
塩、コショウ	各適量
E.V. オリーブ油	20cc
シェリーヴィネガー	5cc

【作り方】

■ アーティチョークのサラダ仕立て

1．アーティチョークの皮をむき、掃除をしてアスコルビン酸を溶かした水に浸ける。水洗いする。タイム、ローリエ、コリアンダー、ジュニエーヴル、クローヴ、黒粒コショウ、フルール・ド・セル、E.V.オリーブ油とともに真空包装にし、100℃のスチームコンベクションオーブンで約40分間加熱する。そのまま冷まし、6等分にする。銅鍋で全体に香ばしく焼き色をつける。

2．オニオンヌーヴォーはブール・クラリフィエとバターで、水分をとばすようにじっくり炒める。

3．シャンピニオン・ド・パリは4等分にし、オリーブ油で水分をとばすように炒める。途中で2のオニオンヌーヴォーを加え、次に1のアーティチョークも加える。少量の水（材料外）を加えてデグラッセし、黒オリーブとエストラゴン、セルフイユ、バジルのアッシェを加え、全体を混ぜる。

■ トマトのクーリ

フルーツトマトを湯むきし、種を取り除く。タミで漉し、ペーパータオルを敷いたザルにのせて一晩離水させる。ペーパーに残ったトマトに塩、コショウをし、E.V.オリーブ油とシェリーヴィネガーで味をととのえる。

■ 仕上げ

皿にトマトのクーリを流し、アーティチョークのサラダを盛る。

軽さのポイント

● アーティチョーク⇒22頁・真空包装を利用する
● オニオンヌーヴォー⇒20頁・水分をとばすように炒める

夏野菜のヴルーテ、
トマトのソルベとジュレ添え
Velouté de tomate aux poivrons et concombre,
sorbet et gelée de tomate

ピーマンやキュウリ、トマトをベースにした
ヴルーテに、トマトのソルベとジュレ、
トマトのチップを盛り込んだ一品は、
夏向けのいわば「飲むサラダ」。
鮮やかな赤い色合いも食べ手にインパクトを与える。

若ビーツのヴルーテ、グルロ種タマネギのキャラメリゼとラルドン添え
Velouté de jeunes betteraves,
oignons grelots caramélisés et lardons

独特のほろ苦さがあるベトラヴは
炒めて味を凝縮させてから
なめらかなポタージュに。
ベーコンと炒めたプティオニオン
でコクをプラス。シンプルだが、
誰にも喜ばれるほっとする味。

ブルターニュ地方の花のヴルーテ──カリフラワーのヴルーテ
Velouté de chou-fleur de Bretagne
aux sommités colorées et saladine croquante

ゆでたカリフラワーをピュレにし、キャラメル色の粉末になるまで
ひたすら炒めたルゥで作るスープ。カリフラワーのゆで汁でのばしただけでも
驚くほどコクがあり、野菜のコースにメリハリを与えてくれる貴重な一品。

王冠とスパゲッティに仕上げたクールジェット、
シェリー酢風味の赤ピーマンのクーリ

Couronne et spaghettis de courgettes,
coulis de poivron rouge au vinaigre de Xérès

クールジェットはひとつの中に異なる味と食感を併せ持つ素材。
果肉は柔らかくソテーに、皮は細長く切ってシャキシャキした食感を楽しむ。
同じ夏野菜の赤ピーマンのソースを添えて、軽やかに仕立てた。

ポテトのロザスと
ポワローのフォンデュ、
ジュ・ド・ヴォーと
トリュフの乳化ソース

Rosace de pommes de terre,
fondue de poireaux et poireaux nains,
jus de veau émulsionné à la truffe

ジャガイモとポワローで仕立てる
ムニュ・レギュームの温前菜。
いずれもシンプルに調理して素材の
持ち味を主張。ジュ・ド・ヴォーを
シェリーヴィネガーとノワゼット油で
乳化した、コクのあるソースを添えて。

ジュ・ド・プーレでブレゼした
サラダ・ロメーヌ
Cœur de romaine braisée
au jus de poulet

ロメインレタスを株のままブレゼし、
野菜と豚肉のブイヨンを
じっくりと煮含ませた一皿。
煮汁ごと味わう「食べるスープ」
という感覚で、あっさりしているが
非常にインパクトの強い料理。

カリカリポテトのガレット、
シェリー酢風味のタマネギのフォンダンとパセリのジュース
Galette de pommes de terre croustillante,
fondue d'oignons au vinaigre de Xérès, jus de persil

エマンセにしたジャガイモを重ね、表面をカリカリに焼いたガレットに、
ほろ苦いパセリのソースと、甘みとコクのあるタマネギのフォンダンを
添えて。要素は少ないがそれぞれ味に存在感があり、メインにもなりうる一皿。

王冠とスパゲッティに仕上げたクールジェット、シェリー酢風味の赤ピーマンのクーリ
Couronne et spaghettis de courgettes, coulis de poivron rouge au vinaigre de Xérès

【材料】(1皿分)
クールジェット……………………1本	岩塩…………………………………適量
バター………………………………適量	シェリーヴィネガー……………5cc
オリーブ油…………………………適量	塩、コショウ……………………各適量
塩、コショウ……………………各適量	
赤ピーマンのクーリ(下記のうち40g)	
赤ピーマン……………………2個	

【作り方】

■ クールジェットの調理

クールジェットの皮を桂むきにする。これをジュリエンヌに切り、残った軸の部分は厚さ7mmの輪切りにする。皮はバターでさっとソテーする。軸は塩、コショウをふり、オリーブ油で色づくようにソテーする。

■ 赤ピーマンのクーリ

岩塩を皿に敷き詰め、赤ピーマンをのせる。160℃のオーブンで約40分間加熱する(途中で上下を返す)。ビニールなどに入れて密閉し、しばらく蒸らす。薄皮と種を取り除き、スムージー用ミキサーにかける。シノワで漉し、シェリーヴィネガー、塩、コショウで味をととのえる。

■ 仕上げ

皿に赤ピーマンのクーリを流し、クールジェットの軸を丸く並べる。その内側にジュリエンヌにした皮を盛る。

軽さのポイント
● 赤ピーマンのクーリ⇒19頁・塩にのせて焼く
● 赤ピーマンのクーリ⇒70頁・スムージー用ミキサーを使用
● 皿の構成⇒59頁・ひとつの素材を異なる食感に仕立てる

ポテトのロザスとポワローのフォンデュ、ジュ・ド・ヴォーとトリュフの乳化ソース
Rosace de pommes de terre, fondue de poireaux et poireaux nains, jus de veau émulsionné à la truffe

【材料】(1皿分)
ジャガイモ…………………………1個	ジュ・ド・トリュフ……………10cc
塩、コショウ……………………各適量	ノワゼット油……………………100cc
ポワロー(芯の柔かい部分)………1本分	シェリーヴィネガー……………15cc
バター………………………………適量	塩、コショウ……………………各適量
ソース(4皿分)	若ポワロー…………………………3本
ジュ・ド・ヴォー(煮詰めたもの)…30cc	バター………………………………適量

【作り方】

■ ポテトのロザスと若ポワローのフォンデュ

ジャガイモを直径15mm・厚さ3mmの輪切りにする。10分間ほど蒸してから塩、コショウする。ポワローの芯の柔かい部分をペイザンヌに切り、塩をして煮溶かすようにバターでソテーする。柔らかくなったら直径70mmのセルクルに詰める。その上にジャガイモを、少しずつずらしながらバラ模様に並べる。

■ ソース

ジュ・ド・ヴォーを温め、塩、コショウをする。ジュ・ド・トリュフを加え、ノワゼット油とシェリーヴィネガーを交互に加えながらモンテする。

■ 付合せ

若ポワローを下ゆでし、縦半分に切る。バターでソテーする。

■ 仕上げ

皿にソースを流し、ポテトのロザスのセルクルを置いて抜く。そこから若ポワローのソテーを放射状に並べる。

軽さのポイント
● 乳化ソース⇒48頁・オイルをヴィネグレットの主役に
● 皿の構成⇒59頁・ひとつの素材を異なる食感に仕立てる

ジュ・ド・プーレでブレゼしたサラダ・ロメーヌ
Cœur de romaine braisée au jus de poulet

【材料】（1皿分）

ロメインレタス	1株	塩漬け豚バラ肉	150g
ニンニク	1カケ	クローヴ	1本
ニンジン（スライス）	200g	ブーケガルニ	1束
タマネギ（スライス）	200g	塩、コショウ	各適量
フォン・ブラン（→90頁）	1ℓ	バター	50g

【作り方】

■ ロメインレタスのブレゼ

1. ロメインレタスをていねいに水洗いし、余分な葉を取り除く。軽く塩ゆでし、冷水に浸ける。充分に水分をきっておく。
2. 鍋にバターを引き、つぶしたニンニク、ニンジン、タマネギのスライスを入れて炒める。フォン・ブランと塩漬け豚バラ肉、クローヴ、ブーケガルニを加え、軽く塩をして煮る。15分間ほどしたら1のロメインレタスを加え、弱火で1時間半ほど煮込む。竹串がすっと通るくらい柔らかくなったら取り出す。煮汁は漉し、塩、コショウで味をととのえる。

■ 仕上げ

皿に煮汁を注ぎ、ロメインレタスのブレゼを盛る。

■ 軽さのポイント

＊ロメインレタスは煮込んでも独特のシャキシャキ感が残り、その爽やかな食感が「軽さ」につながる。
＊煮汁にコクを持たせることで、ロメインレタスの爽やかさを強調する。

カリカリポテトのガレット、シェリー酢風味のタマネギのフォンダンとパセリのジュース
Galette de pommes de terre croustillante, fondue d'oignons au vinaigre de Xérès, jus de persil

【材料】（1皿分）

ジャガイモ	2個	ブール・クラリフィエ、バター	各30g
塩、コショウ	各適量	塩	適量
ブール・クラリフィエ	適量	バルサミコ酢、シェリーヴィネガー	各3cc
タマネギのフォンデュ			
┌ タマネギ	1個	パセリのピュレ（→29頁）	30cc

【作り方】

■ ポテトのガレット

ジャガイモを直径24mm、厚さ1.5mmの輪切りにする。塩、コショウ、ブール・クラリフィエをからめる。直径70mmのセルクルに、少しずつずらしながらジャガイモを5段重ねる。セルクルのままフライパンで両面をソテーして軽く焼き色をつける。140℃のオーブンに移し、途中、きれいに焼き色がつくよう、セルクルより小さい型などでジャガイモを何度か押さえながら約30分間焼く。

■ タマネギのフォンデュ

タマネギを輪切りにし、ブール・クラリフィエを引いた鍋に入れて塩をふる。途中でバターを加え、飴色になるまでゆっくり炒める。柔らかくなったら余分な油を捨て、鍋に残った油も拭き取る。バルサミコ酢とシェリーヴィネガーを加え、デグラッセする。

■ 仕上げ

皿に水（材料外）でのばしたパセリのピュレを流し、半分に切ったポテトのガレットを開いて盛る。間にタマネギのフォンデュを添える。

■ 軽さのポイント

● タマネギのフォンデュ⇒23頁・煮溶かすように炒める
● タマネギのフォンデュ⇒45頁・余分な油脂を排除する
● パセリのピュレ⇒32頁・ピュレをソースに

野菜のポトフ
Pot-au-feu de légumes

野菜を味わうためのポトフ。
野菜は個々の持ち味を凝縮させるように
調理し、それぞれジュを煮含ませてから
盛り合わせる。
温前菜としても、ムニュ・レギューム
ならばメインとしても提供できる一品。

タマネギのフォンデュにのせたポーチ・ド・エッグ、細切りトリュフとトリュフ風味のジュ・ド・プーレ
Œufs cassés sur une fondue d'oignons,
truffe en julienne et jus de poulet truffé

特別にオーダーがなければ、ムニュ・レギュームのメインには
卵など動物性素材を使うことも。トリュフとポーチ・ド・エッグの濃厚さに
タマネギのフォンデュを添えることで、「野菜の皿」らしい食べやすさをプラス。

いろいろポテトの取合せ

L'assiette de pommes de terre, confites à la fourchette,
mousseline, en fête de truffe et foie gras, arrosées au jus de poulet

フランス料理に欠かせない野菜である
ジャガイモを主役に、コンフィ、ピュレなど
さまざまに仕立ててムニュ・レギューム
のメインの皿に仕上げた。
トリュフやエシャロットのコクをプラスして味わい深い一皿に。

Profil
～ プロフィール ～

山口 浩　Hiroshi Yamaguchi

1960年、兵庫県生まれ。大阪ターミナルホテル「ムアー」を経てフランスへ。ホテル日航パリ「レ・セレブリテ」、パリ「フォージュロン」で修業後、ブルゴーニュ「ラ・コート・ドール」で師となるベルナール・ロワゾー氏に出会う。92年、神戸ベイシェラトンホテル＆タワーズレストラン「ラ・コート・ドール」開業に際して帰国し、日本人料理長に就任する。阪神淡路大震災により同店撤退後、神戸市内のホテルの総料理長に招かれる。2000年6月、「神戸北野ホテル」総支配人・総料理長として同ホテルをリニューアルオープンする。現在、神戸を中心にレストラン「イグレック」を4軒、ブーランジュリー＆パティスリー「イグレックプリュス＋」を7軒手がける以外に、「プライムリゾート賢島」（三重県志摩市）の運営受託およびケータリングやコンサルティング事業などにも携わっている。2007年5月には東京駅・新丸の内ビルディング内に「イグレック丸の内」を含め3店舗をオープンした。

神戸北野ホテル

神戸北野ホテルは、異人館が立ち並ぶ神戸・北野のトアロード沿いにある都市型オーベルジュ。30の客室とフレンチダイニングレストラン「アッシュ」、ダイニングカフェ「イグレック」を併設し、解放感のある中庭では挙式も行なう。本書に掲載した料理は、主にメインダイニングである「アッシュ」で提供するもの。宿泊客だけが味わえる「ラ・コート・ドール」譲りの充実した朝食も好評である。

神戸北野ホテル
神戸市中央区山本通3-3-20　　電話／078-271-3711
http://www.kobe-kitanohotel.co.jp/

フレンチダイニングレストラン

イグレックベガ
神戸市中央区元町通1-7-1　VEGAビル6階　電話／078-334-1909

イグレックベルポート
兵庫県芦屋市海洋町11-2　ベルポート芦屋内　電話／0797-25-1909

イグレックテアトル
兵庫県西宮市高松町2-22　兵庫県立芸術文化センター内　電話／0798-62-1909

イグレック丸の内
東京都千代田区丸の内1-5-1　新丸の内ビルディング5階　電話／03-3211-1909
http://www.igrekgroup.jp

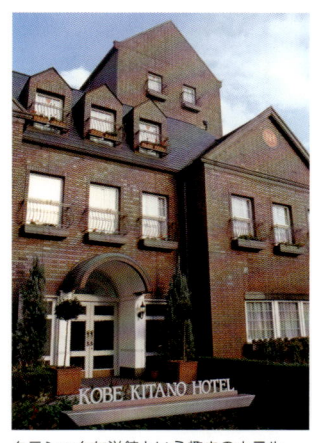

クラシックな洋館という趣きのホテル。

中庭ではガーデンウエディングも行なう。

レストラン「アッシュ」は落ち着いた雰囲気。

索引 index

テクニック篇

*18～84頁で紹介した各テクニックに関連する料理の
ページをリストアップしました。
*数字は料理写真が掲載されているページです。
*1ページに2品以上紹介している場合は、
該当する料理の掲載位置（上、右上など）も記しています。

1章　野菜のテクニック

■野菜の調理法
1　オーブンで乾燥させる　111、122、174
2　塩にのせて焼く　99（右下）、101（右上）、111、115（上）、139（上）、170（上）、187（上）、202、210、252、264（上）、269
3　水分をとばすように炒める　101（左上）、102（右上）、111、122、163、167（下）、170（下）、178（上）、182、195、198、206（上）、207、211、215、252、257、268（上）
4　真空包装を利用する　111、123（上）、126（上）、130、167（上）、206（上）、207、215、257
5　煮溶かすように炒める　101（右上）、134、147、150、167（上）、179、264（下）、268（下）、269
6　野菜のピュレを炒める　139（上）、261（下）
7　カラメリゼで甘みを引き出す　142（下）、167（上）、194（下）、268（上）

■野菜のピュレを使う
ピュレを作る　119（上）、162（上）
1　ソースをモンテする　119（下）、143（上）、167（下）、171、179（下）、183、191（上）、203、206、215、268（下）、269
2　ピュレをソースに　114、139、162（上）、178（下）、265（上）
3　その他の活用法
調味料・風味づけに　99（左下）、99（中下）、146（上）、162（下）、203
複数の素材のつなぎに　134、203

2章　油のテクニック

■加熱油のテクニック
油の種類
1　グレスドワで魚をポワレする　99（右上）、102（左下）、126（上）、142（下）、175（上）、179（下）、183
2　グレスドワで肉をリソレする　99（中下）、135、163、187、191（下）、194、195、198、203、206、207、210、211、214、215
3　ブール・クラリフィエで繊細な素材をポワレする　159、162（下）、178（下）
4　オリーブ油で甲殻類をポワレする　126（下）、127、139（上）、151（下）、154、155、158、167（下）、170（下）、179（上）
5　ブール・クラリフィエで香りを移す　111、175（下）、178（下）、206（下）、269
6　生のバターで加熱する　139、142（上）、143（下）、146（下）、162（下）、198、214
7　素材自身の脂で加熱する　198、207、214
8　余分な油脂を排除する　99（右上・中下）、100（右上）、101（左上）、102（左上・右上）、111、122、123、126、127、130、134、135、139、142、143、147、151（下）、154、158、159、162、163、167、170、174、175、178、179、182、183、187、191、194、195、198、199、203、206、207、210、211、214、215、231、238（下）、242（下）、252、257、261、264、265、268、269

■ソース・ヴィネグレット
1　酸味＋油　基本のヴィネグレット　99（右上）、101（左上）、102（左上）、126（上）、127、159（上）、178（下）、252
2　オイルをヴィネグレットの主役に　111、123（下）、127、135、187（上）、191（下）、252、264（下）
3　野菜のピュレで油を減らす　119（下）、122、123（上）、252

3章　「軽さ」を表現するテクニック

■食感で演出する「軽さ」
1　野菜のクロッカン　101（左上）、102（左下）、114、118、134、187、219、222、234、235（下）、252、260
2　穀物のクロッカン　100（中上）、131、174、222、227、230、231、239、243

■皿の構成法――対比と相乗
1　相性のいいものを組み合わせる（相乗）　100（右上）、102（右下）、103（左上・左下）、123（上）、130、135、143（上）、146（下）、147、170（上）、175（下）、191（上）、199、202、206（上）、207、210、211、215、222、243、268（下）
2　対照的な味を組み合わせる（対比）　100（右下）、102（右上）、126（上）、151（上）、159（上）、167、179（下）、199、235
3　ひとつの素材をさまざまな味で提供（対比）　119、150
4　ひとつの素材を異なる食感に仕立てる（対比）　101（右下）、115（下）、118、119（上）、123（下）、142（下）、143（下）、154、231、234、235（上）、256（上）、264、269
5　同じ状態に調理した素材を一皿に（対比）　135、139（下）、142（上）
6　異なる温度を一皿に盛り込む（対比）　155、159（上）、238（下）、260

■効果的な盛りつけ
1　盛りつけで作り手の意図を伝える　114、118、123（下）、126、139、162（上）、174、179（下）、252
2　内容がわかるポイントを設ける　101（左上）、118、143（下）、261（下）
3　ソースを下に敷き、その上に料理を盛る　101、102、111、122、123、126、127、130、131、139（上）、146、147、158、159、162（下）、163、167（上）、170（上）、171、175、178（上）、179、182、183、187、191、194、195、198、199、202、203、206、207、210、211、214、215、223、226、227、230、231、235、239、242、243、253、256（下）、257、264、265、268、269
4　要素を個別に盛る　191（上）、214、234、253
5　盛りつけでボリューム感を出す　114、119（上）、139、147、151、178（上）、183、199、219、222、223、227、230、231、235、242（下）、243、260、269

4章　その他のテクニック

■機器で作り出す「軽さ」
「軽さ」を生み出す調理器具
スムージー用ミキサー　115（下）、118、119、142（下）、150、151（下）、162（上）、171、256、260、261（上）、264（上）
サーモミックス　242（下）、261
1　フードプロセッサーを使う　126（下）、131、139（下）、142（上）、143（下）、146（下）、155、174、219、222、243
2　パコジェットを使う　103（右上）、118、154、155、174、175（上）、226、230、231、238、239、242（下）
3　サイフォンを使う　103（右下）、155

■砂糖を控えたデザート
1　香ばしさと食感で「軽さ」を演出　223、226、238（下）
2　香りのインパクトで甘さを控える　219、226、231、238、242
3　クリームの甘さの抑え方　238（上）
4　機器を利用する　207、215、226、227、230、234、242（下）

索引 index

*「軽さの料理」（98〜271頁）で掲載した料理で使った素材をピックアップしました。
*素材は主だったものであり、ミルポワや調味・風味づけに使うもの（スパイスやハーブなど）は省略しています。
*数字は料理写真が掲載されているページです。

素材篇

■アーティチョーク
鮑の蒸し煮とアーティチョーク・ポワヴラード、菊芋のサラダ、鮑の肝ソースと酸味ソース　126
蟹とアーティチョークのバヴァロワ、蟹味噌ソース　130
乳飲み仔牛のコート、田舎風野菜のポワレとジュ・ド・ヴォー　206
アーティチョーク、新タマネギ、シャンピニョンなどのサラダ仕立て、シェリー酢風味のトマトのクーリ　257

■アーモンド
桃のロティとソルベの取合せ、アーモンドソース　231
赤ワイン風味のイチジクとドライフルーツのキャラメリゼ、青リンゴのシャーベット添え　239

■アイナメ
いろいろ近海魚のロティ、高菜ソース　174

■青リンゴ
帆立貝柱のポワレ、赤ポルト酒ソース、雲丹と貝類をのせたアンディーヴのキャラメリゼ、青リンゴソース添え　167
赤ワイン風味のイチジクとドライフルーツのキャラメリゼ、青リンゴのシャーベット添え　239

■赤タマネギ
野菜のコンポジション、テリーヌ仕立て　111
テーマ「牡蠣」　150

■赤メバル
いろいろ近海魚のロティ、高菜ソース　174

■赤ワイン
スズキのロティと煮溶けたエシャロット、赤ワインソース　179

■揚げ巻貝
トマトの帽子をかぶった貝類と小野菜のガトー仕立て、キャロットソース　122

■アサリ
トマトの帽子をかぶった貝類と小野菜のガトー仕立て、キャロットソース　122
キャヴィアとソーモン・フュメのタルタル、ポワローのフォンデュのガトー仕立て、パルルド・ソース　123
小さな詰めもの──ラタトゥイユを詰めた野菜の花、貝類を詰めた赤ピーマン、リゾットを詰めたトマト　139
帆立貝柱のポワレ、赤ポルト酒ソース、雲丹と貝類をのせたアンディーヴのキャラメリゼ、青リンゴソース添え　167

■アスペルジュ・ソヴァージュ
車海老とアスペルジュ・ソヴァージュ、雲丹のサラダ　158

■アプリコット
フルーツのパフェ、3種類の香り　219

■アボカド
アボカドで巻いた赤座海老とカレー風味のタマネギ、赤ピーマンのプルプ　101

■アワビ
鮑と2種類のアスパラガスのスプーン盛り　99
真鯛とカブラの甘酢漬け、鮑とキュウリの手毬仕立て、カブラのソース　102
鮑の蒸し煮とアーティチョーク・ポワヴラード、菊芋のサラダ、鮑の肝ソースと酸味ソース　126

■アンコウ
アンコウのローストと緑レンズ豆の取合せ、肝のソース　183

■アンディーヴ
野菜のコンポジション、テリーヌ仕立て　111
帆立貝柱のポワレ、赤ポルト酒ソース、雲丹と貝類をのせたアンディーヴのキャラメリゼ、青リンゴソース添え　167
エピキュリアン・ド・レギューム　252

■イカ
帆立貝柱のポンポネット、カリフラワーのマリネ詰め、カリフラワーと雲丹のソース　102

■イチゴ
フルーツのパフェ、3種類の香り　219
イチゴとピスタチオのミルフイユ　226
イチゴのスープ、ボーム・ド・ヴェニーズのグラニテ添え　227

■イチジク
ペルドロー・グリの雛、イチジクのマルムラードとクラピオ、フォワグラのコロッケ添え　210
赤ワイン風味のイチジクとドライフルーツのキャラメリゼ、青リンゴのシャーベット添え　239

■イベリコ豚
脂をじっくり焼いたイベリコ豚のコートとバラ肉のブレゼ、香辛料風味のソース　198
海老芋、トリュフと豚バラ肉の壺蒸し焼き　202

■牛ロース肉
牛肉のたたき仕立て、クリームチーズ和え、黒胡椒の効いたパルメザンのアリュメット　100

■ウズラ
ウズラのスープ仕立て、モモ肉のファルスを詰めたチリメンキャベツ添え　194
ウズラ胸肉のキャラメリゼ、ポワローとフォワグラのキャラメリゼ添え　194

■ウズラの卵
ウズラの卵とおかひじきのクリーム和え、ニンニク風味　99
ウズラの卵のポシェ、ホロホロ鳥のほぐし身とそのソース、パリパリポテト添え　102

■ウニ
雲丹とトリュフ風味のかき卵の小さいブーシェ　99
帆立貝柱のポンポネット、カリフラワーのマリネ詰め、カリフラワーと雲丹のソース　102
車海老とアスペルジュ・ソヴァージュ、雲丹のサラダ　158
帆立貝柱のポワレ、赤ポルト酒ソース、雲丹と貝類をのせたアンディーヴのキャラメリゼ、青リンゴソース添え　167

■エクルヴィス
赤爪エクルヴィスのジュレ仕立て、ギリシャ風野菜添え　159
赤爪エクルヴィスのソテー、エストラゴン風味　159

■エシャロット
テーマ「牡蠣」　150
帆立貝柱のポワレ、赤ポルト酒ソース、雲丹と貝類をのせたアンディーヴのキャラメリゼ、青リンゴソース添え　167
スズキのロティと煮溶けたエシャロット、赤ワインソース　179
真鴨胸肉のロースト、キャベツ、エシャロット、ファルスのガトー仕立てとカリン添え　207
いろいろポテトの取合せ　269

275

■エストラゴン
ポテトとセロリラヴを詰めたソーモン・フュメのピラミッド、エストラゴンソースと野菜のテュイル 102
赤爪エクルヴィスのソテー、エストラゴン風味 159

■エビイモ
海老芋、トリュフと豚バラ肉の壺蒸し焼き 202
いろいろポテトの取合せ 269

■エンドウ豆
蟹とエンドウ豆の香草オイルと乾燥トマト和え、香草サラダとトリュフ 101
エンドウ豆のミント風味スープ、トマトが効いたフレッシュチーズとパリパリ生ハム添え 119
エピキュリアン・ド・レギューム 252

■オカヒジキ
ウズラの卵とおかひじきのクリーム和え、ニンニク風味 99

■オゼイユ
蟹と赤座海老のデュオ、オゼイユとニンジンのソース 101
泉のサーモンのグージョネットとタルタル、オゼイユのドレッシングソース 123

■オニオンヌーヴォー
アーティチョーク、新タマネギ、シャンピニョンなどのサラダ仕立て、シェリー酢風味のトマトのクーリ 257
野菜のポトフ 268

■オマール
ブルターニュ産オマールのミ・キュイとバジル風味のリコッタチーズ 100
ブルターニュ産オマールのサラダ仕立て、粒々キュウリと自家製キャヴィア添え、海老味噌のドレッシングソース 127
ブルターニュ産オマールのロティ、西洋ゴボウとセロリラヴのバルサミコ風味のキャラメリゼ 170

■オリーブ
ブルターニュ産オマールのミ・キュイとバジル風味のリコッタチーズ 100
マグロのミ・キュイ、ポテトと小野菜のミルフイユ、黒オリーブとトマトのコンフィ添え 134
いろいろ近海魚のロティ、高菜ソース 174
トマトのファルシ、セロリの葉の軽やかソース 256
アーティチョーク、新タマネギ、シャンピニョンなどのサラダ仕立て、シェリー酢風味のトマトのクーリ 257

■オレンジ
フルーツのパフェ、3種類の香り 219
白と黒、二つのオレンジの塔 222
イチゴのスープ、ボーム・ド・ヴェニーズのグラニテ添え 227
サクランボのスープ 230
砂漠に咲いたバラの花、チョコレートのグラスとオレンジのコンフィ 243

■カキ
的矢牡蠣のポシェ、レモンのジュレとジュンサイ、シソ、パセリ 103
テーマ「牡蠣」 150
ほんのり温めた牡蠣、バルサミコのドレッシングソースとオリーブ油を加えた海のジュース、ポテトのエカゼとキャヴィア添え 170

■カサゴ
コチとカサゴの霜降り焼き、ニース風リゾットとブイヤベースのジュ 171
いろいろ近海魚のロティ、高菜ソース 174

■カシューナッツ
カシューナッツのプラリネ 246

■カブ（小カブ含む）
ラパンのレバーのタルトレット 99
真鯛とカブラの甘酢漬け、鮑とキュウリの手毬仕立て、カブラのソース 102
野菜のコンポジション、テリーヌ仕立て 111
トマトの帽子をかぶった貝類と小野菜のガトー仕立て、キャロットソース 139
赤座海老のポワレ、ギリシャ風野菜とソース 167
平目の香草オイルポシェ、フヌイユのスービーズソースとペルノー酒風味の乳化ソース 178
ヒメジのポワレ、野菜のクネル、肝のソース 179

乳飲み仔牛のコート、田舎風野菜のポワレとジュ・ド・ヴォー 206
エピキュリアン・ド・レギューム 252
野菜のポトフ 268

■カボチャ
野菜のコンポジション、テリーヌ仕立て 111
エピキュリアン・ド・レギューム 252

■カリフラワー
帆立貝柱のポンポネット、カリフラワーのマリネ詰め、カリフラワーと雲丹のソース 102
野菜のコンポジション、テリーヌ仕立て 111
小粒のムール貝、2種類のショーフロワ風 119
赤座海老のポワレ、ギリシャ風野菜とソース 167
エピキュリアン・ド・レギューム 252
ブルターニュ地方の花のヴルーテ——カリフラワーのヴルーテ 261

■カリン
真鴨胸肉のロースト、キャベツ、エシャロット、ファルスのガトー仕立てとカリン添え 207

■カルダモン
マンゴーのシブースト、コリアンダーのグラス 238

■川津エビ
川津海老のラヴィオリ、色よく焼いたクールジェットとそのスパゲッティ 154

■キジ
キジ胸肉のソテーとモモ肉のコンフィとフォワグラ、トリュフ入りミルフイユと豚足入りファルス添え 187

■キヌサヤ
赤爪エクルヴィスのジュレ仕立て、ギリシャ風野菜添え 159

■キャヴィア
帆立貝柱のポンポネット、カリフラワーのマリネ詰め、カリフラワーと雲丹のソース 102
モザイク仕立てのポワローとキャヴィアとソーモン・フュメ、西洋ワサビ風味のソース 115
キャヴィアとソーモン・フュメのタルタル、ポワローのフォンデュのガトー仕立て、パルルド・ソース 123
ブルターニュ産オマールのサラダ仕立て、粒々キュウリと自家製キャヴィア添え、海老味噌のドレッシングソース 127
テーマ「牡蠣」 150
ほんのり温めた牡蠣、バルサミコのドレッシングソースとオリーブ油を加えた海のジュース、ポテトのエカゼとキャヴィア添え 170

■キュウリ
平目のマリネのスプーン盛り 99
真鯛とカブラの甘酢漬け、鮑とキュウリの手毬仕立て、カブラのソース 102
キュウリのスープ、ミントのシズレ添え、ミントオイルで和えたキュウリのタルタル 256
夏野菜のヴルーテ、トマトのソルベとジュレ添え 260

■クーベルテュール
フルーツのパフェ、3種類の香り 219
洋梨のポシェ、シトロネル風味、サクサクアーモンドのレグリース風味、柑橘類の香りのリ・オ・レ 234
砂漠に咲いたバラの花、チョコレートのグラスとオレンジのコンフィ 243
ガナッシュ・ショコラ 246
プラリネ・ショコラ 246

■クールジェット
ラパンのレバーのタルトレット 99
野菜のコンポジション、テリーヌ仕立て 111
マグロのミ・キュイ、ポテトと小野菜のミルフイユ、黒オリーブとトマトのコンフィ添え 134
小さな詰めもの——ラタトゥイユを詰めた野菜の花、貝類を詰めた赤ピーマン、リゾットを詰めたトマト 139
川津海老のラヴィオリ、色よく焼いたクールジェットとそのスパゲッティ 154
コチとカサゴの霜降り焼き、ニース風リゾットとブイヤベースのジュ 171
エピキュリアン・ド・レギューム 252

王冠とスパゲッティに仕上げたクールジェット、シェリー酢風味の赤ピーマンのクーリ　264

■栗
野菜のピュレのヴァリエーション、トリュフ風味のジュ・ド・プーレ　142
フランス産栗のヴルーテ、黒トリュフのラヴィオリと白トリュフ添え　143
脂をじっくり焼いたイベリコ豚のコートとバラ肉のブレゼ、香辛料風味のソース　198
仔猪ロース肉のローストとバラ肉の煮込み、芽キャベツとリンゴの付合せとクレーム・ド・マロン　214

■クリームチーズ
生ハム巻き自家製パテ、木の実添え　100
牛肉のたたき仕立て、クリームチーズ和え、黒胡椒の効いたパルメザンのアリュメット　100

■グリーンアスパラガス
鮑と2種類のアスパラガスのスプーン盛り　99
野菜のコンポジション、テリーヌ仕立て　111
アスパラガスとトリュフ、トリュフのヴィネグレットソース　146
赤座海老のポワレ、ギリシャ風野菜とソース　167
平目の香味コンフィ、アスパラガスのロティ添え、卵黄ソース　175
脂をじっくり焼いたイベリコ豚のコートとバラ肉のブレゼ、香辛料風味のソース　198
エピキュリアン・ド・レギューム　252

■グルヌイユ
グルヌイユのパン粉付け焼き、セロリラヴのピュレとパセリのジュース　162
ムースロン茸のラグー、グルヌイユのモモ肉添え　162

■車エビ
車海老とアスペルジュ・ソヴァージュ、雲丹のサラダ　158

■クルミ
生ハム巻き自家製パテ、木の実添え　100
鹿ロース肉、洋梨の赤ワイン煮とセロリラヴ添え、クルミ入りファルスの取合せ　215
パイナップルのサブレ、キャラメルとクルミのソース　235
赤ワイン風味のイチジクとドライフルーツのキャラメリゼ、青リンゴのシャーベット添え　239

■クレソン
テーマ「牡蠣」　150

■黒キャベツ
丹波地鶏のパナシェ　187
ラパンの取合ーゴボウとニンジンのキャラメリゼの付合せ、マスタードの効いたソース　195

■グロゼイユ
イチゴのスープ、ボーム・ド・ヴェニーズのグラニテ添え　227

■黒メバル
いろいろ近海魚のロティ、高菜ソース　174

■ケイパー
コチとカサゴの霜降り焼き、ニース風リゾットとブイヤベースのジュ　171

■毛ガニ
蟹とエンドウ豆の香草オイルと乾燥トマト和え、香草サラダとトリュフ　101
蟹のほぐし身を包んだ復元トマト　101
蟹とアーティチョークのバヴァロワ、蟹味噌ソース　130
蟹のミルフイユ仕立て、蟹味噌ソース　131

■仔イノシシ
仔猪ロース肉のローストとバラ肉の煮込み、芽キャベツとリンゴの付合せとクレーム・ド・マロン　214

■仔牛
乳飲み仔牛のコート、田舎風野菜のポワレとジュ・ド・ヴォー　206

■紅芯ダイコン
野菜のコンポジション、テリーヌ仕立て　111
エピキュリアン・ド・レギューム　252

■ココナッツ
フルーツのパフェ、3種類の香り　219

■コチ
コチとカサゴの霜降り焼き、ニース風リゾットとブイヤベースのジュ　171

■仔鳩
鴨のフォワグラと仔鳩とホロホロ鳥の胸肉のテリーヌ、トリュフとパンデピス風味のホウレン草詰め、家禽のジュレ　135
仔鳩のローストのサラダ仕立て、モモ肉のクルスティヤン添え、ノワゼット風味のソース・オ・ソン　191

■仔羊
乳飲み仔羊のパナシェ──ロース肉のロティ・モモ肉の煮込み・鞍下肉の低温調理　203

■米
蟹のミルフイユ仕立て、蟹味噌ソース　131
洋梨のポシェ、シトロネル風味、サクサクアーモンドのレグリース風味、柑橘類の香りのリ・オ・レ　234

■米（カルナローニ）
小さな詰めもの──ラタトゥイユを詰めた野菜の花、貝類を詰めた赤ピーマン、リゾットを詰めたトマト　139
コチとカサゴの霜降り焼き、ニース風リゾットとブイヤベースのジュ　171

■米（バスマティ）
ブレス産肥育鶏の壺蒸し焼き"ベルナール・ロワゾー風"、トリュフ風味ライス添え　190

■サクランボ
サクランボのスープ　230

■サブレ生地
パイナップルのサブレ、キャラメルとクルミのソース　235
赤ワイン風味のイチジクとドライフルーツのキャラメリゼ、青リンゴのシャーベット添え　239

■サヤインゲン
"クルブ"──パンデピス、フォワグラ、トリュフ、サヤインゲン、リンゴのコンポートのキャラメリゼ　100
野菜のコンポジション、テリーヌ仕立て　111

■サワークリーム
モザイク仕立てのポワローとキャヴィアとソーモン・フュメ、西洋ワサビ風味のソース　115

■鹿
鹿ロース肉、洋梨の赤ワイン煮とセロリラヴ添え、クルミ入りファルスの取合せ　215

■舌ビラメ
ドーバー産舌平目のムニエル、ポテトのドレッシングソース　178

■シブレット
蟹のミルフイユ仕立て、蟹味噌ソース　131

■ジャガイモ
雲丹とトリュフ風味のかき卵の小さいブーシェ　99
ポテトとセロリラヴを詰めたソーモン・フュメのピラミッド、エストラゴンソースと野菜のテュイル　102
ウズラの卵のポシェ、ホロホロ鳥のほぐし身とそのソース、パリパリポテト添え　102
野菜のコンポジション、テリーヌ仕立て　111
自家製キャヴィアのパレット　114
桃のヴィシソワーズ、ヴェルション2006　118
マグロのミ・キュイ、ポテトと小野菜のミルフイユ、黒オリーブとトマトのコンフィ添え　134
ポワローのクリームとブレゼ、コロレした真鯛の白子とトリュフ風味のジュ・ド・プーレ　142
ポワローとポテト、トリュフのスープ　143
ほんのり温めた牡蠣、バルサミコのドレッシングソースとオリーブ油を加えた海のジュース、ポテトのエカゼとキャヴィア添え　170
ドーバー産舌平目のムニエル、ポテトのドレッシングソース　178
ヒメジのポワレ、野菜のクネル、肝のソース　179

フグの白子包みポテト巻き、ゴボウのキャラメリゼと野菜のジュース美味 182
キジ胸肉のソテーとモモ肉のコンフィとフォワグラ、トリュフ入りミルフイユと豚足入りファルス添え 187
丹波地鶏のパナシェ 187
ホロホロ鳥の胸肉とフォワグラの取合せ、トリュフ風味のポテトと若ポワロー 191
ポテトでシュミゼした豚足の煮込み、フォワグラ添え、トリュフのドレッシングソース 199
乳飲み仔牛のコート、田舎野菜のポワレとジュ・ド・ヴォー 206
ペルドロー・グリの雛、イチジクのマルムラードとクラピオ、フォワグラのコロッケ添え 210
ポテトのロザスとポワローのフォンデュ、ジュ・ド・ヴォーとトリュフの乳化ソース 264
カリカリポテトのガレット、シェリー酢風味のタマネギのフォンダンとパセリのジュース 265
いろいろポテトの取合せ 269

■シャンピニョン・ド・パリ
野菜のピュレのヴァリエーション、トリュフ風味のジュ・ド・プーレ 142
ポテトでシュミゼした豚足の煮込み、フォワグラ添え、トリュフのドレッシングソース 199
アーティチョーク、新タマネギ、シャンピニョンなどのサラダ仕立て、シェリー酢風味のトマトのクーリ 257

■シュー生地
パリ・ブレスト 242

■シュクレ生地
レモンのタルト 223
イチゴのタルトレット 248

■ジュンサイ
的矢牡蠣のポシェ、レモンのジュレとジュンサイ、シソ、パセリ 103

■白子(フグ)
フグの白子包みポテト巻き、ゴボウのキャラメリゼと野菜のジュース美味 182

■白子(真鯛)
ポワローのクリームとブレゼ、コロレした真鯛の白子とトリュフ風味のジュ・ド・プーレ 142

■ジロール茸
ジロール茸、トランペット茸、セープ茸の盛合せ 139
赤爪エクルヴィスのジュレ仕立て、ギリシャ風野菜添え 159

■スズキ
スズキのロティと煮溶けたエシャロット、赤ワインソース 179

■スナックエンドウ
エピキュリアン・ド・レギューム 252

■スモークサーモン
ポテトとセロリラヴを詰めたソーモン・フュメのピラミッド、エストラゴンソースと野菜のテュイル 102
自家製キャヴィアのパレット 114
モザイク仕立てのポワローとキャヴィアとソーモン・フュメ、西洋ワサビ風味のソース 115
キャヴィアとソーモン・フュメのタルタル、ポワローのフォンデュのガトー仕立て、パルルド・ソース 123

■背脂
生ハム巻き自家製パテ、木の実添え 100

■西洋ゴボウ
ブルターニュ産オマールのロティ、西洋ゴボウとセロリラヴのバルサミコ風味のキャラメリゼ 170
フグの白子包みポテト巻き、ゴボウのキャラメリゼと野菜のジュース美味 182

■セープ茸
ジロール茸、トランペット茸、セープ茸の盛合せ 139

■セミドライトマト
蟹と赤座海老のデュオ、オゼイユとニンジンのソース 101
蟹とエンドウ豆の香草オイルと乾燥トマト和え、香草サラダとトリュフ 101
エンドウ豆のミント風味スープ、トマトが効いたフレッシュチーズとパリパリ生ハム添え 119
トマトの帽子をかぶった貝類と小野菜のガトー仕立て、キャロットソース 122
フグの白子包みポテト巻き、ゴボウのキャラメリゼと野菜のジュース美味 182
エピキュリアン・ド・レギューム 252
菜園のハーモニー 253

■セロリ
トマトの帽子をかぶった貝類と小野菜のガトー仕立て、キャロットソース 122
タイラギ貝とムール貝の取合せ、貝風味のレンズ豆のピュレ 151
赤爪エクルヴィスのジュレ仕立て、ギリシャ風野菜添え 159
トマトのファルシ、セロリの葉の軽やかソース 256

■セロリラヴ
ポテトとセロリラヴを詰めたソーモン・フュメのピラミッド、エストラゴンソースと野菜のテュイル 102
野菜のコンポジション、テリーヌ仕立て 111
トリュフと帆立貝柱のダミエ 115
蟹のミルフイユ仕立て、蟹味噌ソース 131
帆立貝柱のオーブン焼き、小野菜と酸味の効いた白ワインソース 151
グルヌイユのパン粉付け焼き、セロリラヴのピュレとパセリのジュース 162
ブルターニュ産オマールのロティ、西洋ゴボウとセロリラヴのバルサミコ風味のキャラメリゼ 170
鹿ロース肉、洋梨の赤ワイン煮とセロリラヴ添え、クルミ入りファルスの取合せ 215
菜園のハーモニー 253
野菜のポトフ 268

■ソラマメ
野菜のピュレのヴァリエーション、トリュフ風味のジュ・ド・プーレ 142

■ダイコン（姫ダイコン含む）
野菜のコンポジション、テリーヌ仕立て 111
赤座海老のポワレ、ギリシャ風野菜とソース 167
エピキュリアン・ド・レギューム 252
野菜のポトフ 268

■タイラギ
タイラギ貝とムール貝の取合せ、貝風味のレンズ豆のピュレ 151

■高菜
いろいろ近海魚のロティ、高菜ソース 174

■卵
雲丹とトリュフ風味のかき卵の小さいブーシェ 99
モリーユ茸と半熟卵 146
タマネギのフォンデュにのせたポーチ・ド・エッグ、細切りトリュフとトリュフ風味のジュ・ド・プーレ 268

■タマネギ
アボカドで巻いた赤座海老とカレー風味のタマネギ、赤ピーマンのプルプ 101
野菜のコンポジション、テリーヌ仕立て 111
モザイク仕立てのポワローとキャヴィアとソーモン・フュメ、西洋ワサビ風味のソース 115
桃のヴィシソワーズ、ヴェルション 2006 118
マグロのミ・キュイ、ポテトと小野菜のミルフイユ、黒オリーブとトマトのコンフィ添え 134
ポワローのクリームとブレゼ、コロレした真鯛の白子とトリュフ風味のジュ・ド・プーレ 142
トリュフのブランマンジェ 147
コチとカサゴの霜降り焼き、ニース風リゾットとブイヤベースのジュ 171
トマトのファルシ、セロリの葉の軽やかソース 256
夏野菜のヴルーテ、トマトのソルベとジュレ添え 262
カリカリポテトのガレット、シェリー酢風味のタマネギのフォンダンとパセリのジュース 265
タマネギのフォンデュにのせたポーチ・ド・エッグ、細切りトリュフとトリュフ風味のジュ・ド・プーレ 268
いろいろポテトの取合せ 269

■タラバガニ
蟹と赤座海老のデュオ、オゼイユとニンジンのソース　101

■チリメンキャベツ
ウズラのスープ仕立て、モモ肉のファルスを詰めたチリメンキャベツ添え　194
真鴨胸肉のロースト、キャベツ、エシャロット、ファルスのガトー仕立てとカリン添え　207
野菜のポトフ　268

■チンゲン菜
コチとカサゴの霜降り焼き、ニース風リゾットとブイヤベースのジュ　171

■ツブ貝
トマトの帽子をかぶった貝類と小野菜のガトー仕立て、キャロットソース　122
小さな詰めもの——ラタトゥイユを詰めた野菜の花、貝類を詰めた赤ピーマン、リゾットを詰めたトマト　138
帆立貝柱のポワレ、赤ポルト酒ソース、雲丹と貝類をのせたアンディーヴのキャラメリゼ、青リンゴソース添え　166

■ディル
キャヴィアとソーモン・フュメのタルタル、ポワローのフォンデュのガトー仕立て、パルルド・ソース　123
鮑の蒸し煮とアーティチョーク・ポワヴラード、菊芋のサラダ、鮑の肝ソースと酸味ソース　126

■トビウオの卵
平目のマリネのスプーン盛り　99

■トピナンブール
帆立貝柱のポンポネット、カリフラワーのマリネ詰め、カリフラワーと雲丹のソース　102
野菜のコンポジション、テリーヌ仕立て　111
鮑の蒸し煮とアーティチョーク・ポワヴラード、菊芋のサラダ、鮑の肝ソースと酸味ソース　126

■トマト
ブルターニュ産オマールのミ・キュイとバジル風味のリコッタチーズ　100
蟹のほぐし身を包んだ復元トマト　101
鮑の蒸し煮とアーティチョーク・ポワヴラード、菊芋のサラダ、鮑の肝ソースと酸味ソース　126
マグロのミ・キュイ、ポテトと小野菜のミルフイユ、黒オリーブとトマトのコンフィ添え　134
小さな詰めもの——ラタトゥイユを詰めた野菜の花、貝類を詰めた赤ピーマン、リゾットを詰めたトマト　139
菜園のハーモニー　253
トマトのファルシ、セロリの葉の軽やかソース　256
アーティチョーク、新タマネギ、シャンピニオンなどのサラダ仕立て、シェリー酢風味のトマトのクーリ　257
夏野菜のヴルーテ、トマトのソルベとジュレ添え　260

■ドライフルーツ
生ハム巻き自家製パテ、木の実添え　100

■トランペット茸
ジロール茸、トランペット茸、セープ茸の盛合せ　139

■鶏
丹波地鶏のパナシェ　187

■鶏胸肉
生ハム巻き自家製パテ、木の実添え　100

■トリュフ
蟹とエンドウ豆の香草オイルと乾燥トマト和え、香草サラダとトリュフ　101
トリュフと帆立貝柱のダミエ　115
鴨のフォアグラと仔鳩とホロホロ鳥の胸肉のテリーヌ、トリュフとパンデピス風味のホウレン草詰め、家禽のジュレ　135
ポワローとポテト、トリュフのスープ　143
フランス産栗のヴルーテ、黒トリュフのラヴィオリと白トリュフ添え　143
アスパラガスとトリュフ、トリュフのヴィネグレットソース　146
トリュフのブランマンジェ　147
フグの白子包みポテト巻き、ゴボウのキャラメリゼと野菜のジュース美味　182

ブレス産肥育鶏の壺蒸し焼き"ベルナール・ロワゾー風"、トリュフ風味ライス添え　190
ホロホロ鳥の胸肉とフォアグラの取合せ、トリュフ風味のポテトと若ポワロー　191
ウズラのスープ仕立て、モモ肉のファルスを詰めたチリメンキャベツ添え　194
ウズラ胸肉のキャラメリゼ、ポワローとフォアグラのキャラメリゼ添え　194
海老芋、トリュフと豚バラ肉の壺蒸し焼き　202
菜園のハーモニー　253
タマネギのフォンデュにのせたポーチ・ド・エッグ、細切りトリュフとトリュフ風味のジュ・ド・プーレ　268

■鶏レバー
生ハム巻き自家製パテ、木の実添え　100

■豚足
キジ胸肉のソテーとモモ肉のコンフィとフォアグラ、トリュフ入りミルフイユと豚足入りファルス添え　187
ポテトでシュミゼした豚足の煮込み、フォアグラ添え、トリュフのドレッシングソース　199

■ナス
野菜のコンポジション、テリーヌ仕立て　111
マグロのミ・キュイ、ポテトと小野菜のミルフイユ、黒オリーブとトマトのコンフィ添え　134
いろいろ近海魚のロティ、高菜ソース　174

■生ハム
生ハム巻き自家製パテ、木の実添え　100
エンドウ豆のミント風味スープ、トマトが効いたフレッシュチーズとパリパリ生ハム添え　119
アンコウのローストと緑レンズ豆の取合せ、肝のソース　183

■ニンジン（姫ニンジン含む）
ラパンのレバーのタルトレット　99
蟹と赤座海老のデュオ、オゼイユとニンジンのソース　101
ポテトとセロリラヴを詰めたソーモン・フュメのピラミッド、エストラゴンソースと野菜のテュイル　102
軽い野菜のジュレとニンジンのギモーヴ仕立て、甲殻類のフイユテ添え　103
野菜のコンポジション、テリーヌ仕立て　111
自家製キャヴィアのパレット　114
トマトの帽子をかぶった貝類と小野菜のガトー仕立て、キャロットソース　122
帆立貝柱のオーブン焼き、小野菜と酸味の効いた白ワインソース　151
赤爪エクルヴィスのジュレ仕立て、ギリシャ風野菜添え　159
ラパンのスープ仕立て、ローズマリー風味、ニンジンのコンフィと背肉のレバー詰めメダイヨン添え　163
赤座海老のポワレ、ギリシャ風野菜とソース　167
ヒメジのポワレ、野菜のクネル、肝のソース　179
ラパンの取合せ——ゴボウとニンジンのキャラメリゼの付合せ、マスタードの効いたソース　195
乳飲み仔牛のコート、田舎風野菜のポワレとジュ・ド・ヴォー　206
サクランボのスープ　230
エピキュリアン・ド・レギューム　252
野菜のポトフ　268

■ニンジンの葉
蟹と赤座海老のデュオ、オゼイユとニンジンのソース　101

■ノワゼット
生ハム巻き自家製パテ、木の実添え　100
フルーツのパフェ、3種類の香り　219
赤ワイン風味のイチジクとドライフルーツのキャラメリゼ、青リンゴのシャーベット添え　239
パリ・ブレスト　242

■パースニップ
蟹と赤座海老のデュオ、オゼイユとニンジンのソース　101
自家製キャヴィアのパレット　114
エピキュリアン・ド・レギューム　252

■パート・ブリック
軽い野菜のジュレとニンジンのギモーヴ仕立て、甲殻類のフイユテ添え　103

279

■ハーブのサラダ
牛肉のたたき仕立て、クリームチーズ和え、黒胡椒の効いたパルメザンのアリュメット　100
蟹とエンドウ豆の香草オイルと乾燥トマト和え、香草サラダとトリュフ　101
泉のサーモンのグージョネットとタルタル、オゼイユのドレッシングソース　123
ブルターニュ産オマールのサラダ仕立て、粒々キュウリと自家製キャヴィア添え、海老味噌のドレッシングソース　127
鴨のフォワグラと仔鳩とホロホロ鳥の胸肉のテリーヌ、トリュフとパンデピス風味のホウレン草詰め、家禽のジュレ　135
キジ胸肉のソテーとモモ肉のコンフィとフォワグラ、トリュフ入りミルフイユと豚足入りファルス添え　187
仔鳩のローストのサラダ仕立て、モモ肉のクルスティヤン添え、ノワゼット風味のソース・オ・ソン　191

■パイナップル
パイナップルのサブレ、キャラメルとクルミのソース　235
パイナップルのミルフイユ　235

■葉ゴボウ
ラパンの取合せ──ゴボウとニンジンのキャラメリゼの付合せ、マスタードの効いたソース　195

■バジル
ブルターニュ産オマールのミ・キュイとバジル風味のリコッタチーズ　100
いろいろ近海魚のロティ、高菜ソース　174
皮をパリパリに焼いた真鯛とバジルの乳化ソース　175
ヒメジのポワレ、野菜のクネル、肝のソース　179

■パスタ
小さな詰めもの──ラタトゥイユを詰めた野菜の花、貝類を詰めた赤ピーマン、リゾットを詰めたトマト　139

■パセリ
自家製キャヴィアのパレット　114
グルヌイのパン粉付け焼き、セロリラヴのピュレとパセリのジュース　162
カリカリポテトのガレット、シェリー酢風味のタマネギのフォンダンとパセリのジュース　265

■ハチミツ
イチゴのスープ、ボーム・ド・ヴェニーズのグラニテ添え　227

■バナナ
フルーツのパフェ、3種類の香り　219

■パルミジャーノ
牛肉のたたき仕立て、クリームチーズ和え、黒胡椒の効いたパルメザンのアリュメット　100
いろいろ近海魚のロティ、高菜ソース　174

■パンデピス
"クルブ"──パンデピス、フォワグラ、トリュフ、サヤインゲン、リンゴのコンポートのキャラメリゼ　100
鴨のフォワグラと仔鳩とホロホロ鳥の胸肉のテリーヌ、トリュフとパンデピス風味のホウレン草詰め、家禽のジュレ　135
パンデピスのミルフイユ　242

■ビーツ
野菜のコンポジション、テリーヌ仕立て　111
ベカスのロティ、内臓のカナッペ添え　211
エピキュリアン・ド・レギューム　252

■ピーマン
夏野菜のヴルーテ、トマトのソルベとジュレ添え　260

■ピーマン（赤・黄）
アボカドで巻いた赤座海老とカレー風味のタマネギ、赤ピーマンのプルプ　101
野菜のコンポジション、テリーヌ仕立て　111
マグロのミ・キュイ、ポテトと小野菜のミルフイユ、黒オリーブとトマトのコンフィ添え　134
小さな詰めもの──ラタトゥイユを詰めた野菜の花、貝類を詰めた赤ピーマン、リゾットを詰めたトマト　139
エピキュリアン・ド・レギューム　252
夏野菜のヴルーテ、トマトのソルベとジュレ添え　260

王冠とスパゲッティに仕上げたクールジェット、シェリー酢風味の赤ピーマンのクーリ　264

■ピエ・ブルー茸
ベカスのロティ、内臓のカナッペ添え　211

■ピスタチオ
生ハム巻き自家製パテ、木の実添え　100
フルーツのパフェ、3種類の香り　219
レモンのタルト　223
イチゴとピスタチオのミルフイユ　226
赤ワイン風味のイチジクとドライフルーツのキャラメリゼ、青リンゴのシャーベット添え　239

■ヒメジ
ヒメジのポワレ、野菜のクネル、肝のソース　179

■ヒラメ
平目のマリネのスプーン盛り　99
平目の香味コンフィ、アスパラガスのロティ添え、卵黄ソース　175
平目の香草オイルポシェ、フヌイユのスービーズソースとペルノー酒風味の乳化ソース　178

■フイユタージュ生地
ウズラの卵とおかひじきのクリーム和え、ニンニク風味　99
ラパンのレバーのタルトレット　99
イチゴとピスタチオのミルフイユ　226
極薄焼きリンゴのタルト　238

■プーラルド
ブレス産肥育鶏の壺蒸し焼き"ベルナール・ロワゾー風"、トリュフ風味ライス添え　190

■フォワグラ
生ハム巻き自家製パテ、木の実添え　100
"クルブ"──パンデピス、フォワグラ、トリュフ、サヤインゲン、リンゴのコンポートのキャラメリゼ　100
びっくりトリュフ、トリュフのジュレ　103
鴨のフォワグラと仔鳩とホロホロ鳥の胸肉のテリーヌ、トリュフとパンデピス風味のホウレン草詰め、家禽のジュレ　135
ホロホロ鳥の胸肉とフォワグラの取合せ、トリュフ風味のポテトと若ポワロー　191
ウズラのスープ仕立て、モモ肉のファルスを詰めたチリメンキャベツ添え　194
ウズラ胸肉のキャラメリゼ、ポワローとフォワグラのキャラメリゼ添え　194
ポテトでシュミゼした豚足の煮込み、フォワグラ添え、トリュフのドレッシングソース　199
真鴨胸肉のロースト、キャベツ、エシャロット、ファルスのガトー仕立てとカリン添え　207
ペルドロー・グリの雛、イチジクのマルムラードとクラピオ、フォワグラのコロッケ添え　210
野菜のポトフ　268

■フグ
フグの白子包みポテト巻き、ゴボウのキャラメリゼと野菜のジュース美味　182

■豚肩肉
生ハム巻き自家製パテ、木の実添え　100

■プティオニオン
トマトの帽子をかぶった貝類と小野菜のガトー仕立て、キャロットソース　122
赤爪エクルヴィスのジュレ仕立て、ギリシャ風野菜添え　159
エピキュリアン・ド・レギューム　252
乳飲み仔牛のコート、田舎風野菜のポワレとジュ・ド・ヴォー　206
若ビーツのヴルーテ、グルロ種タマネギのキャラメリゼとラルドン添え　261

■プティトマト
野菜のコンポジション、テリーヌ仕立て　111

■フヌイユ
平目の香草オイルポシェ、フヌイユのスービーズソースとペルノー酒風味の乳化ソース　178
トマトのファルシ、セロリの葉の軽やかソース　256

■プラリネ
洋梨のポシェ、シトロネル風味、サクサクアーモンドのレグリース風味、柑橘類の香りのリ・オ・レ 234

■フランボワーズ
イチゴのスープ、ボーム・ド・ヴェニーズのグラニテ添え 227

■ブルーベリー
イチゴのスープ、ボーム・ド・ヴェニーズのグラニテ添え 227

■ブロッコリー
エピキュリアン・ド・レギューム 252

■フロマージュ・ブラン
エンドウ豆のミント風味スープ、トマトが効いたフレッシュチーズとパリパリ生ハム添え 119
イチゴのスープ、ボーム・ド・ヴェニーズのグラニテ添え 227

■ベーコン
生ハム巻き自家製パテ、木の実添え 100
アスパラガスとトリュフ、トリュフのヴィネグレットソース 146
いろいろ近海魚のロティ、高菜ソース 174
若ビーツのヴルーテ、グルロ種タマネギのキャラメリゼとラルドン添え 261

■ベカス
ベカスのロティ、内臓のカナッペ添え 211

■ベトラヴ
若ビーツのヴルーテ、グルロ種タマネギのキャラメリゼとラルドン添え 261

■ペルドロー・グリ
ペルドロー・グリの雛、イチジクのマルムラードとクラピオ、フォワグラのコロッケ添え 210

■ホウレン草
野菜のコンポジション、テリーヌ仕立て 111
鴨のフォワグラと仔鳩とホロホロ鳥の胸肉のテリーヌ、トリュフとパンデピス風味のホウレン草詰め、家禽のジュレ 135
ラパンのスープ仕立て、ローズマリー風味、ニンジンのコンフィと背肉のレバー詰めメダイヨン添え 163

■ホオズキ
ほおずきの飴がけ 246

■ホタテ貝柱
帆立貝柱のポンポネット、カリフラワーのマリネ詰め、カリフラワーと雲丹のソース 102
トリュフと帆立貝柱のダミエ 115
帆立貝柱のオーブン焼き、小野菜と酸味の効いた白ワインソース 151
帆立貝柱のポワレ、赤ポルト酒ソース、雲丹と貝類をのせたアンディーヴのキャラメリゼ、青リンゴソース添え 167

■ホッキ貝
小さな詰めもの──ラタトウイユを詰めた野菜の花、貝類を詰めた赤ピーマン、リゾットを詰めたトマト 139
タイラギ貝とムール貝の取合せ、貝風味のレンズ豆のピュレ 151
帆立貝柱のポワレ、赤ポルト酒ソース、雲丹と貝類をのせたアンディーヴのキャラメリゼ、青リンゴソース添え 167

■ポップコーン
フルーツのパフェ、3種類の香り 219

■ホロホロ鳥
ウズラの卵のポシェ、ホロホロ鳥のほぐし身とそのソース、パリパリポテト添え 102
鴨のフォワグラと仔鳩とホロホロ鳥の胸肉のテリーヌ、トリュフとパンデピス風味のホウレン草詰め、家禽のジュレ 135
ホロホロ鳥の胸肉とフォワグラの取合せ、トリュフ風味のポテトと若ポワロー 191

■ホワイトアスパラガス
鮑と2種類のアスパラガスのスプーン盛り 99

■ポワロー
ポテトとセロリラヴを詰めたソーモン・フュメのピラミッド、エストラゴンソースと野菜のテュイル 102
野菜のコンポジション、テリーヌ仕立て 111
桃のヴィシソワーズ、ヴェルション 2006 118
トマトの帽子をかぶった貝類と小野菜のガトー仕立て、キャロットソース 122
キャヴィアとソーモン・フュメのタルタル、ポワローのフォンデュのガトー仕立て、パルルド・ソース 123
野菜のピュレのヴァリエーション、トリュフ風味のジュ・ド・プーレ 142
ポワローのクリームとブレゼ、コロレした真鯛の白子とトリュフ風味のジュ・ド・プーレ 142
ポワローとポテト、トリュフのスープ 143
帆立貝柱のオーブン焼き、小野菜と酸味の効いた白ワインソース 151
赤爪エクルヴィスのジュレ仕立て、ギリシャ風野菜添え 159
ホロホロ鳥の胸肉とフォワグラの取合せ、トリュフ風味のポテトと若ポワロー 191
ウズラ胸肉のキャラメリゼ、ポワローとフォワグラのキャラメリゼ添え 194
菜園のハーモニー 253
ポテトのロザスとポワローのフォンデュ、ジュ・ド・ヴォーとトリュフの乳化ソース 264
野菜のポトフ 268

■真鴨
真鴨胸肉のロースト、キャベツ、エシャロット、ファルスのガトー仕立てとカリン添え 207

■マグロ
マグロのミ・キュイ、ポテトと小野菜のミルフイユ、黒オリーブとトマトのコンフィ添え 134

■マコモ茸
平目の香草オイルポシェ、フヌイユのスービーズソースとペルノー酒風味の乳化ソース 178

■マス
泉のサーモンのグージョネットとタルタル、オゼイユのドレッシングソース 123

■マスカット
パンデピスのミルフイユ 242

■真鯛
真鯛とカブラの甘酢漬け、鮑とキュウリの手毬仕立て、カブラのソース 102
皮をパリパリに焼いた真鯛とバジルの乳化ソース 175

■松ノ実
コチとカサゴの霜降り焼き、ニース風リゾットとブイヤベースのジュ 171
いろいろ近海魚のロティ、高菜ソース 174

■マンゴー
フルーツのパフェ、3種類の香り 219
マンゴーのシブースト、コリアンダーのグラス 238

■ミュスカ
イチゴのスープ、ボーム・ド・ヴェニーズのグラニテ添え 227

■ミル貝
トマトの帽子をかぶった貝類と小野菜のガトー仕立て、キャロットソース 122
小さな詰めもの──ラタトウイユを詰めた野菜の花、貝類を詰めた赤ピーマン、リゾットを詰めたトマト 139
帆立貝柱のポワレ、赤ポルト酒ソース、雲丹と貝類をのせたアンディーヴのキャラメリゼ、青リンゴソース添え 167

■ミント
エンドウ豆のミント風味スープ、トマトが効いたフレッシュチーズとパリパリ生ハム添え 119

■ムースロン茸
ムースロン茸のラグー、グルヌイユのモモ肉添え 162

■ムール貝
小粒のムール貝、2種類のショーフロワ風 119
タイラギ貝とムール貝の取合せ、貝風味のレンズ豆のピュレ 151

■ムカゴ
野菜のコンポジション、テリーヌ仕立て 111

■紫キャベツ
野菜のコンポジション、テリーヌ仕立て 111

■芽キャベツ
仔猪ロース肉のローストとバラ肉の煮込み、芽キャベツとリンゴの付合せとクレーム・ド・マロン 214

■芽ジソ
的矢牡蠣のポシェ、レモンのジュレとジュンサイ、シソ、パセリ 103

■メロン
メロンのスープとグラス、エストラゴン風味 103

■桃
桃のヴィシソワーズ、ヴェルション 2006 118
桃のロティとソルベの取合せ、アーモンドソース 231

■モリーユ茸
モリーユ茸と半熟卵 146

■ユリ根
渡り蟹のヴルーテ、蟹身添え、ふんわりユリ根のピュレ 155

■洋梨
鹿ロース肉、洋梨の赤ワイン煮とセロリラヴ添え、クルミ入りファルスの取合せ 215
洋梨のポシェ、シトロネル風味、サクサクアーモンドのレグリース風味、柑橘類の香りのリ・オ・レ 234

■ヨーグルト
自家製キャヴィアのパレット 114
フルーツのパフェ、3種類の香り 219
レモンのタルト 223

■ラヴィオリ
フランス産栗のヴルーテ、黒トリュフのラヴィオリと白トリュフ添え 143
川津海老のラヴィオリ、色よく焼いたクールジェットとそのスパゲッティ 154

■ラタトゥイユ
マグロのミ・キュイ、ポテトと小野菜のミルフイユ、黒オリーブとトマトのコンフィ添え 134
小さな詰めもの——ラタトゥイユを詰めた野菜の花、貝類を詰めた赤ピーマン、リゾットを詰めたトマト 139
乳飲み仔羊のパナシェ——ロース肉のロティ・モモ肉の煮込み・鞍下肉の低温調理 203

■ラディッシュ
エピキュリアン・ド・レギューム 252

■ラパン（レバー含む）
ラパンのレバーのタルトレット 99
ラパンのスープ仕立て、ローズマリー風味、ニンジンのコンフィと背肉のレバー詰めメダイヨン添え 163

■ラパン・ガレンヌ
ラパンの取合せ——ゴボウとニンジンのキャラメリゼの付合せ、マスタードの効いたソース 195

■卵黄
テーマ「牡蠣」150
平目の香味コンフィ、アスパラガスのロティ添え、卵黄ソース 175
菜園のハーモニー 253

■ラングスティーヌ（アカザエビ）
蟹と赤座海老のデュオ、オゼイユとニンジンのソース 101
アボカドで巻いた赤座海老とカレー風味のタマネギ、赤ピーマンのプルプ 101
小さな詰めもの——ラタトゥイユを詰めた野菜の花、貝類を詰めた赤ピーマン、リゾットを詰めたトマト 139
赤座海老のポワレ、ギリシャ風野菜とソース 167

■卵白
トリュフのブランマンジェ 147

■リコッタチーズ
ブルターニュ産オマールのミ・キュイとバジル風味のリコッタチーズ 100

■リンゴ
"クルブ"——パンデピス、フォワグラ、トリュフ、サヤインゲン、リンゴのコンポートのキャラメリゼ 100
ポテトとセロリラヴを詰めたソーモン・フュメのピラミッド、エストラゴンソースと野菜のチュイル 102
蟹のミルフイユ仕立て、蟹味噌ソース 131
仔猪ロース肉のローストとバラ肉の煮込み、芽キャベツとリンゴの付合せとクレーム・ド・マロン 214
極薄焼きリンゴのタルト 238

■ルタバカ
脂をじっくり焼いたイベリコ豚のコートとバラ肉のブレゼ、香辛料風味のソース 198

■レーズン
コチとカサゴの霜降り焼き、ニース風リゾットとブイヤベースのジュ 171

■レグリース
洋梨のポシェ、シトロネル風味、サクサクアーモンドのレグリース風味、柑橘類の香りのリ・オ・レ 234

■レフォール
モザイク仕立てのポワローとキャヴィアとソーモン・フュメ、西洋ワサビ風味のソース 115

■レモン
的矢牡蠣のポシェ、レモンのジュレとジュンサイ、シソ、パセリ 103
鮑の蒸し煮とアーティチョーク・ポワヴラード、菊芋のサラダ、鮑の肝ソースと酸味ソース 126
レモンのタルト 223
サクランボのスープ 230

■レモングラス
的矢牡蠣のポシェ、レモンのジュレとジュンサイ、シソ、パセリ 103
テーマ「牡蠣」150
洋梨のポシェ、シトロネル風味、サクサクアーモンドのレグリース風味、柑橘類の香りのリ・オ・レ 234

■レンズ豆
タイラギ貝とムール貝の取合せ、貝風味のレンズ豆のピュレ 151
アンコウのローストと緑レンズ豆の取合せ、肝のソース 183

■ロメインレタス
キジ胸肉のソテーとモモ肉のコンフィとフォワグラ、トリュフ入りミルフイユと豚足入りファルス添え 187
ジュ・ド・プーレでブレゼしたサラダ・ロメーヌ 265

■ワタリガニ
渡り蟹のヴルーテ、蟹身添え、ふんわりユリ根のピュレ 155

用語解説 lexique

- ■アーティチョーク　artichoke　朝鮮アザミ。フランス語ではアルティショー（artichaut）。
- ■アッシェ　hacher　きざむ、みじん切りにする。
- ■アニス　anis　セリ科の植物の種子。甘みのある独特の芳香をもつ。
- ■アパレイユ　appareil　（おもに製菓で）下ごしらえ用に混ぜ合わせたもの、たね。
- ■アンフュゼ　infuser　煮出す、煎じる。
- ■ヴィシソワーズ　vichyssoise　ポワローとジャガイモのピュレ、クリームで作る冷製スープ。
- ■ヴィネグレット　vinaigrette　酢、塩、コショウ、油などを混ぜ合わせたドレッシング。
- ■ヴォー　veau　仔牛、仔牛肉。
- ■ヴルーテ　velouté　だしにルゥ、クリームなどでとろみをつけたビロードのようになめらかなソース。
- ■エクルヴィス　écrevisse　ザリガニ。
- ■エマンセ　émincé　薄切り、スライス。
- ■ガストリック　gastrique　酢に砂糖を加えて煮詰め、軽くカラメル状にしたもの。
- ■カラメリゼ　caraméliser　カラメルにする。砂糖をふって焼きごてや上火で色づけする、または野菜を弱火で炒めて色づけすること。
- ■ガルニテュール　garniture　付合せ。
- ■キャトルエピス　quatre-épices　4種の混合スパイス（主にコショウ、ナツメッグ、クローヴ、ショウガ）。
- ■クー・ド・ブフ　queue de bœuf　牛の尾。
- ■クーリ　coulis　野菜や果物を裏漉してピュレ状にしたもの。
- ■クールジェット　courgette　ズッキーニ。
- ■クネル　quenelle　肉や野菜をすりつぶして脂や卵などでまとめ、形どってゆでたもの。またはその形。
- ■グラス　glace　氷、アイスクリーム。ほかにとろりとするまで煮詰めただし、糖衣。
- ■グラニテ　granité　氷を粗く砕いたような、ざらっとしたシャーベット。
- ■グリエ　griller　グリルする、網焼きにする。
- ■クルスティヤン　croustillant　カリカリ、パリパリした状態。
- ■グルヌイユ　grenouille　カエル。
- ■グレスドワ　gras d'oie　ガチョウの脂。
- ■グレック　grecque　ギリシャ風の。オリーブ油やコリアンダーなどで風味づけしたものを指す。
- ■クローヴ　clove　丁字。
- ■クロッカン　croquant　カリカリした、歯ごたえのある。
- ■コート　côte　牛や豚のあばら骨付きの背肉を、骨1本ごとに切り分けたもの。
- ■コライユ　corail　エビ、カニのミソ。
- ■コロレ　colorer　色づける。または焼き色をつける。
- ■コンカッセ　concasser　粗くきざむ。
- ■コンフィ　confit　脂で煮る、あるいは砂糖に漬けること。
- ■サラマンドル　salamandre　焼き色をつけるための上火だけのオーブン。
- ■シズレ　ciseler　（野菜を）細かくきざむ、切り込みを入れる。
- ■シノワ　chinois　先のとがった漉し器。
- ■シャンピニョン　champignon　キノコの総称、またはシャンピニョン・ド・パリ（マッシュルーム）のこと。
- ■ジュ　jus　汁。搾り汁、肉汁、だし汁、焼き汁、煮汁などをさす。
- ■ジュニエーヴル　genièvre　ネズの実、ジュニパーベリー。
- ■ジュリエンヌ　julienne　せん切り。
- ■ジュレ　gelée　液体に凝固剤を溶かしてから冷やし、なめらかな食感にしたもの。ゼリー。
- ■スュエ　suer　（素材のもつ水分をしみ出させて）蒸すように炒める、汗をかかせるように炒める。
- ■スュック　suc　加熱調理の過程で生じる、鍋底に残った素材の旨み。
- ■セル　sel　塩。
- ■セルクル　cercle　円、丸い抜き型。
- ■セロリラヴ　céleri-rave　根セロリ。
- ■ソース・アングレーズ　sauce anglaise　卵黄、牛乳、砂糖で作ったヴァニラ風味のソース。
- ■ソテー　sauter　ソテーする、炒める。
- ■ソルベ　sorbet　氷菓、シャーベット。
- ■タミ　tamis　裏漉し器、ふるい。
- ■デクパージュ　découpage　切り分ける作業。
- ■デグラッセ　déglacer　鍋底についた旨みをフォンやアルコールなどで煮溶かす。
- ■テュイル　tuile　かわら型の焼き菓子。
- ■テンパリング　tempering　チョコレートを温めることで、含まれるカカオ分を安定させ、作業しやすい状態を作り出すこと。
- ■トピナンブール　topinambour　キクイモ。
- ■ナッペ　napper　ぬる、かける。
- ■ノワゼット　noisette　ヘーゼルナッツ（ハシバミの実）。
- ■パースニップ　parsnip　セリ科の根菜。ニンジンより香りが強く、白色をしている。白ニンジン。
- ■パート　pâte　菓子、またはパスタなどの生地。
- ■パナシェ　panaché　混ぜ合わせたり、盛り合わせること
- ■パンデピス　pain d'épices　ハチミツ、香辛料の入ったフランスの伝統的なパン。
- ■ピケ　piquer　背脂や脂肉を刺す、または生地の膨らみを防ぐために穴を開ける。
- ■ピュレ　purée　裏漉ししたり、ミキサーにかけたペースト。
- ■ファルス　farce　詰めもの。
- ■フイユタージュ　feuilletage　折り込みパイ生地。
- ■ブイヨン　bouillon　肉や野菜でとっただし。
- ■フィレ　fillet　ヒレ肉、鶏のササ身、魚のおろした身。
- ■ブーケガルニ　bouquet garni　パセリ、タイム、ローリエ、エストラゴンなどを束ねたもの。
- ■プーラルド　poularde　肥育鶏。
- ■ブール・クラリフィエ　beurre clarifier　澄ましバター。
- ■プーレ　poulet　ひな鶏（生後8〜16週間くらい）。
- ■フォン　fond　だし、だし汁。
- ■フォンデュ　fondu　溶けた。
- ■フヌイユ　fenouil　ウイキョウ。
- ■ブランシール　blanchir　ゆでてアク抜きする。または、卵白と砂糖を白くなるまですり混ぜる。
- ■ブランマンジェ　blanc-manger　アーモンドの風味を抽出した牛乳を、冷やし固めたデザート。
- ■フリ　frit　油で揚げた。
- ■ブリュノワーズ　brunoise　小角切り。
- ■フルール・ド・セル　fleur de sel　塩の花。ブルターニュ産の海塩。
- ■ブレゼ　braiser　蒸し煮。素材に液体をごく少量加え、密閉して弱火で煮込む。
- ■ペイザンヌ　paysanne　拍子木切り。色紙切り。
- ■ポシェ　pocher　沸騰直前の温度に保った液体の中で、材料を静かに加熱する。
- ■ポワソン　poisson　魚。
- ■ポワレ　poêler　フライパンで火を通す。
- ■マリネ　mariner　浸け汁に浸ける。
- ■ミ・キュイ　mi cuit　半生の、半ば火の通った。
- ■ミジョテ　mijoter　とろ火で煮る。
- ■ミニョネット　mignonette　粗く砕いたコショウ。
- ■ミルポワ　mirepoix　大きめのさいの目に切った香味野菜（ニンジン、タマネギ、セロリなど）のこと。
- ■ムース　mousse　ピュレや卵白をふんわり仕上げたもの、または泡。
- ■ムニエル　meunière　小麦粉をまぶしたバター焼きのこと。
- ■メダイヨン　médaillon　メダル型、円形に切った魚や肉の切り身。
- ■メレンゲ　meringue　泡立てた卵白。ムラング。
- ■モンテ　monter　ソースの仕上げにバターなどの油脂分を加え、濃度やツヤを出すこと。
- ■ラグー　ragoût　ラグー、煮込み、シチュー。
- ■ラタトゥイユ　ratatouille　オリーブ油で炒めたナス、ズッキーニ、トマト、ピーマンなどを野菜の水分だけで煮るプロヴァンス料理。
- ■ラパン　lapin　家ウサギ。ラパン・ガレンヌ（lapin garenne）は穴ウサギ。
- ■ラングスティーヌ　langoustine　赤эビ。
- ■リ・オ・レ　riz au lait　米を牛乳、砂糖、香辛料などと炊き上げたもの。
- ■リソレ　rissoler　表面をこんがり焼く、強火で焼き色をつける。
- ■レギューム　légume　野菜。
- ■レフォール　raifort　西洋ワサビ（ホースラディッシュ）。
- ■ロースト　roast　オーブンで焼き色をつけるようこんがり焼く。
- ■ロティ　rôti　あぶり焼きにしたもの。
- ■ロンデル　rondelle　輪切り。

フランス料理 軽さのテクニック
La Cuisine Française — Expressions de Légèreté

初版発行	2007年9月20日
3版発行	2008年10月15日
著者©	山口 浩(やまぐち ひろし)
発行者	土肥大介
発行所	株式会社柴田書店
	〒113-8477
	東京都文京区湯島3-26-9　イヤサカビル
電話	営業部／03-5816-8282（注文・問合せ）
	書籍編集部／03-5816-8260
URL	http://www.shibatashoten.co.jp
振替	00180-2-4515
印刷所	大日本印刷株式会社
製本	株式会社石津製本所
ISBN	978-4-388-06024-5

本書収録内容の無断掲載・複写（コピー）・引用・データ配信などの行為は固く禁じます。
落丁、乱丁本はお取替えいたします。
Printed in Japan